주식투자 脈 나도 할수있다!

지은이 민세현

국내 정상급의 투자이론가이자 실전투자가. 경제, 투자, 철학에 대해
해박한 지식과 폭넓은 경험을 자랑하면서도 남 앞에 자신을 잘 드러내지
않는 숨어있는 재야의 고수다. 대학을 중퇴하고
총무로 기획사를 거쳐 유망 벤처기업의 편집장을 지냈으며,
프리랜서로 그래픽디자이너와 테크라이터로 활동하기도 했다. 또한
투자전문가, 애널리스트 등의 다재다능한 재능과 경력을 자랑하기도
한다. 현재는 자유기고가로 활동 중이며,
대표 저서로는 『차트의 맥(脈) 2.0』 등이 있다.

"인생은 여행이다"라는 좌우명처럼 지은이의 삶은
파란만장하다. 한때 잠깐 동안 남부럽지 않은 삶도 살았지만
인생의 맨 밑바닥까지 추락한 경험도 여러 번 갖고 있다.
책과 영화와 바둑을 좋아하고 고독과 사색을 즐긴다.
혼자만의 외로움은 바람과 구름과 바다를 동반자로 삼아,
나 홀로 자전거 하나에 텐트와 침낭을 싣고 전국을 누비는
자유 여행가이기도 하다.

주식투자脈 나도 할수있다!

초판 인쇄일 | 2013년 2월 12일
초판 발행일 | 2013년 2월 22일

지은이 | 민세현
발행인 | 박정모
발행처 | 도서출판 혜지원
주소 | 서울시 동대문구 장안1동 420-3호
전화 | 02)2212-1227
팩스 | 02)2247-1227
홈페이지 | http://www.hyejiwon.co.kr

편집진행 | 이희경
본문디자인 | 송유선
표지디자인 | 이미소
영업마케팅 | 김남권, 황대일, 서지영
ISBN | 978-89-8379-776-6
정가 | 17,000원

Copyright©2013 by 민세현 All rights reserved.

No Part of this book may be reproduced or transmitted in any form,
by any means without the prior written permission of the publisher.
이 책은 저작권법에 의해 보호를 받는 저작물이므로 어떠한 형태의 무단 전재나 복제를 금합니다.

● 잘못 만들어진 책은 구입한 서점에서 교환해 드립니다.

민세현 지음

서문

주식투자의 맥(脈)

투자란 무엇일까?
우리는 왜 투자를 해야만 하는 것일까?

영국이 낳은 세계적인 극작가이자 시인 '셰익스피어(William Shakespeare, 1564~1616)'의 4대 비극「리어왕(King Lear)」에는 다음과 같은 명대사가 나옵니다.

> The worst is not so long as we can say, "This is the worst."
> "지금이 밑바닥(최악)이다"라고 말할 수 있는 동안은 결코 밑바닥(최악)이 아닌 것이다.

'투자'란 이익을 얻기 위한 행위를 의미합니다. 우리가 투자를 하는 이유는 투자행위로 얻은 이익(투자수익)을 통해서 생존을 하거나 부(富)를 축적하기 위해서입니다.

투자대상은 주변의 모든 사물을 포함합니다. 이를테면 부모, 이웃, 친구, 동료, 배우자, 자식, 그리고 나에 대한 투자… 부동산, 주식, 펀드, 채권, 파생상품, 적금, 보험… 금, 은, 곡물, 가스, 석유, 천연자원, 에너지, 환경, 미래에 대한 투자… 그리고 돈(화폐)에 대한 투자.

투자이익은 투자대상의 가치가 상승한 경우에만 얻을 수 있는 열매입니다. 자신이 투자한 만큼 받는 보상은 투자가치 상승을 통해서만 얻을 수 있으며, 투자가치 하락은 투자손실로 이어져 삶의 질이 낮아지는 원인이 되기도 합니다. 눈물과 피와 땀으로 보상받은 자산이 투자가치 하락으로 인해 자산가치 하락이 발생하면 그만큼 생존에 위협받거나 부(富)가 사라지는 것이기 때문입니다.

투자대상의 가치상승은 반드시 바닥(최악)을 확인한 상태에서 진행됩니다. '주식(株式, Stocks)'이라는 투자대상의 가치상승은 바닥을 확인한 이후에나 기대할 수 있으며, 따라서 주식투자는 주가바닥을 확인하고 주가상승이 진행된 이후 시세차익을 얻는 투자행위입니다.

주가바닥을 확인하는 작업… 주식투자자라면 반드시 기본적 분석(가치분석)과 기술적 분석(차트분석)을 배워야 하는 이유인 것입니다.

기본적 분석은 재무제표를 토대로 기업의 내재가치를 분석해 저평가된 기업을 찾아내는 분석방법이며, 기술적 분석은 차트를 통해서 수급과 추세를 살펴 매매 타이밍을 잡아내는 분석방법을 말합니다. 이 책은 가치분석을 통해 저평가 된 종목을 선정하는 방법, 이어서 차트분석을 통해 주가바닥을 확인하고 수급과 추세를 살펴 매매 타이밍을 잡도록 해주는 데 큰 도움이 될 것입니다.

이 책은 주식투자 초보자들을 대상으로 하는 만큼 크게 5가지 항목으로 나뉩니다.

1. 투자기초 : 초보자들을 위한 주식투자 입문편에 속합니다. 주식투자의 기본 개념과 주식투자 방법을 설명합니다.

2. 경제분석 : 주식투자는 기업에 투자하는 행위이며, 기업은 자본주의 국가를 유지하

는 원동력입니다. 곧 투자와 자본은 서로 떼어놓을 수 없는 관계라는 뜻입니다. 따라서 주식투자 이전에 자본주의 경제와 자본의 흐름에 대해서 우선 살펴보도록 합니다.

3. 기업분석 : 가치란 무엇이고, 어떻게 평가해야만 하는지… 업종 흐름과 함께 재무제표를 기준으로 기업가치 선정 방법에 대해서 자세히 설명합니다.

4. 차트분석 : 먼저 차트분석은 필자의 전작 「차트의 맥(脈)2.0」에서 상당부분 인용되었음을 밝힙니다. 이 점 독자님들의 깊은 양해를 구합니다. 지난 과거를 돌이켜보면 당시 필자에게는 부족했던 부분도 많았고 당시의 차트추세와 현재의 차트추세와는 많은 차이점이 있는 것 또한 사실입니다. 투자환경이 변하고 투자패턴이 변하는 만큼 차트분석 위주의 기법 또한 고정되어 있지 않을 것입니다. 하지만 차트분석의 큰 틀에서 본다면 예나 지금이나 기본적인 맥(脈)은 같이 한다고 볼 수 있습니다. 따라서 차트분석을 맹목적으로 수학공식처럼 암기할 것이 아니라 이 책에서 기술된 차트의 기본적인 개념을 토대로 투자자 여러분들의 경험과 노하우를 접목시키는 노력을 기울이기 바랍니다. 투자의 세계에는 기법은 없지만 기본은 존재하기 때문입니다. 그 기본기를 이 책을 통해 튼튼히 다져놓기 바랍니다.

5. 투자위험 : 투자는 절대 100% 긍정적이고 낙관적인 관점에서는 성공할 수가 없습니다. 때론 의심의 눈초리를 가져야 하고 의문을 품어야만 합니다. 대부분의 투자전문가나 투자서적에서는 상승만을 바라보게 하지 하락을 외치지는 않습니다. 이러한 투자의 문제점을 지적하고자, 'Part5 실전투자 지침서' 항목에서는 주식투자에 있어 개인투자자들이 무엇에 주의해야 하고 또 그 투자위험 요소들에 대해 어떻게 대처해야 하는지에 대해서 자세히 설명합니다. 초보투자자들에게는 다소 어렵게 느껴질 수도 있으나 투자자 입장에서 반드시 이해하고 넘어가야 하는 매우 중요한 사항인 만큼 필히 정독하기 바랍니다.

책 한 권을 마무리하고 나면 늘 후회와 반성을 하곤 합니다. 여러모로 많은 것이 부족한 필자가 어줍잖은 투자지식을 바탕으로 쓴 책이지만 저술하는 그 순간만큼은 나름대로 정성을 기울여 최선을 다했다고 자부합니다. 그러나 항상 그렇듯이 얼마간의 시간이 지나면 책 내용에 많은 오류들이 발견되고 당시의 투자관점과 현재의 투자관점의 차이로 빚어지는 혼란스러움이 필자의 목을 조여오곤 합니다.

이 책도 마찬가지일 것입니다. 이론과 실전의 갭(Gap)을 극복하기에는 분명 한계가 있을 것입니다. 그래서 머지않아 또 후회하고 또 반성할 것입니다. 그러면서 지난 과거의 오류를 수정하고 또 다시 재정립하면서 한 단계 더 앞으로 나아갈 것입니다.

투자의 세계에는 정답은 없지만 방법은 있습니다. 모쪼록 이 책을 통해 주식투자의 기법과 공식을 찾으려 하기보다는 주식투자의 기본과 방법을 알아간다는 차원으로 접근해주기 바랍니다. 초보투자자들에게는 주식투자의 전반적인 사항을 다룬 만큼 주식투자 입문서 역할을 충분히 할 것이며, 중급자 이상의 투자자들에게는 기존 주식투자의 시야를 조금이나마 넓힐 수 있는 계기가 될 것입니다. 모쪼록 이 책을 접하는 모든 투자자분들이 성공투자로 나아가는 데 작은 도움이나마 되었으면 하는 바람입니다.

지은이 올림

차례

Part 1. 주식투자 첫걸음

보일러 룸(Boiler Room) 12 ǁ 투자란 무엇인가? 15 ǁ 투자의 종류와 방법 17 ǁ 자본주의 주식시장 22 ǁ 주식회사 상장회사 26 ǁ 종합주가지수 코스피(KOSPI) 30 ǁ 벤처지수 코스닥(KOSDAQ) 31 ǁ 주식시장의 투자자 – 외국인, 기관, 개인 32 ǁ 퇴출의 비애 상장폐지 34

Part 2. 주식매매 준비운동

증권사 선정과 계좌개설 38 ǁ 거래비용 40 ǁ 홈 트레이딩 시스템(HTS) 살펴보기 43 ǁ 주가 움직임을 살피는 현재가창 46 ǁ 주가 상승과 하락의 제한, 가격제한폭 47 ǁ 매매체결의 원칙 49 ǁ 주식매매시간 50 ǁ 주식매매 주문방법 51 ǁ 주식매매는 분할매수와 분할매도로 54 ǁ 미수거래와 신용거래는 위험하다 55 ǁ 종목선정의 기본조건 58 ǁ 주가상승의 모멘텀(Momentum) 60 ǁ 주식의 가격은 수요와 공급의 법칙에 따른다 68

Part 3. 기본적 분석

가치분석의 개념 70

1. 경제분석 자본주의 경제의 순환 72 ǁ 성장의 지표, 국내총생산(GDP) 77 ǁ 무역의 지표, 환율 79 ǁ 자금의 지표, 금리 84 ǁ 통화량, 그리고 유동성 함정 87 ǁ 유가와 원자재 91 ǁ 물가와 인플레이션 93 ǁ 경제지표의 축소판, 종합지수 96 ǁ 미국의 힘, 달러 98 ǁ 세계 증시의 바로미터, 다우지수 102 ǁ 세계 경제의 시한폭탄, 유로존 105

2. 산업(업종)분석 레드오션, 블루오션 **110** ‖ 산업 라이프사이클(Life cycle) **113** ‖ 경기변동에 따른 대기업과 중소기업의 영향 **115** ‖ 내재가치와 성장가치 **116** ‖ 정부정책과 테마는 성장가치를 높이는 촉매 **117** ‖ 업종과 테마 살피기 **120** ‖ 공룡도 무너질 수 있다 **121** ‖ 미래산업 예측하기 **124**

3. 기업분석 기업가치의 기준 **131** ‖ 기업의 성장성, 손익계산서 **134** ‖ 기업의 안정성, 재무상태표(대차대조표) **136** ‖ 기업의 현금흐름, 현금흐름표 **140** ‖ 요약재무제표 살펴보기 **142** ‖ 기업의 현재가치, 주당순이익(EPS) **144** ‖ 기업의 이익가치, 주가수익비율(PER) **145** ‖ 기업의 자산가치, 주가순자산비율(PBR) **147** ‖ 기업의 경영가치, 자기자본이익률(ROE) **148** ‖ 기업의 현금흐름, 이브이에비타(EV/EBITDA) **149** ‖ 기업의 위험, 부채비율 **151** ‖ 기업의 심장, 영업이익 **153** ‖ 기업의 가치, 시가총액 **156** ‖ 기업의 기본, 상장기업분석 **159** ‖ 대주주(CEO)의 자질이 기업의 성패를 가른다 **160** ‖ 대주주 지분의 중요성 **161** ‖ 대표적인 돌발악재, 횡령·배임 **164** ‖ 가치분석의 빛과 그림자 **167**

Part 4. 기술적 분석

차트분석의 개념 **170** ‖ 차트의 3대 지표 **173** ‖ 캔들의 기본 구조 **174** ‖ 캔들의 기본 모형 **175** ‖ 캔들의 기본 패턴 **178** ‖ 캔들의 몸통과 꼬리 **182** ‖ 장대양봉, 장대음봉 **184** ‖ 지지와 저항의 개념 **185** ‖ 분봉, 일봉, 주봉, 월봉 **187** ‖ 거래량이 차트를 만든다 **189** ‖ 상승추세에서의 거래량 변화 **191** ‖ 하락추세에서의 거래량 변화 **192** ‖ 물량매집 대량거래 **194** ‖ 물량털기 대량거래 **196** ‖ 거래량에 대한 일반적

오해와 진실 **197** ‖ 거래량 증감 여부의 키포인트 **202** ‖ 거래량 바닥은 주가 바닥 **208** ‖ 거래량을 통한 매수급소 **210** ‖ 거래량을 통한 매도급소 **211** ‖ 소외주의 특징은 거래량이 없다는 것 **213** ‖ 이평선 개념 **215** ‖ 이평선 설정 **216** ‖ 그랜빌의 법칙 **217** ‖ 정배열, 골든크로스(Golden Cross) **220** ‖ 역배열, 데드크로스(Dead Cross) **221** ‖ 이평선 지지와 저항 **222** ‖ 이평선 매수신호 **223** ‖ 이평선 매도신호 **224** ‖ 이평선은 투자심리의 기준 **225** ‖ 5일 변곡점은 매수신호 **227** ‖ 실전에서 5일선 매매 주의사항 **228** ‖ 20일선은 세력선 **230** ‖ 20일선 눌림목의 묘미 **231** ‖ 주가와 이평선의 괴리, 이격도(괴리율) **232** ‖ 주가의 방향, 추세 **234** ‖ 추세선과 추세대 **235** ‖ 추세선을 이용한 매수신호 **237** ‖ 추세선을 이용한 매도신호 **238** ‖ 추세선은 지지선이자 저항선 **239** ‖ 패턴분석의 개념 **240** ‖ 상승형 패턴 **242** ‖ 하락형 패턴 **246** ‖ 지속형 패턴 **250** ‖ 보조지표의 개념 **254** ‖ 이평선 추세지표, MACD **255** ‖ 거래량 지표, OBV **256** ‖ 투자심리 지표, 스토캐스틱(Stochastic) **257** ‖ 추세강도 지표, RSI **258** ‖ 변동성 지표, 볼린저밴드(Bollinger Bands) **259** ‖ 이격도 지표, 엔벨로프(Envelop) **260** ‖ 가격과 시간의 지표, 일목균형표 **261** ‖ 가격대별 거래 지표, 매물대 **262** ‖ 차트를 활용한 매수와 매도의 맥(脈) **263** ‖ 차트분석의 빛과 그림자 **266**

Part 5.
실전투자
지침서

투자행위의 동기유발, 이윤추구 **270** ‖ 선물과 옵션 그리고 ELW **271** ‖ 마진콜(Margin Call) **279** ‖ 부채발행 사채발행 **284** ‖ 유상증자 무상증자 **289** ‖ 대주주 주식담보대출 반대매매 **295** ‖ 상장폐지의 전령사, 가장납입 **300** ‖ 유상증자의 빛과 그림자 **305** ‖ 자본잠식과 감자 **309** ‖ 실전투자의 맥(脈) **316**

PART 1

주식투자 첫걸음

보일러 룸(Boiler Room)

「마이크로소프트사(MS)에는 세계 어느 나라보다 백만장자 비서들이 많다. 그들은 성탄 보너스로 우리 사주를 받는다. 정말 운도 좋지. 고급 스포츠카 옆에 폼 잡은 경비 사진을 봤나? 정말 놀랍다. 일단 보면 배가 아프지만 나 역시 가능할 것 같다. TV에는 온통 벼락부자 얘기뿐이다. 8,700만 달러 복권 당첨자나, 영화 출연료로 20억을 받은 아역 배우. 한 인터넷 회사 주식은 하루아침에 올라 발빠른 사람은 그 주식으로 몇십 억을 번다. 포기할 순 없다. 나도 대어를 낚을 거다. 역사책에 이름은 못 남겨도 대박 한 번만 터졌으면… 대박 한 번만…. 잘 나갔던 흑인 가수가 말했다. '마약을 팔든지 아니면, 농구를 하라고. 요즘은 일만 해서 출세를 못한다. 주경야독한들 아무도 알아주지 않는다. 부가 곧 명예이므로. 난 증권이라는 마약을 파는 브로커(Broker)가 됐다.」

보일러룸(Boiler Room, 2000)

…위 글은 2000년 10월에 개봉한 27세의 신예 벤 영거(Ben Younger) 감독의 첫 영화 작품인 〈보일러 룸〉에서 주인공 세스 데이비스(지오바니 리비시 분)의 처음 독백 부분입니다.

'보일러 룸(Boiler Room)'이란 주가조작을 뜻하는 미국 증권계의 은어로, 주식거래의 정상적인 법적 규정을 제쳐 두고 투자가들로부터 거액의 돈을 유도해 내어 유령회사나 불안정한 주식을 사고팔아 막대한 이익을 남기는 사기 브로커의 조직을 가리킵니다.

금융이나 주식투자를 전문으로 한 영화는 많지 않습니다. 주제나 장르가 일반인들이 이해하기에는 제법 전문적인 지식을 필요로 하기 때문입니다. 따라서 기껏해야 주인공의 직업이라든가 아니면 영화의 일부 장면에서만 다루고 있을 정도입니다. 그런 면에서 〈보일러 룸〉이란 영화는 금융과 투자를 주제로 한 영화 중 손꼽히는 명작에 속하는 편입니다.

갬블(Rogue Trader, 1999)

증권사의 주요 업무는 브로커리지(위탁매매), IB(인수, 투자), 딜링(자기매매), 펀드판매 등으로 구성되어 있습니다. '보일러 룸'은 인터넷이 현재와 같이 대중화되기 이전 시절의 브로커리지, 즉 위탁매매를 중심으로 이야기를 풀어갑니다.

기본적인 스토리는 월 스트리트 증권가를 배경으로 사기 투자 수법으로 막대한 이익을 남기는 브로커 조직에 들어간 젊은 주인공의 흥망성쇠(興亡盛衰)를 그리며, 백만장자를 꿈꾸는 젊은 주인공을 통해 부(富)의 의미와 일확천금의 세태를 심도있게 다루고 있습니다.

다음은 개인적으로 추천하는 금융과 투자에 관련된 영화들입니다. 이미 주식투자 경험이 있거나 혹은 주식투자를 처음 시작하려는 분들은 물론, 전문적인 금융 지식이 없는 일반인에게도 큰 재미와 감동을 선사할 것입니다.

마진콜(Margin Call, 2010)

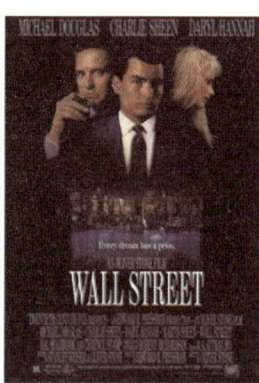
월스트리트(Wall Street, 1987)

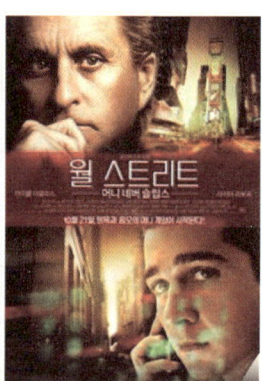
월스트리트 : 머니 네버 슬립스
(Wall Street : Money Never Sleeps, 2010)

하게타가(Hagetaka, 2009)

쥬바쿠(Jubaku, 1999)

작전(The Scam, 2009)

투자란 무엇인가?

인간은 생존을 위해 먹어야 하고, 입어야 하며, 잠을 자야만 합니다. 이른바 '의·식·주(衣食住)'는 인간 삶의 필수요소라 할 수 있습니다. 문제는 의식주를 해결하기 위해서는 어떤 대가를 치러야만 한다는 것입니다. 그 대가는 일반적으로 육체적 정신적 노동에 대한 보상, 즉 '돈(Money)'을 말합니다.

투자란 이익을 얻기 위해 어떤 일이나 사업에 자금을 대거나 시간과 정성을 쏟는 일련의 행위를 뜻합니다. 나에 대한 투자, 자녀에 대한 투자, 미래에 대한 투자, 그리고 돈에 대한 투자. 생존을 위한 처절함 몸부림….

앞서 금융과 투자에 관련된 영화 몇 편을 소개해드렸습니다. 경제, 금융, 증권에 문외한인 일반인들도 재미있게 볼 수 있는, 작품성과 대중성을 두루 갖춘 뛰어난 영화들입니다. 처음에는 생소한 금융이나 투자에 관련된 용어에 자칫 지루할 수도 있으나 한번 보고 나면 새삼 투자에 대한 흥미를 느낄 수 있을 것입니다. 물론 금융이나 투자에 대한 지식이 있다면 더할 나위 없이 재미있게 감상할 수 있습니다.

투자란 영화와 같이 '희로애락(喜怒哀樂)'이 교차합니다. 나 자신에 대한 투자를 위해 시간과 돈과 노력을 들여 학원을 다니고, 대학에 다니고, 자격증을 따고, 운동도 하고, 회사에 입사하거나 혹은 장사를 하거나, 적은 자본금이나마 밑천으로 삼아 사업을 하기도 합니다. 그 과정은 이루 말할 수 없을 정도로 기쁘고, 분노하고, 슬프고, 때론 즐겁기도 합니다. 돈을 벌 때는 세상이 나를 알아주는구나 하고 하늘을 날 듯하더니, 돈을 잃을 때는 세상이 나를 버리는구나 하며 추락의 아픔을 겪기도 합니다.

　투자는 대가에 따라 명암이 갈립니다. 현명한 투자로 큰 수익을 얻는 경우도 많지만 이와 반대로… 예를 들어 자식에 대한 투자를 아끼지 않았지만, 정작 그 자식은 나중에 커서 부모의 바람과는 달리 범죄자로 살아가는 경우. 자식에 대한 과도한 사랑과 정성이 오히려 자녀를 망치기도 하는 것입니다.

　부동산이나 주식투자를 하다 해당 상품의 향후 미래가 너무 밝아 보여 흥분한 나머지 과도한 사랑과 정성을 기울였지만 정작 자신에게 돌아오는 것은 부동산 사기와 보유종목이 상장폐지되었다는 사형선고입니다.

　착한 투자는 나에게 달콤함 열매를 선사하지만, 나쁜 투자는 나에게 쓰디쓴 눈물을 흘리게 만듭니다.

투자의 종류와 방법

앞서 투자의 기본적 개념을 간략히 살펴보았습니다. 이번에는 투자에는 어떤 종류가 있으며, 투자를 하려면 어떻게 해야 하는지에 대해 알아보겠습니다.

투자는 대상 주체에 따라 다양하게 나뉩니다. 먼저 나 자신에 대한 투자. 쉽게 말해 나 자신의 상품 가치를 높이려는 행위입니다. 학벌, 자격증, 전문기술, 외모, 건강, 한마디로 요즘 말하는 '스펙(SPEC : specification)'을 높이는 행위입니다. 나 자신의 가치를 높이는 투자를 통해서 사회가 나를 인정해주고 이에 합당한 보수를 받기 위함입니다. 이는 자신의 미래에 대한 투자이기도 합니다. 여기에는 결혼을 하는 경우 배우자에 대한 투자, 자녀에 대한 투자도 해당됩니다. 사회생활을 하는 경우 직장상사에 대한 투자, 사업을 하는 경우에는 상품에 대한 투자나 거래처에 대한 투자… 이들 모두 수익을 위한 행위입니다.

투자는 크게 두 가지로 분류합니다. 직접투자와 간접투자가 그것입니다. **직접투자**는 투자자 자신이 직접 투자 대상을 분석하고 투자 결정을 직접 내리기 때문에 위험성이 높은 만큼 수익률도 높은 편입니다. 대표적으로 주식투자가 이에 해당합니다.

이와 반대로 **간접투자**는 투자자 자신이 아닌 전문 투자자가 운영하는 상품에 가입해 수익을 올리는 경우로, 대표적인 상품으로 은행예금, 적금, 펀드 등이 있습니다. 직접투자와는 달리 위험성은 낮지만 그만큼 수익률도 낮은 편입니다.

직접투자는 위험성이 높은 만큼 수익성도 높고 환금성도 높습니다. 여기서 **환금성(換金性)**이란 어떤 상품을 팔아 돈으로 바꿀 수 있는 성질을 말합니다. 대표적인 직접투자인 주식투자의 경우 언제라도 보유주식을 매도해 현금으로 교환할 수 있습니다.

  이에 반해 간접투자는 위험성이 낮은 만큼 수익성도 낮으며, 환금성도 낮은 편입니다. 대표적인 간접투자 상품인 적금이나 펀드의 경우 투자자 마음대로 투자 대상을 팔아 현금으로 바꿀 수 없습니다. 특히 펀드의 경우에는 전문적인 투자운영사가 운영하기 때문에 일정기간의 거래 약정이 있으며, 이에 따른 거래비용이 직접투자에 비해 높아 수익성이 떨어지지만 전문성을 갖춘 단체이기에 그만큼 위험성은 낮습니다.

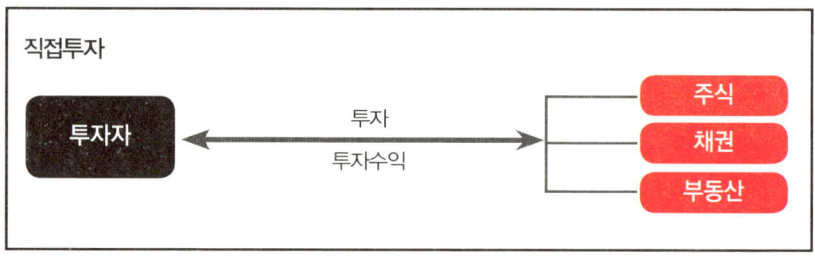

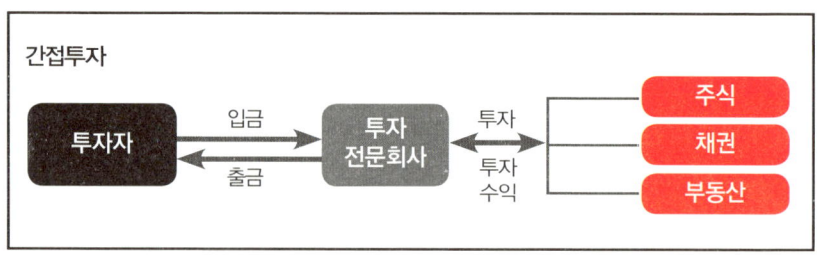

협의(狹義)의 의미에서 '투자'란 금융과 자본에 대한 투자를 좁혀 말하기도 합니다. 한마디로 금융투자는 곧 '돈(Money)'에 대한 직·간접적인 시간과 노력과 비용을 의미합니다.

금융투자는 크게 주식투자, 채권투자, 펀드투자로 나눌 수 있습니다. **주식**(Stock)은 주식회사(株式會社)가 사업자금을 위해 발행한 출자증서를 말하며, 해당 회사의 주식을 보유한 이를 '주주(株主)'라고 합니다. 우리가 흔히 '주식투자를 한다'라는 것은 주식을 거래할 수 있는 증권시장에 상장된 많은 주식회사의 주식을 매매하는 행위를 말합니다.

채권(Bond)은 일반 투자자들을 상대로 자금을 조달하기 위해 발행하는 일종의 채무증서로 주식과는 달리 타인자본이기 때문에 일정기간 경과 후에는 원리금을 상환해야만 합니다.

채권의 발행주체가 정부일 경우는 '국채', 지방자치단체일 경우는 '지방채', 특별법에 의해서 발행하는 경우는 '특수채', 금융기관에서 발행하는 경우는 '금융채', 일반기업에서 발행하는 경우는 '회사채' 등으로 구분합니다. 또한 이자지급 방법에 따라 '할인채', '복리채', '이표채'로 구분하고, 원리금 지급보증 유무에 따라 '보증사채', '무보증사채', '담보부사채' 등으로 나뉩니다.

펀드(Fund)란 다수의 투자자들로부터 투자금을 모아 그 기금을 주식이나 채권에 투자하게 되는데, 운용회사의 펀드매니저가 대신 운용해 줌으로써 수익 실적에 따라 배당하는 간접투자형 금융상품을 말합니다.

펀드는 투자자로부터 모은 자금을 주로 채권에 투자하느냐 주식에 투자하느냐에 따라서 채권형과 주식형으로 나눕니다. '주식형 펀드'는 주식 및 주식관련 파생상품(주가지수 선물·옵션)에 신탁재산의 60% 이상을 투자하는 상품이며, '혼합형 펀드'는 주식에 60% 미만이 투자되고, '채권형 펀드'는 말 그대로 채권에 투자하는 비교적 안정적인 투자 방법입니다.

채권형 펀드는 국채, 공채, 회사채 등에 투자하는 펀드를 말하며, 정부에서 발행하여 상대적으로 안전한 국·공채에 투자하는 펀드를 '국·공채 펀드'라고 하고, 그 외의 우량 회사채 등에 투자하는 펀드를 '일반 채권형 펀드'라고 합니다. 채권형 펀드의 단점은 안정적인 수익을 추구하는 반면, 고수익을 올릴 수 없는 구조입니다.

주식형 펀드는 주식 편입 비율에 따라 성장형, 안정성장형, 안정형 등으로 구분합니다. 주식은 위험자산이므로 주식 편입비율이 낮은 상품일수록 안정성이 높다고 해서 붙여진 이름입니다.

'성장형 펀드'란 주식 편입 비율을 70% 이상 유지해 고수익을 추구하기 때문에 주가가 오르면 큰 수익을 얻을 수 있지만 반대로 주가가 떨어지면 원금의 상당액을 손실 볼 수 있습니다.

'안정성장형 펀드'는 주식 편입 비율 50% 내외인 상품으로 성장형에 비해 주가상승시 수익률 상승폭은 작지만 주가하락시 그만큼 위험부담을 덜 수 있으며, 장기적으로 실세금리의 수익을 목표로 운영합니다.

'안정형 펀드'는 주식 편입 비율이 30% 이내의 저편입 주식형이지만 원금 보존형 펀드 및 공사채형과 같이 원금손실 가능성이 거의 없거나 확정금리를 지급하는 상품을 말합니다.

대표적인 금융투자상품인 주식, 채권, 펀드 중 일반인들이 쉽게 투자할 수 있는 상품이 바로 주식과 펀드입니다. 앞서 다뤘듯이 주식은 직접투자상품이며, 펀드는 간접투자상품입니다. 주식은 위험성이 크지만 대신 수익성과 환금성이 뛰어나며, 펀드는 주식에 비해 위험성은 작지만 수익성과 환금성은 떨어집니다. 이에 따라 투자자의 성향과 투자금액에 따라 투자상품을 선택하도록 하며, 반드시 기억할 것은 리스크(위험)와 수익은 서로 반비례한다는 사실입니다. 대박만을 노리고 아무런 준비도 없이 무조건 주식투자에만 뛰어들기보다는 본인의 투자금을 주식과 예금(적금)과 펀드에 각각 3등분 해 투자하는 것이 올바른 투자방법이 될 것입니다.

자본주의 주식시장

한때 센세이션을 일으켰던 로버트 기요사키의 『부자 아빠, 가난한 아빠』는 자본주의에서 살아가는 4가지 직업을 나열하며, 부자가 되기 위해서는 사업가나 투자가가 되라고 강조합니다. 전문가들은 이를 두고 너무 부동산 투기를 조장한다는 등의 비판을 하곤 했지만 미국의 뉴욕타임스 베스트셀러에 오를 정도로 인기가 높았습니다.

저자는 자본주의 체제 속에서 살아가는 인간들은 크게 4가지 직업을 갖는다고 합니다. 봉급생활자, 자영업자, 사업가, 그리고 투자가로 살아가는데, 그중 사업가나 투자가만이 진정한 부를 창출할 수 있다고 말합니다.

역설적이지만 리스크(위험)는 투자가가 가장 크며, 이어서 사업가 〉 자영업자 〉 봉급생활자순으로 위험에 노출되어 있다는 사실입니다. 한마디로 투자가는 위험이 가장 큰 만큼 수익도 가장 크고, 봉급생활자는 위험은 가장 낮지만 수익은 가장 적은 편입니다.

누군들 남들에게 사장이나 회장 소리를 들어가며 큰 사업체를 운영하거나 부동산이나 금융에 막강한 파워를 가진 투자가로 이름을 널리 알리고 싶지 않겠습니까. 누군들 처음부터 숨 막히는 사무실이나 공장에서 매일 같이 야근을 하거나, 하루 24시간 내내 가계에 신경을 쓰고 싶어 하겠습니까. 시간과 돈에 구애받지 않고 모두가 남부럽지 않은 여유로운 생활을 꿈꾸는 것은 공통된 사항입니다. 모두가 하나같이 직장을 나와 사업을 하거나 부동산 및 주식투자자로 살아간다면 이 사회는 어떻게 되겠습니까. 그만큼 성공 가능성이 희박하기에 사업가나 투자가가 극소수인 것입니다.

   자본주의는 **화폐경제**(貨幣經濟)입니다. 자본주의는 이윤추구를 목적으로 자본이 지배하는 경제체제입니다. 자본주의는 그래서 경쟁이 심화되고, 따라서 살아남는 이와 버려지는 이가 극명히 대립되는 사회 시스템입니다. 화폐, 자본, 돈이 지배하는 시스템 속에 민주주의가 결합되면서 오늘날 대부분의 국가들이 채택하고 있는 정치 시스템으로 자리 잡게 된 것입니다.
   자본주의에서의 경쟁은 매우 긍정적인 결과물을 생산해 내지만 그 반대급부의 수많은 눈물과 땀을 담보로 합니다. 경쟁은 갈수록 치열해지면서 '결과물의 80%는 조직의 20%에 의해 생산된다'라는 **파레토의 법칙**(Pareto's law)이 이제는 '결과물의 90%는 조직의 10%에 의해 생산된다'라고 수정되어야 할 정도로 극심한 양극화로 치닫고 있습니다. 장사나 사업을 한다는 주변인들을 둘러봐도, 아니 객관적 통계수치를 살펴봐도 매우 극소수의 이들만이 경쟁에서 퇴출된 대다수의 부를 가져가고 있습니다. 이처럼 치열하고 때론 비열하기까지 한 시스템 … 이런 자본주의 국가에서 우리는 살아가고 있습니다.

   자본주의는 자본이 지배하는 시스템이기에, 즉 돈(Money)에 의해 생산과 유통과 소비가 이루어집니다. 서비스나 어떤 상품을 거래할 때는 수요와 공급의 법칙에 의해 가격이 결정되고, 돈이라는 매개체를 통해 매매가 이루어집니다. 거래되는 상품은 가전제품이나 농산물처럼 실체가 있을 수도 있고, 육체노동이나 지식노동 등의 보수 형태로 거래되기도 합니다. 그런데 자본주의 시스템에서는 또 하나 거래되는 것이 있습니다. 그것이 바로 '자본'입니다. 서비스나 두 상품 간의 거래 매개체가 오히려 거래의 주체가 되곤 하는 것입니다.

돈을 돈과 거래한다?

환율, 금리, 선물, 옵션, 그리고 주식. 거래되는 실체는 없습니다. 손으로 만질 수 있는 물건도 아니고 눈에 보이지도 않습니다. 특정 기업의 주주(株主)라고 찍힌 종이로 된 증명서도 없습니다. 그저 사이버 공간을 오가는 디지털 숫자들 뿐입니다. 돈을 돈과 거래를 합니다. 현재의 1만 원 가치를 내일에는 2만 원이 될 수 있다고, 혹은 5천 원이 될 수 있다면서 어떤 이는 1만2천 원에서 사고 또 다른 이는 9천 원에 팔기도 합니다. 돈을 돈과 거래하는 것입니다.

자본주의 사회에서는 자본이 지배합니다. 여기서의 '자본(資本)'은 여러 의미에서 사용되기 때문에 쉽게 정의내리기는 어렵습니다. 재화와 용역에서 사용되는 자산의 개념도 있고, 반드시 돈이 아닌 노동력이나 무형의 자산의 개념도 있습니다. 어쨌든 간단히 '자본은 곧 돈'이라고 정의해 보겠습니다. 또한 화폐(貨幣)의 개념도 '돈(Money)'과 같이 동일시하겠습니다.

자본 = 화폐 = 돈

자본이 지배한다? 옛말에 호랑이를 잡으려면 호랑이 굴에 들어가야 한다고 했습니다. 돈을 벌기 위해서는 돈을 알아야 하고, 돈의 흐름을 파악해야 유리합니다. 자본주의는 자본이 지배하는 시스템이기에… 돈의 성질과 흐름을 파악한다면 보다 남들과의 경쟁에서 유리한 고지를 점령하는 효과를 볼 수 있을 것입니다.

앞서 자본주의에서 기본적으로 4가지 직업을 선택한다고 언급한 바 있습니다. 봉급생활자, 자영업자, 사업가, 투자가… 그렇다면 이들의 공통점은 무엇일까요? 바로 '기업'입니다. 봉급생활자는 기업의 일원이고, 소규모 자영업자도 나름대로 작은 기업의 사장이며, 사업가 또한 한 기업의 임원이고, 투자가 또한 특정 기업에 투자하기 때문입니다. 결론적으로 자본주의에서의 중추적인 핵심은 '기업'이라는 사실입니다.

기업(企業)의 사전적 의미는 국민경제의 기본 단위이면서, 이윤획득을 목적으로 운영되는 자본의 조직단위를 말합니다. 따라서 자본주의 경제는 곧 '기업체제'를 의미합니다.

자본주의의 꽃은 주식시장이라고 이야기합니다. 왜냐하면 한 나라의 경제 주체가 되는 대표적인 기업들이 주식시장이라는 곳에서 거래가 되기 때문입니다. 따라서 돈(자본)의 성질과 흐름은 주식시장에서 가장 먼저 민감하게 반응하게 됩니다.

주식회사 상장회사

"직업이 뭡니까?" 어느 누가 묻습니다.

"회사원입니다." 그가 대답합니다.

회사원… 참 평범한 직업입니다. 그런데 그 회사가 주식회사라면? 거기다 주식시장에 상장된 주식회사에 다닌다면? 평범보다는 조금은 비범해 보일 것입니다. 그렇다면 기업과 회사의 차이점은? 실상 회사나 기업이나 영리를 목적으로 하는 단체나 법인이기에 큰 차이점은 없습니다. [법인 = 기업 = 회사] 동일한 개념입니다. 다만 '주식(株式=Stock)'을 발행한 회사와 그렇지 않은 회사로 나눌 수는 있습니다.

자본주의는 어떤 재화나 서비스를 화폐라는 돈을 통해 거래를 하는 경제체제입니다. 이때 거래하는 특정장소를 **시장**(Market)이라 부릅니다. 거래되는 상품이나 서비스 종류와 시간 등에 따라 농산물시장, 청과물시장, 의류시장, 도매시장, 소매시장, 도깨비시장, 벼룩시장, 중고시장, 부동산시장, 주식시장 등으로 나뉩니다.

자본주의의 중추적 역할은 기업이 합니다. 기업은 사업 자본을 마련하기 위해 주식을 발행하고 → 주식회사가 되면 → 자본금을 늘려 → 기업공개를 하고 → 주식시장에 상장을 해서 → 해당 기업의 성장성을 놓고 수많은 투자자들과 거래를 하게 됩니다. 한 나라의 경제를 한눈에 살펴볼 수가 있으며, 금융시장의 핵심이 되며, 돈의 흐름을 가장 먼저 파악할 수 있는 곳, 그래서 주식시장이 금융의 중심 곧 '자본주의의 꽃'으로 불리는 것입니다.

주식회사(株式會社)는 사업 자금을 마련하기 위해 '주식(株式)'이라는 증권을 발행한 회사를 말합니다. 해당 회사의 주식을 보유한 이를 **주주**(株主)라고 말하며, 회사의 초기 사업 자금을 **자본금**(資本金)이라 부릅니다. 주식회사는 주식을 발행해 자본금을 마련하는데, 이때 주식 1주의 액면가(1주의 기본가격)와 주식수를 정하게 됩니다. 예를 들어 액면가 5천 원짜리 주식을 10만주 발행하면 자본금은 5억이 됩니다. 다시 말해 10명이 각자 5천만 원씩 모아 자본금 5억인 주식회사를 설립하고, 주식 액면가를 5천 원으로 정해 10만주 발행하게 되면, 주주 1명당 각각 1만주의 주식을 보유하게 됩니다. 해당 회사의 주식을 보유한 주주들은 각자 보유주식에 비례해 책임과 권한을 부여받고 경영에 참여합니다. 이후 회사가 성장을 하면 배당을 받지만, 그렇지 못할 경우에는 보유한 주식만큼 책임을 지게 됩니다.

> 자본금 = 1주당 액면가 × 발행주식수

주식회사는 초기 자본금을 토대로 사업을 진행합니다. 사업 수완이 뛰어난 경영진과 우수한 품질의 제품으로 다른 기업과 경쟁을 하기 시작합니다. 매출이 증가하고 영업이익이 늘면 회사는 주식을 추가로 발행해 자본금을 늘릴 수도 있습니다. 초기 회사를 창업할 때 사용된 자본이 아닌 추가로 다른 투자자로부터 자금을 투자받는 것입니다. 그 형태는 회사의 경영권을 담보로 은행에서 대출을 받는 경우, 엔젤투자자로부터 증자를 통해 자금을 투자받는 경우, 사채업자로부터 높은 금리를 조건으로 투자받는 경우, 회사채를 통해 자금을 수혈하는 경우, 주식시장에서 외국인이나 기관 및 개인투자자로부터 투자금을 마련하는 경우, 정부로부터의 지원을 받는 경우 등이 있습니다. 이 중 주식회사 입장에서 가장 유리한 투자금 조달 방법이 바로 증권거래소인 주식시장을 통한 자금조달입니다.

자본주의 체제에서는 시장을 통해 상품이나 서비스 등을 거래합니다. 주식회사의 주식을 거래하려면 일반적으로 증권거래소가 운영하는 '주식시장(Stock Market)'을 통해서 거래를 해야만 합니다. 보통 주식시장을 '증권시장'이라고도 합니다. 비슷한 의미이나 주식시장은 주식을 주로 거래하지만, 증권시장은 주식 이외에 채권도 거래합니다. 따라서 증권시장이 조금 더 넓은 의미를 지닙니다.

주식회사가 주식시장에 발을 들여놓기 위해서는 우선 '기업공개' 절차를 밟아야 합니다. **기업공개**(Initial Public Offering)란 일반 투자자에게 해당 기업의 사업 전망, 주식분포, 대주주 및 경영자의 현황, 회사의 지난 실적 등을 투명하게 공개하는 것을 의미합니다.

기업공개(IPO) 절차를 통해 증권거래소가 운영하는 주식시장에 등록하는 것을 **상장**(上場)이라고 하며, 이렇게 상장된 주식회사를 **상장회사**(上場會社)라고 부릅니다.

[참고로 주식시장에 상장된 회사가 퇴출되는 경우는 **상장폐지**(上場廢止)라고 합니다. 상장폐지는 상장된 주식회사가 증권거래소에서 거래되는 자격이 박탈되는 경우를 말하는데, 통상 실적부진에 따른 자본잠식, 횡령·배임, 부도, 감사의견거절 등의 상장폐지 사유에 부합되는 경우 주식시장에서 퇴출됩니다.]

그렇다면 일반 법인회사는 왜 주식회사가 되려고 하고, 주식회사는 왜 주식시장을 통해 상장회사가 되려고 할까요? 많은 이유가 있지만 그중에서도 가장 큰 이유는 돈 때문입니다. 비상장 회사가 사업운영 자금을 마련하려면 보통 회사의 자산(땅, 건물, 특허, 지분, 유가증권…)을 담보로 은행이나 보험 등의 금융기관이나 심지어 고금리 사채시장을 통해 비싼 대출이자를 지불해 가며 자금을 조달합니다.

하지만 주식시장에 상장된 회사는 일단 비상장 회사에 비해 이자 부담이 없어집니다. 회사의 신용도가 높아지고, 사채발행도 수월하며, 정부지원도 받을 수 있고, 또한 수많은 투자자들로부터 손쉽게 투자금을 유치 받을 수 있습니다. 비상장 회사에 비해 훨씬 낮은 이자의 사채발행과 공모나 증자를 통해 외국인, 기관, 은행, 보험, 기타 법인체를 비롯해 수많은 개인투자자들로부터 돈을 끌어 모을 수 있는 장점이 있는 것입니다.

뿐만 아니라 회사 브랜드(Brand) 가치를 높이는 한편 제품의 홍보에서부터 사원들의 결속력 강화 및 대내외 신용도 높아집니다. 그래서 수많은 비상장 기업들은 주식시장에 상장을 하려고 많은 노력을 기울이며… 이에 따라 증권거래소는 상장등록 절차를 까다롭게 요구하고… 이미 주식시장에 상장된 회사는 상장폐지가 아닌 상장유지를 위해 갖은 노력을 아끼지 않는 것입니다. 상장회사의 프리미엄은 너무나 달콤하기 때문입니다.

종합주가지수 코스피(KOSPI)

　종합주가지수는 영문 Korea Composite Stock Price Index 약자를 써 **코스피**(KOSPI)라고 부릅니다. 종합주가지수는 주식시장의 전반적인 움직임을 보여주는데, 이것은 우리나라의 경제규모를 가늠하는 하나의 잣대 역할을 합니다. 코스피 시장에는 우리나라를 대표하는 우량기업들로 구성되어 있습니다. 각 업종별 최상위 순위를 달리는 삼성전자, 현대차, 포스코(POSCO), LG화학, KB금융, NHN(네이버) 등의 종목들이 많이 상장된 주식시장입니다.

　코스피지수는 증권거래소에 상장된(코스닥 기업을 제외한) 모든 기업들의 시가총액(발행주식수×현재주가)을 기준으로 산정됩니다. 따라서 코스피지수가 오르면 대부분의 종목의 주가가 상승하는 것이고, 반대로 코스피지수가 내리면 대부분의 종목의 주가는 하락하는 것으로 여깁니다.

　기업이 경영을 잘한다면 투자자들이 해당 기업의 주식을 매수할 것이고, 경영을 못한다면 투자자들은 해당 기업의 주식을 매도할 것입니다. 이에 따라 코스피에 상장된 전체 기업을 평균화한다면 지수 움직임에 따라 우리나라를 대표하는 기업들의 실적이 좋아지는지 혹은 나빠지는지를 대략적으로 판단하게 됩니다.

> ■ **KOSPI200지수** : 거래소에 상장된 모든 기업을 대상으로 하는 코스피와 별도로 시가총액이 큰 핵심적인 업종 대표 우량주 200개 기업을 기준으로 산정한 지수로 주로 선물·옵션에 활용된다.

벤처지수 코스닥(KOSDAQ)

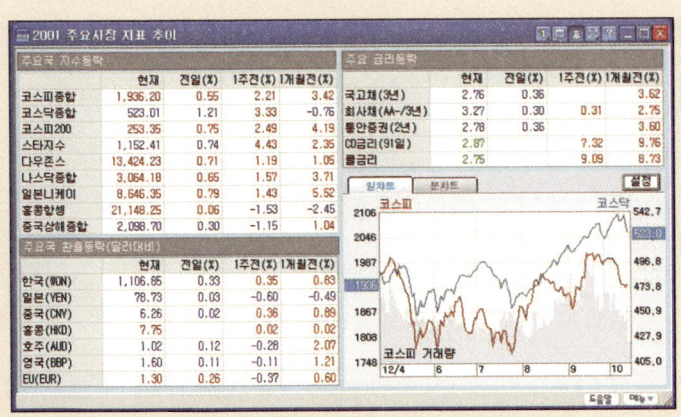

주식시장의 움직임을 보여주는 주요지수와 지표

　코스피지수가 업종대표주, 대기업, 우량주, 오랜 역사를 자랑하는 제조업, 경기방어주 등 우리나라의 기간산업을 대표하는 기업의 주식들로 구성된 지수라면, **코스닥**(KOSDAQ)지수는 주로 자본금이 적은 중소기업 및 벤처기업들로 구성되어 있습니다. 코스닥 업종을 대략 살펴보면 IT, 바이오, 엔터테인먼트, 보안, 반도체 및 통신장비, 기타 서비스 등의 기업들이 차지하고 있습니다.

　코스닥은 안전보다는 모험, 점진적 성장을 통해 내실을 다지기보다는 기술과 혁신을 무기로 시장에 상장된 기업들이 대부분입니다. 따라서 지수 움직임이 완만한 흐름을 나타내는 코스피에 비해 다소 역동적인 흐름을 나타내는 것이 특징입니다.

주식시장의 투자자 - 외국인, 기관, 개인

주식시장에는 약 2천여 개의 기업들이 저마다 자신들의 장점을 내세우며 미인대회를 열고 있습니다. 미인대회에 참가한 기업들마다 자신의 가치를 높이기 위해 짙은 화장을 매일 같이 반복합니다. 그 중에는 진짜 미인도 있고, 화장이 아닌 분장에 가까운 가짜 미인도 많습니다. 저마다 섹시하고 현란한 몸짓으로 자신의 몸값을 높여달라고 고객들에게 표를 구걸합니다. 자신을 돈으로 사달라고… 그래야만 머리를 손질하고 새 옷을 입고 화장을 할 수 있다고 말입니다.

고객(투자자)들은 상품(상장기업)의 가치를 나름대로 돈으로 환산해 흥정을 합니다. '내가 산 미인은 더 예뻐질 거야. 어때? 내가 산 가격에 웃돈을 조금 더 주고 네가 살래? 좋아, 난 조금 더 포장해서 다른 사람에게 더 비싸게 팔 거야. 내가 산 미인은 화장빨이야. 안 되겠다 손해를 보더라도 사겠다는 사람에게 넘겨야겠다.' 서로 예쁜 미인을 차지하겠다고 하는 이들. 정작 그들은 소유가 아닌 이윤만을 목적으로 하는 사냥꾼일 뿐입니다.

주식시장에는 대표적으로 세 가지 부류의 투자자가 있습니다. 첫째는 막대한 자금력과 정보력으로 무장한 '외국인'이고, 둘째는 기업 내부를 꿰뚫어 볼 수 있는 '기관'이며, 마지막으로 셋째는 외국인과 기관의 수익을 보장해 주어야만 하는 '개인'들이 있습니다.

외국인은 자금 규모가 상상을 초월할 정도로 막대하기 때문에 일반적으로 우리나라를 대표하는 초우량주, 특히 자본금이 크고 주식수가 많으며 시가총액이 큰 업종대표주를 주로 매매하는 특성이 있습니다. 투자하는 종목으로는 주로 '코스피(KOSPI)200' 종목이 해당되며, 대표적으로 삼성전자, 현대차, 신한지주, LG화학, KB금융, SK텔레콤 등이 있습니다. 규모가 작은 중소기업이나 코스닥 종목에는 거의 투자하지 않으며, 만약 투자하고자 하는 중소기업인 경우에는 우량한 재무구조를 바탕으로 뛰어난 기술력과 성장성을 겸비하면서 시장지배력을 점차 늘려나가는 종목군으로 제한되며, 주로 장기투자 위주로 시장의 흐름을 선도합니다.

기관은 외국인에 비해 시장의 흐름을 바꿀 힘은 부족하지만, 그에 못지않은 자금력과 정보력으로 무장하고 있습니다. 기관은 각 증권사, 은행, 보험, 투신, 사모펀드, 그리고 국가가 운영하는 연기금 등이 이에 해당합니다. 기관들 또한 외국인과 마찬가지로 업종대표 우량주 중심으로 주식을 편입하며, 외국인에 비해 코스닥의 중소형주도 자유롭게 거래합니다. 한편으론 국내기업의 내부사정도 밝기 때문에 이러한 비공개 정보를 이용해 불법 시세차익을 얻기도 합니다.

마지막으로 **개인**은 투자자금이나 정보력이나 투자심리 등 모든 면에 있어 외국인과 기관에 한참 뒤집니다. 투자경험이나 지식도 외국인이나 기관처럼 전문적이지 않기 때문에 하루하루 변화하는 주가 움직임에 따라 뇌동매매를 하는 경향이 짙습니다. 굳이 장점을 하나 꼽자면 신속한 시장 대응력(단기매매 치중)이라 할 수 있습니다. 외국인이나 기관은 투자금이 큰 만큼 움직임이 둔할 수밖에 없습니다. 하지만 개인은 투자금이 적은 만큼 빠른 민첩함을 자랑합니다. 그래서일까요, 변동성이 큰 코스닥 시장에 개인투자자들이 몰리고, 그래서 많은 개인투자자들이 오래 버티지 못하고 시장에서 퇴출되는 이유가….

퇴출의 비애 상장폐지

 프랑스의 철학자 사르트르는 "**인생은 B와 D사이의 C다**"라는 유명한 명언을 남깁니다. 인생은 **탄생**Birth**(B)**과 **죽음**Death**(D)** 사이의 **선택**Choice**(C)**의 연속이라는 의미를 담고 있습니다. 그리고 보면 우리의 삶은 이 세상에 태어나는 순간 죽음을 향해 달려가는 갈등의 연속인 셈입니다.

 인간이 삶에서 죽음으로의 마라톤을 하듯 모든 생명체 또한 피하기 힘든 운명입니다. 기업도 마찬가지입니다. 여러 사람의 자금을 모아 주식회사를 설립하고, 이어서 주식시장에 상장하며, 많은 투자자들을 만나고 헤어지고를 반복하면서 마침내 '상장폐지'라는 절차를 밟게 됩니다.

 상장폐지는 증권시장에서 자사의 주식 및 채권 거래의 자격이 박탈되는 것을 의미하는 사형선고와 다름이 없습니다. 시장에서 소비자가 외면하는 제품은 퇴출되듯이 주식시장에서도 투자자가 투자할 가치가 없는 회사는 자연히 상장폐지 되는 것입니다.

 상장폐지 조건은 기본적으로 부도나 파산 등 해당 회사의 존립가치를 잃어버렸을 경우 증권관리위원회의 승인을 받아 강제로 상장폐지 절차를 밟게 됩니다.

 상장폐지 사유에는 **[2년 연속 매출액 30억 미만(코스닥 기준), 감사의견 거절, 영업정지, 최종부도, 경영상 타격이 큰 횡령이나 배임, 주식분산 미달, 분식회계, 자본잠식]** 등이 있습니다. 이에 따라 투자자들은 주식시장에서 투자할 기업을 선택하고자 할 때에는 반드시 상장폐지 가능성이 높은 부실기업인지 아닌지부터 살펴보는 안목이 필요합니다.

하지만 전문가가 아닌 일반 개인투자자 입장에서 부실기업을 일일이 확인하기에는 많은 애로사항이 있습니다. 기본적인 기업분석도 못한다거나, 아니 간단히 말해 기업의 재무제표도 살필 줄 모른다면 눈 가리고 아웅 하는 식일 것입니다. 그래도 그나마 다행인 것은 증권거래소는 투자자들을 위해 부실기업과 상장폐지 가능성이 높은 기업에 대해 일종의 경고신호를 보내주고 있습니다. 그것은 '관리종목' 지정입니다.

관리종목은 주식시장에 상장된 많은 회사 중 부실한 기업이나 상장폐지가 유력해 보이는 회사의 주식에 대해 투자자들에게 주의를 환기시키고자 일정기간 관리하는 종목을 말합니다.

관리종목 대상기준은 상장폐지 대상기준과 엇비슷하지만 규제가 다소 완화된 형식을 취합니다. **[사업보고서 미제출, 감사의견 한정, 영업활동 정지, 자본금 50%잠식, 공시의무 위반, 연매출액 50억 미만, 4년도 연속 영업손실, 거래량 미진, 주식 액면가 미달]** 등 재무상태가 악화되거나 상장 요건에 미충족되는 경우 관리종목으로 지정됩니다.

관리종목은 일명 부실기업이기 때문에 많은 제약을 받게 됩니다. 우선 거래 방식이 30분 단위로 단일가로 이루어지며, 주식의 신용거래도 중지되는 등의 불이익이 생깁니다. 무엇보다도 투자자로부터 외면을 당하기 때문에 단기적인 주가급락이 동반됩니다.

삶은 선택(Choice)의 연속입니다. 어떤 것을 선택하느냐에 따라 미래의 운명이 좌우됩니다. 부실기업, 관리기업, 투자환기기업, 매출도 없고 해마다 적자를 기록하는 기업, 대주주 지분도 없는 기업, 잦은 유상증자와 사채를 발행하는 기업, 회사의 자산을 뒷구멍으로 빼돌리는 기업, 지분을 담보로 대출을 받는 기업, 경영자가 침체에 놓여있는 사업에 각고의 노력을 하지는 않고 회사 내부의 돈을 임의로 사용하는 기업, 투자자들의 돈을 갈취하는 기업… 선택은 투자자 여러분들의 몫인 것입니다.

PART 2

주식매매 준비운동

증권사 선정과 계좌개설

　주식투자를 시작하기 위해서는 우선 주식을 거래할 증권사를 선택하고 주식계좌를 개설해야 합니다. 은행을 통해 거래할 때도 통장계좌번호가 있는 것처럼 증권사를 통해 주식을 거래할 때도 증권계좌가 있어야만 합니다.

　증권회사는 규모에 따라 대형증권사와 중소형증권사로 나눌 수 있습니다. 대형증권사는 삼성증권, 우리투자증권, 현대증권, 대신증권, 대우증권, 굿모닝신한증권사가 있습니다. 대형증권사인 경우에는 우선 투자금 규모가 크고, 시스템의 안정성, 높은 시장지배력과 인지도 등을 바탕으로 다양한 투자상품을 서비스합니다.

　중소형증권사로는 키움증권, 미래에셋, 하나대투증권, 동원증권, 동양증권, 교보증권, 한화증권, SK증권, 이어서 규모가 조금 더 작은 신영증권, 한양증권, 유화증권, 부국증권, CS증권, LIG투자증권 등이 있습니다. 투자에 관련된 서비스는 대형증권사보다 다소 떨어지지만 저렴한 수수료 등을 무기로 하기 때문에 단기 성향이 짙은 개인투자자들이 주로 애용하는 편입니다.

　한편으로 골드만삭스증권, 메릴린치증권, 모간스탠리증권, JP모간증권사 등의 외국계 증권사도 있는데 일반 개인투자자가 계좌를 개설하기에는 다소 불편함이 따릅니다.

증권사를 선택했다면 → 가까운 증권사 영업점이나 은행을 통해 계좌를 개설합니다. 요즘은 은행에서 대부분의 증권사의 계좌 개설이 가능하기 때문에 굳이 영업점을 직접 방문할 필요는 없습니다. → 계좌개설을 할 때는 주민등록증과 거래인감을 지참하면 되고 → 간단한 서류를 작성해 제출하면 → 본인 계좌가 등록된 증권카드를 발급받게 됩니다. 증권카드는 현금 인출시 사용되나, 요즘은 인터넷 뱅킹이 활발한 만큼 쓰임새는 적은 편입니다.

증권사 계좌개설이 완료되었으면 → 인터넷을 통해 해당 증권사의 홈트레이딩시스템(HTS)을 다운받아 설치한 다음 → 주식거래를 시작하면 됩니다.

거래비용

인간의 삶은 선택의 연속입니다. 자본주의 사회에서는 경제와 돈을 떼어놓고 살 수가 없습니다. 돈은 '비용'입니다. 물건을 사는 비용, 여행을 가는 비용, 노후비용, 그리고 투자비용. 우리 삶의 대부분의 것을 돈으로 가치를 평가합니다. 우리가 어떤 상품, 어떤 서비스, 어떤 재화, 어떤 가능성 등을 선택할 때는 필히 '기회비용'이 발생합니다.

기회비용(機會費用)이란 경제적 관점에서 보통 두 가지 이상의 어떤 것을 선택하는 경우 선택에서 제외되는(포기해야만 하는) 나머지 부분에 대한 가치 비용을 의미합니다. 기회비용은 선택의 대상이나 선택의 결과를 돈의 가치로 환산해 자신에게 어떤 선택이 더 큰 이득이 되느냐를 판단하는 기준이 되기도 합니다.

여러분은 다양한 재테크 수단 중에서 주식투자를 하기로 결심합니다. 많은 증권사 중 마음에 드는 증권사를 선택하고 계좌를 개설한 다음, 증권거래소에 상장된 수많은 기업 중 나름의 투자기준에 맞춰 특정 기업의 주식을 매수하거나 매도합니다. 여기에는 선택에 따른 기회비용이 발생하고, 또한 거래에 따른 '거래비용'이 발생됩니다.

거래비용(去來費用)은 모든 경제행위에 수반되는 비용을 말합니다. 시장에서 물건을 살 때도 거래비용이 발생합니다. 부동산을 사고팔 때도 각종 세금이나 중개 수수료 등의 거래비용이 발생합니다. 주식을 매매할 때도 정부에 내는 세금과 거래 증권사에 내는 거래수수료가 발생합니다.

부동산 중개업자가 부동산 거래를 중개하고 수수료를 받는 것과 같이 증권회사는 투자자를 대신해 증권을 거래할 때마다 '중개수수료(위탁수수료)'를 받습니다.

각 증권사별 수수료는 부동산 거래세와 달리 저렴한 편입니다. 보통 평균적으로 0.015~0.5%까지 다양하게 책정되어 있습니다. 대표적인 온라인 증권사인 키움증권이나 이트레이드증권 같은 경우 수수료는 0.015% 정도로 업계 최저 수준을 자랑합니다. 수수료가 저렴한 만큼 오프라인 증권 매장은 없으며, 대형증권사에 비해 각종 투자정보가 부족하고, 시스템 전산 장애 등의 단점이 있습니다.

한편 대형증권사인 경우에는 온라인 증권사보다 시스템 안정과 다양한 투자정보 서비스를 자랑하기 때문에 보통 0.025~0.5%까지 거래금액과 온라인이냐 오프라인이냐에 따라 차등화되어 있습니다. 온라인보다 오프라인 매장에서 매매할 경우 수수료는 큰 차이가 나는데, 통상 1회 매매 시 0.5% 정도의 수수료 비용이 발생합니다.

거래수수료는 증권사에 내는 위탁수수료 이외에 국가에 내는 세금이 따로 붙습니다. 주식을 매수할 때는 증권사의 위탁수수료만 내면 되지만, 보유주식을 매도할 때는 위탁수수료 이외에 증권거래세도 내야 합니다. 증권거래세는 기본 0.15%이나 여기에 농특세(농어촌특별세)라는 명목으로 0.15%를 합해 도합 0.3%로 책정되어 있습니다.

주식매매 수수료 = 위탁수수료(0.5%미만) + 증권거래세(0.3%)

종합해보면 주식을 단 1번 매매할 때마다 투자금액의 약 0.5%(온라인) 내외에서 많게는 1%(오프라인)까지 거래수수료가 발생하게 됩니다. 주식을 매수할 때는 각 증권사가 지정한 위탁수수료만 내면 되지만, 보유주식을 매도할 때는 위탁수수료 이외에도 증권거래세가 붙게 됩니다. 따라서 잦은 단타매매나 뇌동매매, 그리고 미수나 신용과 같은 빚으로 투자하는 경우 수수료 부담은 자연히 커질 수밖에 없습니다.

예를 들어 투자금 1천만 원을 가지고 같은 가격에 10번 매매한다고 가정하면, 1회 매매시 오프라인 기준으로 약 1% 수수료가 발생되기 때문에 총 10회 매매시에는 투자원금의 약 10%(1백만 원) 가량이 증권사의 위탁수수료와 세금으로 빠져나가게 됩니다. 여기서 만약 미수나 신용투자와 같이 본인의 투자금 이외에 빚으로 투자한다면 수수료 부담은 매매횟수에 따라 기하급수적으로 커지게 됩니다. 이를테면 1천만 원을 가지고 2배 미수를 써 총 3천만 원으로 투자금을 불린 다음 10번 매매한다고 가정하면 수수료만 해도 무려 300만 원 가까이 됩니다. 비록 오프라인보다 온라인 거래가 수수료 비용이 훨씬 낮겠지만(통상 온라인 거래 수수료는 위탁수수료 0.2% + 농특세 0.3% 도합 평균 0.5%의 수수료 지출) 어쨌든 신용과 미수, 그리고 잦은 매매는 배보다 배꼽이 더 큰 경우가 발생하는 것입니다.

거래수수료 부담이 커지게 되면 투자수익이 줄어드는 것은 물론이거니와 만약 보유한 주식이 하락해 추가 하락을 대비하자는 차원에서 손절매를 한다면 손실은 더욱 커지게 됩니다. 많은 개인투자자들이 실패하는 여러 원인 중 하나가 바로 거래수수료를 무시하는 경우입니다. 거래비용을 최소한으로 줄이는 것이 성공투자의 기본입니다.

홈 트레이딩 시스템(HTS) 살펴보기

HTS(Home Trading System)는 온라인을 통한 주식거래 프로그램을 말합니다. 은행에서 증권계좌를 개설할 때 HTS를 신청하고, 해당 증권사 홈페이지에서 홈트레이딩시스템(HTS)을 다운받아 집에 있는 PC나 스마트폰에 설치를 합니다. 이어서 ID와 비밀번호, 거래용 비밀번호, 공인인증서번호를 입력한 다음 HTS 프로그램에 로그인합니다. 다음은 대형증권사인 우리투자증권 HTS 화면과 대표적 온라인증권사인 키움증권 HTS 화면입니다.

우리투자증권 HTS 로그인 화면

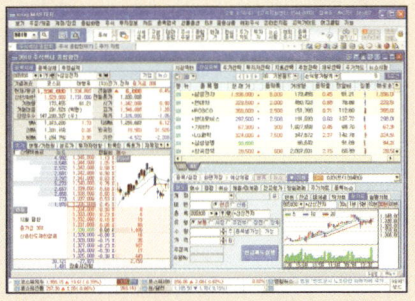

우리투자증권 HTS 종합화면

키움증권 HTS 로그인 화면

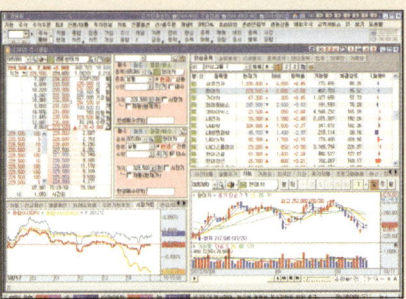

키움증권 HTS 종합화면

각 증권사마다 HTS 화면은 메뉴에 따라 조금씩 차이가 나지만 기본적인 매매 환경은 똑같습니다. 그렇다면 좋은 증권사는? 좋은 HTS 프로그램은 어떤 것이 있을까요? 여기서 좋다는 의미는 수익을 준다는 뜻일까요? 아니면 단순히 시각적 디자인을 말하는 것일까요? 투자의 주체는 여러분입니다. 프로그램 성능이 좋다고 투자수익을 보장하는 것은 절대 아닙니다.

일단 수수료부터 간단히 따져본다면… 거래수수료가 저렴한 증권사로는 키움, 이트레이드, 동양종금, 한국투자, 하나대투, 미래에셋 등이 있습니다. 이에 반해 삼성, 현대, 우리투자, 대우, 대신 등 대형증권사의 수수료는 각 증권사별 약간의 차이가 있지만 온라인증권사나 소형증권사보다는 다소 비싼 편에 속합니다. 온라인증권사는 낮은 수수료를 무기로 하지만 대형증권사에 비해 시스템 불안정성이라든가 여러 투자정보 서비스가 다소 떨어지는 단점이 있습니다. 그렇다면 실전매매는 수수료가 낮은 증권사를 이용하고, 방대한 투자자료를 활용할 때는 대형증권사를 이용하는 것으로 해서 2개 정도의 증권사 HTS를 설치하면 될 것입니다. 또한 단기성 매매는 소형증권사를, 중장기성 매매는 대형증권사를 이용하면 될 것입니다.

요즘 온라인상에서 각 증권사의 수수료 차이는 투자금액이 몇 억 이상으로 크지 않은 이상, 매일같이 초단타매매나 일삼지 않는 이상, 미수나 신용을 자제하는 이상 그렇게 문제가 되지 않습니다. 시스템이 불안정 하지 않으며, 다양한 투자정보를 제공하고, 디자인 측면에서 보기 좋고 매매하기 수월하기만 하면 HTS에 너무 예민할 필요는 없습니다. HTS 프로그램이 투자수익을 좌우하는 것은 아니니까요.

HTS 종합화면 구조

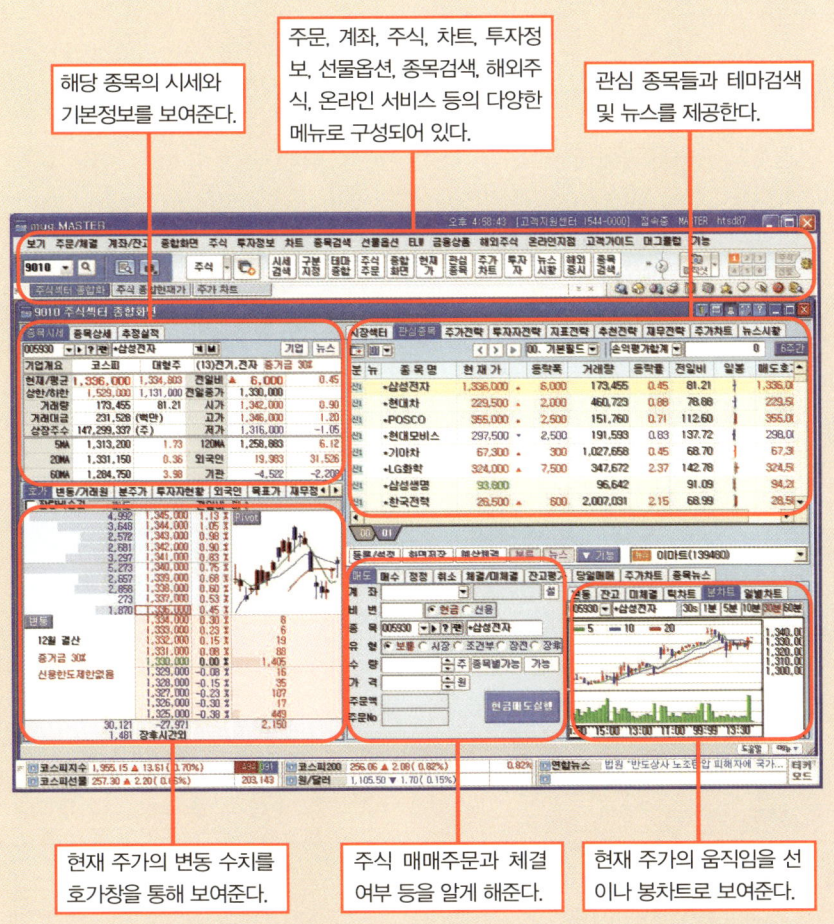

해당 종목의 시세와 기본정보를 보여준다.

주문, 계좌, 주식, 차트, 투자정보, 선물옵션, 종목검색, 해외주식, 온라인 서비스 등의 다양한 메뉴로 구성되어 있다.

관심 종목들과 테마검색 및 뉴스를 제공한다.

현재 주가의 변동 수치를 호가창을 통해 보여준다.

주식 매매주문과 체결 여부 등을 알게 해준다.

현재 주가의 움직임을 선이나 봉차트로 보여준다.

[우리투자증권 HTS 주식센터 종합화면의 모습]

Part 2_ 주식매매 준비운동

주가 움직임을 살피는 현재가창

'주가(주식의 가격)'는 살아있는 생명체와 같이 활발하게 움직입니다. 상승과 하락을 반복하면서 시장의 분위기나 해당 기업의 경영상태 등에 따라 투자자들의 심리가 고스란히 반영됩니다. 주가 흐름을 한눈에 살펴볼 수 있는 곳이 HTS 화면 중에서 '현재가창'입니다. 현재가창에는 현재주가와 매수매도호가, 거래량, 체결량, 액면가, 상장주수, 자본금과 시가총액 및 기업의 간단한 재무제표 등을 한눈에 살펴볼 수 있습니다. 각 증권사 HTS마다 작은 차이점은 있으나 통상 다음과 같은 메뉴들로 구성되어 있습니다.

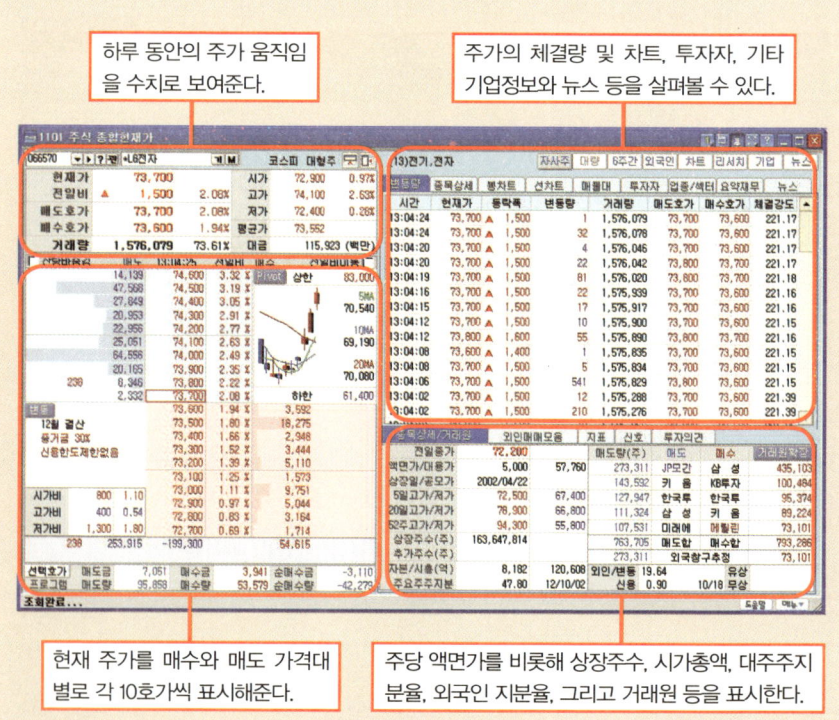

[HTS 현재가창 화면]

주가 상승과 하락의 제한, 가격제한폭

주가는 상승과 하락을 반복해가며 해당 기업의 가치의 변화를 투자자들에게 보여줍니다. 기업의 가치가 향후 더 좋아질 것으로 생각하는 투자자들이 많을수록 해당 기업의 주식을 매수하기에 주가는 상승합니다. 반대로 앞으로 기업이 나빠질 것으로 예상하는 투자자들은 매수를 보류하거나 이미 보유한 주식을 매도하기 때문에 주가는 하락합니다. 이렇게 주가는 매일매일 기업의 경영 상태와 이에 따른 투자자들의 심리를 반영하게 됩니다.

그런데 주가는 거래일 하루 동안 무한대로 상승과 하락을 하지는 않습니다. 증권제도를 통해 하루 동안 최대한의 상승폭과 하락폭을 정해놓았기 때문입니다. 이를 **가격제한폭**이라 부릅니다.

가격제한폭 제도는 증권시장에서 급격한 주가 변동으로 투자자들의 큰 혼란을 방지하자는 차원에서 전일 종가를 기준으로 상승의 최대폭을 +15%(상한가), 하락의 최대폭을 −15%(하한가)로 제한을 두고 있습니다. 따라서 주가는 하루 동안 상·하 15% 내외에서 거래가 이루어집니다. 예를 들어 10,000원짜리 주식이라면 하루 변동폭은 약 11,500원~8,500원 사이가 됩니다.

가격제한폭 제도는 1995년 6%에서 이후 8%, 그리고 현재 코스닥과 코스피 모두 15%까지 확대된 상태입니다. 주식시장 초창기에 각기 다르게 적용되었던 가격제한폭 제도가 투자 유동성 강화와 선진 금융시스템 도입, 해외시장 개방 등과 맞물리면서 현재 시스템을 유지하고 있습니다.

가격제한폭 제도는 각 나라마다 다르며, 미국·영국·독일·홍콩·싱가포르 등의 국가들은 가격제한폭을 두지 않습니다. 왜냐하면 시장은 효율적으로 정보를 반영해야 하는데 인위적으로 가격제한폭을 두면 정보의 효율성이 떨어진다고 생각하기 때문에 보통 금융선진국에서는 제한폭을 두지 않고 있습니다.

이를테면 기업의 호재로 주가가 급등할 때는 사자는 매수주문이 팔자는 매도주문을 압도하게 되는데… 가격제한폭으로 인해 당일의 호재 정보를 효율적으로 반영하지 못해 그 다음날 이후까지 영향을 미치며, 반대로 기업의 악재로 주가가 급락할 때도 마찬가지로 오늘의 정보가 내일이나 그 이후까지 영향을 미쳐 시장 정보의 효율성이 떨어진다고 판단해 선진국에서는 가격제한폭 제한을 없애거나 그 폭을 넓게 유지하고 있습니다.

하지만 우리나라는 선진국에 비해 금융시장이 자리를 잡은 지 얼마 안 되며(미국이나 영국 등의 선진국은 100년 이상의 금융역사를 자랑하지만 우리나라는 1998년 5월에 이르러서야 외국인에게 전면 개방), 기업의 투명성도 선진국에 비해 떨어지고, 작전세력의 활개와 무엇보다 개인투자자들의 심리가 다분히 충동적이기 때문에 주가의 심한 가격 왜곡 현상을 완화하려는 목적에서 전일 종가를 기준으로 상한가 15%, 하한가 15%의 가격제한폭을 유지하고 있습니다.

매매체결의 원칙

시장에서 물건을 거래할 때 기본적인 원칙이 존재하는데, 이를테면 비싸게 사는 사람에게 우선권이 주어지는 경우입니다. 마찬가지로 주식을 매매할 때도 일정한 규칙이 있으며, 다음과 같은 4가지의 매매체결의 원칙이 있습니다.

1 가격우선 원칙 : 주식을 매수할 때는 높은 가격에 주문을 넣는 경우, 반대로 주식을 매도할 때는 낮은 가격에 주문을 넣는 경우 우선 체결되도록 합니다. 가장 비싸게 사려는 자와 가장 싸게 팔려는 자가 우선 체결되도록 하는 원칙입니다.

2 시간우선 원칙 : 동일한 가격에 주문을 넣을 경우 시간상 먼저 주문한 투자자가 우선 체결되도록 하는 원칙입니다.

3 수량우선 원칙 : 동일 가격과 동일 시간이라면 주문 수량이 많은 투자자에게 우선 체결되도록 합니다. 매매가 본격 거래되는 장중(오전9시~오후2시50분)에는 보통 적용되지 않지만 장이 개장되는 오전 동시호가(오전8시~9시) 때나 장이 마감되는 오후 동시호가(오후2시50분~3시) 사이에 주로 적용됩니다.

4 위탁자우선 원칙 : 가격과, 시간과, 수량이 같을 경우에 증권사의 주문보다 개인투자자(위탁자)의 주문이 우선한다는 원칙입니다.

주식매매 시간

　주식시장에서 투자자들이 자유롭게 매매가 가능한 시간은 오전 9시(09:00) 부터 오후 3시(15:00)까지입니다. 하지만 정규시장 이외에 주식 매매가 가능한 시간대가 3가지가 있는데, 첫째는 정규시장이 오픈하기 이전의 장전 시간외 거래가 가능하고, 둘째는 정규시장이 마감된 이후의 시간외 거래, 그리고 마지막으로 장후 시간외 거래가 끝난 이후 30분 단위로 거래가 가능한 시간외 단일가 매매가 있습니다.

1 장전 시간외 매매 - 07:30~08:30 (전일 종가 기준으로 매매가 이루어집니다.)

2 정규 매매 - 09:00~15:00 (시초가는 오전 동시호가 때 결정되며, 종가는 14:50~15:00까지 결정되는 단일가로 기준으로 합니다.)

3 장후 시간외 매매 - 15:10~15:30 (정규시장 마감 종가를 기준으로 매매가 이루어집니다.)

4 장후 시간외 단일가 매매 - 15:30~18:00 (장 마감 후 종가의 단일가를 기준으로 상하 5% 범위 안에서 30분 단위로 거래됩니다. 장후 시간외 첫 거래는 16시부터 시작되어 18시까지 총 5회 거래가 됩니다.)

주식매매 주문방법

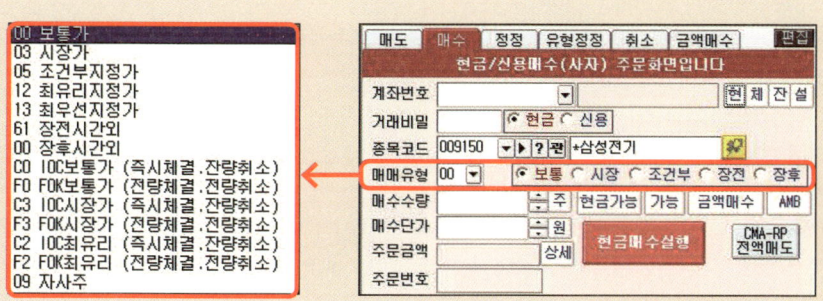

주식을 매매할 때는 HTS 주문창을 통해 사자는 매수주문과 팔자는 매도주문을 넣게 되며, 주문의 정정과 취소도 함께 할 수 있습니다. 우선 매매를 원하는 종목을 지정하고 거래수량과 단가를 정한 후 주문을 넣게 됩니다. 일반적으로 매수나 매도주문은 '보통가'로 지정하게 됩니다. 투자자가 원하는 주식의 수량과 가격을 직접 입력하는 방식입니다. 매매유형 항목을 살펴보면 그밖에 여러 주문방법이 있지만 통상 보통가 주문 이외에 시장가나 장전(후)시간외 주문방법이 가장 많이 사용됩니다.

1 보통가 : '지정가'라고도 하며, 가장 일반적인 주문방법으로 투자자가 원하는 주식의 수량과 가격으로 주문을 합니다.

2 시장가 : 가격을 지정하지 않고 시장에서 형성되는 가격으로 즉시 체결이 이

루어지도록 하는 주문입니다. 매수인 경우 체결이 완료될 때까지 주가를 밀어 올리며, 반대로 매도인 경우에는 체결이 완료될 때까지 주가를 떨어뜨리는 단점을 안고 있습니다. 간단히 말해 시장가 주문은 상한가나 하한가 주문과 유사합니다. 가장 적극적인 주문방법으로 투자자가 원치 않는 가격대에 거래가 이루어질 수 있기 때문에 개인투자자들은 시장가 주문을 가급적 사용하지 않는 것이 좋습니다.

3 조건부지정가 : 지정가(보통가) 주문은 투자자가 원하는 가격에 거래가 성립되도록 주문을 넣는 것입니다. 조건부지정가는 여기에 조건이 붙는데, 장중에는 원하는 지정가격으로 주문이 이루어지나 체결되지 않을 경우 장마감 10분 전 동시호가에 시장가로 전환되는 주문방법입니다.

4 최유리지정가 : 가격은 정하지 않고 매매수량만 지정하며, 매수는 최우선 매도호가 가격으로(호가창에서 가장 낮은 매도가격으로) 매도는 최우선 매수호가 가격으로(호가창에서 가장 높은 매수가격으로) 지정됩니다.

5 최우선지정가 : 마찬가지로 매매수량만 지정하며, 매수는 최우선 매수호가 가격으로 매도는 최우선 매도호가 가격으로 지정됩니다.

6 IOC, FOK : 주문방법의 유형에는 보통(IOC, FOK), 시장가(IOC, FOK) 형태로 구별된 항목이 보입니다. 이것은 조건부여 주문의 형태로 IOC는 주문 즉시 체결되는 수량은 체결되고 남은 미체결 수량은 자동 취소되며, FOC는 주문 수량이 전부 체결시키기거나 전부 체결되지 않으면 모두 취소됩니다.

7 장전시간외 : 정규시장이 시작되기 이전 전일 종가만을 기준으로 오전 07:30~08:30까지 거래할 수 있는 주문방법입니다.

8 장후시간외 : 정규시장이 마감된 이후 오후 15:10~15:30까지 거래할 수 있는 주문방법입니다. 장전시간외는 전일 종가를 기준으로 하지만 장후시간외 주문은 당일 종가를 기준으로 수량만 거래할 수 있습니다.

9 자사주 : 자사주 거래 주문입니다. 자사주는 자기 회사의 주식을 말합니다. 주식회사는 자기 회사의 주식을 시장에서 매입하거나 매입한 주식을 다시 처분하기도 합니다. 자사주 매입은 통상 회사의 주가가 낮다고 판단하는 경우에 실시되며, 자사주 매각은 주로 회사의 주가가 너무 고평가되었다고 판단하는 경우 이사회 결의를 거쳐 처분하게 됩니다.

주식매매는 분할매수와 분할매도로

재테크 요령 중 **자산3분법** 혹은 **투자3분법**이라는 것이 있습니다. 자산을 예금(현금)과 증권(채권), 부동산에 분산 투자해 안정성과 수익을 조화시키는 자산관리 방법을 말합니다. 자산을 한 곳에 집중한다면 예상과 다른 시황 변동으로 큰 손실을 볼 우려가 있습니다. 주식이나 부동산에 자산을 집중 투입했을 경우 부동산 침체기나 주식 폭락장세가 펼쳐질 경우 환금성 측면에서 현금화가 매우 어렵기 때문에 만일의 사태에 위험관리를 해야만 한다는 뜻입니다.

주식에 투자할 때도 중장기 투자에 적합한 우량주에 투자금의 1/3, 성장성이 높은 벤처주식에 1/3, 그리고 만일의 사태에 대비하는 현금을 1/3 정도 유지하는 것이 투자의 기본에 속합니다.

또한 주식을 매수할 때도 한 번에 매입할 것이 아니라 여러 번에 걸쳐 분할로 매수하고, 마찬가지로 보유주식을 매도할 때도 여러 번에 걸쳐 분할로 매도하는 습관이 필요합니다.

재테크 상품 중 주식은 가장 위험한 상품에 속합니다. 시장은 항상 유동적이고, 투자자들이 생각하는 기업의 가치는 매일매일 다르기 때문에 정확한 시장의 예측은 사실상 불가능합니다. 따라서 한 번에 올인(보유자금을 모두 투자하는 것)하는 것은 급격한 시장 변동에 미처 대처하지 못하게 되고, 이에 따라 투자자들의 심리가 매우 불안해져 원치 않는 뇌동매매를 통해 큰 손실을 보게 됩니다. '분할매수'와 '분할매도'를 투자의 철칙으로 삼기 바랍니다.

미수거래와 신용거래는 위험하다

주식을 거래할 때는 투자금의 100%만 사용할 수 있는 것이 아닙니다. 주식에는 '증거금 제도'란 것이 있습니다. **증거금**은 주식을 매수할 때의 최소한의 현금을 말합니다.

증거금은 종목별로 차별화되어 있는데 20%, 30%, 40%, 100%가 있습니다. 증거금이 100%인 종목은 오로지 현금으로만 거래할 수 있으며, 통상 기업의 신용이 제한적이거나 재무구조가 부실한 기업들이 이에 해당합니다.

증거금율이 40%, 30%, 20% 차례로 낮을수록 통상 신용이 우수하고 재무가 우량한 기업을 나타내며, 이에 따른 미수 금액이 커지면서 현금활용도가 높아지게 됩니다. 증거금이 40%인 종목인 경우 투자금의 약 2.5배까지 매수주문이 가능한데, 예를 들어 100만 원의 투자금으로 증거금 40% 종목

종목의 증거금율이나 신용은 보통 HTS 현재가창에서도 확인이 가능하며, 증거금 종목검색을 통해서도 살펴볼 수 있다.

을 250만 원어치나 매수할 수 있다는 뜻입니다. 이것을 **미수매매**라 부르는데, 미수는 곧 빚이기 때문에 그에 따른 수익률과 리스크가 동시에 커지게 됩니다.

미수거래의 가장 큰 문제는 수익이 아닌 손실이 발생할 경우입니다. 지렛대의 원리인 '레버리지(Leverage)'를 활용한 것이기 때문에 수익률보다는 손실률이 더 커지는 역효과가 발생하곤 합니다. 예를 들어 증거금 30%짜리 종목을 3배 미수로 매수해서 10% 수익이 났다면 +30% 수익을 본 효과가 있지만 반대로 10% 손실이 발생했을 경우에는 −30%가 아닌 그 이상의 손실이 발생합니다. 바로 '매매수수료' 때문입니다.

실제 3배 미수로 10% 수익이 났어도 보유주식을 매도해야만 수익이 확정되기에 수수료를 물어야 합니다. 온라인 거래인 경우라도 처음 투자원금의 0.5%가 아닌 3배 미수이기에 투자원금의 1.5%가 수수료로 빠져나갑니다. 그렇다면 실제 수익은 +30%가 아닌 +28.5%가 됩니다. 그런데 만약 10% 손실이 났다면 −30%에 1.5% 수수료를 더해 총 −31.5% 손실이 발생하게 됩니다.

미수매매의 위험성은 무엇보다 수도결제일이 '3일'이라는 사실입니다. **수도결제**(受渡決濟)는 증권시장에서 거래된 주식이나 채권이 증권거래소가 지정한 기구를 통해 매수자는 대금을 매도자는 증권을 수수하는 것을 뜻하며, 매매체결일의 3일째 되는 날 결제가 이루어지는 것을 말합니다. 따라서 미수금이 발생했을 경우 3일 이내에 미수금액을 증권계좌에 입금하지 못하면 미수금이 발생한 날부터 4일째 되는 날 오전 동시호가 시간에 반대매매로 처리가 됩니다. 이때 반대매매는 하한가 주문으로 처리되기 때문에 시초가에 따라 막대한 원금 손실이 발생하기도 합니다.

만약 100만 원의 투자원금으로 3배 미수를 써서 300만 원어치 주식을 샀지만 해당 기업의 악재나 시장의 급격한 변동으로 3일 동안 −30% 이상 급락을 해서 미처 손절을 하지 못할 경우, 4일째 하한가 반대매매로 매도주문이 나가 체결되었다면, 단 3일 동안 투자원금의 −50% 내지는 심지어 마이너스 원금 손실도 불가피해집니다.

이러한 미수매매의 위험성은 신용매매에서도 마찬가지 결과를 가져옵니다. **신용거래**는 일종의 주식대출의 성격을 띱니다. 미수거래가 3일의 거래제한일을 두는 반면 신용거래는 미수거래보다 신용한도 제한이 길며 통상 1개월에서 3개월 정도의 기간을 두고 증권사로부터 융자를 받아 그 대출금으로 주식에 투자하는 것입니다.

미수거래와 신용거래… 자기자본이 아닌 남의 자본으로 투자하는 것만큼 위험한 투자방법도 없을 것입니다. 레버리지도 활용이 가능한 때가 있고 그렇지 않은 때가 있습니다. 거래비용도 문제지만 제아무리 시장이 활황세이고, 주가 상승 가능성이 높은 종목이고, 어디서 은밀한 내부정보를 얻었다 해도 미수와 신용은 패가망신의 지름길임을 명심하기 바랍니다.

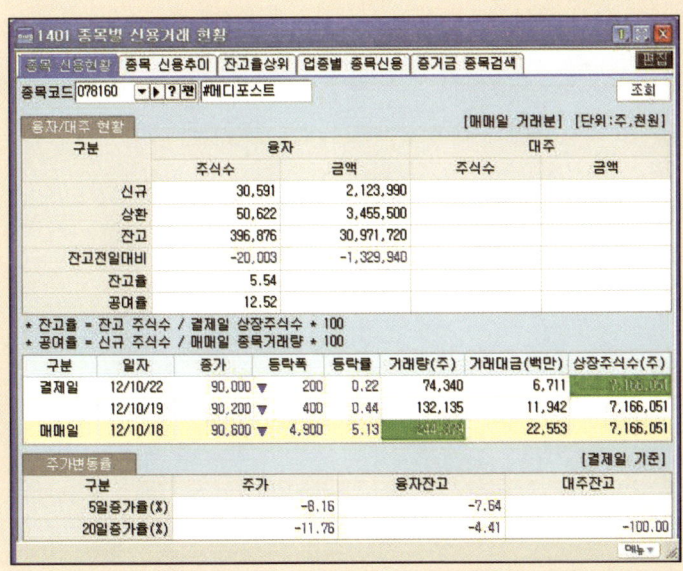

신용한도 금액이나 신용비율 등은 HTS 현재가창에서 확인이 가능하며, 종목별 신용현황 검색창을 통해서도 종목의 융자금액이나 비율 등을 찾아볼 수 있다. 통상 신용비율이 5% 이상 수준이면 투자자들의 심리가 과열된 것으로 판단해 위험신호로 해석한다.

종목선정의 기본조건

　세상에는 많은 투자상품들이 있습니다. 은행예금이나 적금도 일종의 투자상품이고, 부동산이나 주식이나 채권이나 펀드도 나름대로 훌륭한 투자상품입니다. 모든 투자는 수익을 목적으로 합니다. 다만 수익성이 큰 만큼 위험을 감수해야만 합니다. 주식투자는 많은 투자상품 중에서도 가장 위험이 높은 투자 대상입니다. 최고의 위험성을 가진 투자라면 단지 추세만을 맞추는 홀짝게임과 같은 파생상품의 일종인 선물·옵션이 되겠지만, 그나마 눈으로 보고 손으로 만질 수 있고 금고 속에 보관도 할 수 있는 대상(주식증서)을 기준으로 할 경우 주식투자가 가장 위험한 투자상품인 셈입니다.

　수익을 목적으로 주식이라는 위험한 상품에 투자하려면 어떻게 해야 할까요? 주식시장에 상장된 2천여 개가 넘는 수많은 기업 중 앞으로 수익을 낼 수 있는 종목을 선정하려면 어떻게 해야 할까요? 비록 위험한 상품이지만 그만큼 투자수익도 크기 때문에 그 위험성을 최대한 줄여나가면 될 것입니다.

■ **나쁜(부실)기업은 멀리하라!** : 부실한 기업에 투자하지 않는 것이야말로 투자의 기본자세입니다. 경영이 부실해 이익을 내지 못하는 기업, 문어발식 사업 확장으로 수익성이 떨어지는 기업, 대주주 지분율이 매우 낮은 기업, 영업이익은 흑자를 유지하나 매출이 증가하지 않는 이른바 성장성 한계점에 도달한 기업, 사업비전도 없고 재무도 부실하고 뚜렷하게 차별화된 기술도 없고 자산도 없는 이른바 유령형 기업들은 투자 대상에서 멀리하기 바랍니다.

- **착한(우량)기업은 다가가라!** : 재무상태가 안정적이고 주주들에게 배당을 주는 기업, 매출 성장성이 돋보이는 기업, 해당 업종에서 최상위를 달리는 기업, 기술력이 뛰어난 기업, 경영자의 자질이 우수한 기업, 시장지배력이 월등한 기업, 타기업 가치에 비해 현저하게 저평가된 기업, 경제 침체 속에서도 당당히 살아남을 수 있는 기업들은 관심을 기울이면서 투자 시점을 저울질하기 바랍니다.

- **실적은 영원한 테마다!** : 주식시장에는 많은 테마들이 난무합니다. 정부정책이나 해외뉴스, 업종현황, 수많은 사건사고 등에서 많은 테마들이 속출합니다. 하지만 영원한 테마는 오직 실적을 통해 살아남게 됩니다. 해마다, 분기마다 실적이 향상되는 기업은 잦은 바람에도 흔들리지 않습니다.

- **최소한의 기본적 분석과 기술적 분석을 겸비하라!** : 한손에는 재무제표, 다른 한손에는 차트를 말합니다. 최소한의 기업분석과 차트분석은 개인투자자 입장에서 그나마 최소한의 무기를 갖춘 상태로 주식시장이라는 치열한 전쟁터로 향하는 것과 같습니다.

- **코스닥 중소형주는 리스크(위험)를 안아라!** : 코스닥 종목들은 대부분 안정성보다는 성장성을 무기로 상장된 기업들입니다. 수익성과 리스크는 서로 비례 관계에 있습니다. 리스크 부담을 최소화하려면 가급적 코스닥 중소형주 매매는 자제하는 것이 좋습니다.

주가상승의 모멘텀(Momentum)

주식투자의 목적은 투자수익을 내기 위함입니다. 투자수익은 현재가치보다 미래가치가 더 높아지는 경우에만 시세차익을 기대할 수 있습니다. 가치가 높아진다는 것은 수요를 창출시킨다는 의미와 같습니다. 그렇다면 수요를 이끌어내기 위해서는 무엇인가 남과 다른 매력이 있어야 한다는 것을 말합니다. 우리는 그것을 **희소성**이라고 부르며, 다른 한편으로는 **유행**(테마)이 될 수도 있습니다.

키 크고, 돈 많고, 잘 생기고, 체력 좋고, 거기다 마음까지 온화한 성품의 남자에게는 많은 여성들이 유혹을 합니다. 예쁘고, 날씬하고, 능력도 좋고, 남을 배려할 줄 아는 여성에게는 많은 남성들이 구애의 손길을 뻗칩니다. 학급에서 공부를 잘하거나 리더십 있는 급우에게는 많은 친구들이 따릅니다. 사회생활에서 능력있는 이는 그만한 대우를 받습니다. 많은 대중에게 사랑과 인기를 한몸에 받는 연예인에게도 그만의 특별한 매력이 있기 때문에 수요를 불러일으킵니다.

다른 이에게 찾아보기 힘든 무엇이 자신에게 있다면, 다른 이가 부러워하는 무엇이 자신에게 있다면 부(富)가 모이고, 명예를 얻으며, 권력까지 쥘 수 있습니다. 수요를 창출하는 첫 번째가 바로 '희소성'이며, 주식시장에서도 이 원리는 그대로 적용됩니다.

수요를 창출하는 두 번째는 바로 '유행(테마)'입니다. 자신은 남과 특별한 차이점이 없는데도 많은 사람들이 사랑을 고백하는 경우가 있습니다. 누군가 평범한 그에게 다가와 너를 사랑한다고 크게 말할 때 옆에 있던 사람들도 은연중에 평범해 보이던 그를 사랑하고픈 마음이 생기는 경우가 있습니다. 특출한 재능도 없는 그에게 어느 누군가가 대시하면서 빚어지는 대중의 환상이 그에게 수요를 창출하는 것입니다.

TV광고에서 모 연예인이 선전한 옷이 우연하게도 유행을 타면서 불티나게 팔려나갑니다. 부실한 주식이라도 특정 동호회에서 루머를 흘려 대박종목이라고 선전하면, 그 소문은 소문을 타고 많은 투자자들의 귀에 흘러들어가 솔깃한 마음에 매수버튼을 누르기도 합니다. 유행은 비록 한때의 영광일 수 있지만, 영광의 그 순간만큼은 많은 이의 수요를 일으켜 가치를 높이게 만드는 원인이 됩니다.

주가상승의 원리도 이와 다르지 않습니다. 다른 기업과 차별화된 무엇이 있다면 주가는 상승합니다. 다른 기업보다 내세울 것이 없어도 입소문만으로도 주가는 상승할 수 있습니다. 여기서 전자를 '명분'이라 부르고, 후자를 '작전'이라고 부릅니다.

인간의 삶도 마찬가지입니다. 운이 좋아 복권에 당첨이 되었든, 열심히 땀 흘려 자신이 일하는 분야에 최고 전문가가 되었든 어떤 명분을 통해 자수성가의 길을 걷게 됩니다. 그리고 다른 하나는 바로 사기꾼이 되는 방법입니다. 사기꾼은 과장된 언어와 몸짓으로 대중을 선동하며, 현실을 이성적으로 직시시키는 것이 아닌 장밋빛 환상만을 부르짖고 비현실적인 감정에만 치우치게 만듭니다. 오로지 자신의 부를 위해 대중에게 희망만을 부풀리는 것입니다.

주식시장에서 주가상승(급등)의 명분에는 어떤 것들이 있는지 한번 간략히 살펴보겠습니다. '명분(名分)'은 일을 꾀하는 데에 있어 내세우는 구실이나 이유를 의미합니다. 다시 말해 원인이 있어야 결과가 나타난다는 의미처럼 주가가 지속적으로 상승하거나 혹은 단기 급등할 때는 다 그만한 이유가 있게 마련입니다. 주식투자자들이 다 납득할 만한 이유, 그것이 주가상승의 명분이고 '모멘텀 (Momentum:동력)'으로 작용합니다.

■ 유동성

　주식시장에 투자금이 넘치는 때를 말합니다. 이것을 '유동성장세'라 말하며 대부분의 종목이 돈의 힘만으로 주가상승을 부추기는 특성이 있습니다. 이때는 주식시장에 작은 호재 하나라도 나오면 투자할 곳을 찾지 못해 이리저리 헤매는 투자자들이 민감하게 반응하면서 단기 급등주들이 상당수 쏟아져 나옵니다. 뿐만 아니라 웬만한 악재에도 주가는 밀리지 않고 버티면서 너나 할 것 없이 모든 투자자들이 수익률 게임에 참여하는 그야말로 전종목에 걸쳐 폭발적인 주가상승이 이루어지는 장세입니다.

　유동성의 1차 원인은 금리에 있습니다. 금리는 자본의 수요와 공급에 대한 이자를 말하기 때문에 금리가 낮아지면 시중에 돈이 풀려나와 다양한 투자처를 찾아 헤매게 됩니다. 이를테면 사업을 벌인다거나 부동산이나 기업에 투자를 하려고 합니다. 왜냐하면 금리가 낮으니 낮은 이자로는 인플레를 감당하기 어렵다고 판단한 투자자들이 은행이자로는 만족하지 못하기 때문입니다. 이 때문에 **금리인하는 자본주의 국가에 있어 침체된 경제에 유동성을 불러일으키는 최고의 금융정책**입니다.

　유동성의 2차 원인은 상대적으로 투자처가 부족할 때 일어납니다. 쉽게 설명해 부동산시장과 주식시장이라는 두 투자시장이 서로 경쟁할 때 한쪽 부동산시장이 침체되면 부동산에 투입된 유동자금이 자연히 주식시장으로 흘러들어가는 원리입니다. 같은 원리로 지난 코스닥 초창기 시절 IT붐을 타고 많은 IT종목들이 묻지마 급등하던 때가 있었습니다. 투자종목이 한정된 상태에서 특정 분야에 붐(Boom)이 일어나면 일시적으로 해당 분야에만 유동성이 풍부해지는 것입니다.

■ 실적호전

주식회사는 철저히 총 주식의 가격으로 회사가치를 평가받습니다. 반대로 말하면 회사가치가 올라가면 주식도 오른다는 이치입니다. 그렇다면 회사가치를 높이려면 어떻게 해야 할까요? 기업 입장에서는 바로 '실적향상'입니다.

실적은 회사의 매출과 이익을 나타냅니다. 매출이 증가하고 순이익이 늘고, 반대로 부채가 준다면 이것만큼 주가상승의 명분은 없는 셈입니다. 실적호전은 회사가 점차 성장하고 있다는 직접적인 증거인 셈입니다. 특히나 지난 몇 년간 부진한 실적을 보인 회사가 어떤 요인으로 실적이 대폭 향상됐다면 이것만큼 주가상승의 명분이 서는 것도 없을 것입니다. 실적호전은 영원한 테마입니다.

■ 신기술 개발(신사업 진출)

회사 운영의 3대 요소는 '토지', '자본', '노동'입니다. 여기에 '경영'까지 포함해 4대 요소라고도 부릅니다. 그러나 이것은 어디까지나 과거 20세기까지의 산업시대에서나 불변의 진리로 간주되었지만, 현재 21세기에서는 '기술', '자본', '노동'으로 재편됐다고 해도 과언이 아닐 것입니다. 현대의 산업은 과거 제조업 분야처럼 공장을 짓고 대량생산 대량유통 대량소비 위주로 회사가 운영되는 것은 아닙니다. 공장이 없어도 한 평 남짓한 공간만 있다면 누구나 사업을 벌입니다. 그 중심에는 바로 '인터넷(Internet)'이 자리하고 있습니다.

신사업 진출이나 신기술 개발은 제조업이나 서비스업은 물론 인터넷 업체에게도 주가상승의 명분이 됩니다. IT분야에서는 광인터넷이나 이미지센서나 나노센서 개발, BT분야에서는 신약이나 신물질 및 복제기술 개발, 제조업분야에서는 신제품이나 신상품 개발 등이 이에 해당됩니다. 즉 새로운 신기술 개발이 해당 회사의 가치를 높이는 또 하나의 요인이 됩니다.

주식은 미래의 꿈을 먹고 산다고 합니다. 신사업 진출이나 새로운 기술이 개발됐다는 사실은 신규 시장 진입을 알리는 신호탄 역할을 합니다. 신기술은 곧 경쟁력을 말하고, → 기업이 희소성을 갖게 된다는 것을 의미합니다. → 희소하다는 것은 소비자의 수요를 늘리는 매개 역할을 하고, → 이것은 곧 시장에서 기업의 가치를 높게 평가하는 직접적인 이유가 됩니다. 비록 현재 개발된 신기술이 앞으로 실제 제품에 응용되기까지는 많은 시간과 자본이 필요할지 모르지만, 주식시장은 이에 아랑곳 하지 않고 주가를 상승시키는 최고 명분으로 활용하게 됩니다.

■ 우회상장(우량기업에 한정)

우회상장이란 장외기업이 증권거래소나 코스닥 시장에 상장된 기업과의 합병을 통해 상장을 위한 심사나 공모주 청약 등의 절차를 밟지 않고 곧바로 상장되는 것을 말하며, 일명 **백도어리스팅**(Back door listing)이라고 불립니다. 다른 말로 '뒷문상장'이라고도 합니다.

  주식시장에 상장되지 않은 비등록 기업들(비상장 기업), 즉 기존 장외기업들의 경우 자금의 여유는 있으나 현시점에서 상장심사 요건을 충족시키지 못하는 경우, 대주주의 지분율이 낮은 거래소(코스닥) 기업 가운데 자금에 어려움을 겪고 있는 기업을 대상으로 A&D(인수 후 개발)나 M&A(인수합병)를 시도합니다. 이때 주식 맞교환(스와핑)이나 현금으로 지분을 인수한 후 상장기업과 합병을 통해 상장요건이 되지 않는 기업이 우회하는 형태로 우회상장이 이루어집니다. 우회상장은 기존 기업이 새로운 기업으로 완전히 바뀌는 것을 말하기 때문에 이 또한 주가상승의 대표적인 명분에 속합니다.

■ 인수합병(경영권 매각)

  인수합병(M&A)은 큰 의미에서 보면 경영권 매각이라든지 우회상장 개념을 모두 포괄하는 광의의 개념으로도 쓰일 수 있습니다. 먼저 기업의 **인수**란 한 기업이 다른 기업의 주식이나 자산을 취득하면서 경영권을 획득하는 것이며, **합병**이란 두 개 이상의 기업들이 법률적으로나 사실적으로 하나의 기업으로 합쳐지는 것을 말합니다. 쉽게 말해 인수란 경영권 매수 또는 매각하는 것을 말하고, 합병이란 두 기업을 합쳐 새로운 경영자로 교체하는 것을 뜻합니다.

  이러한 M&A의 목적은 기존 기업의 내적 성장 한계를 극복하고 신규사업 참여에 소요되는 기간과 투자비용의 절감, 경영상의 노하우, 숙련된 전문인력 및 기업의 대외적 신용확보, 경쟁사 인수를 통한 시장점유율 확대, 경쟁기업의 주식 매입을 통한 M&A대비, 자산가치가 높은 기업을 인수한 뒤 매각을 하여 차익 획득 등 여러 가지가 있습니다. M&A는 그 성격에 따라 **우호적M&A**(기업의 인수합병을 상대기업의 동의를 얻는 경우)와 **적대적M&A**(상대기업의 동의 없이 강행하는 경우)가 있습니다.

■ 부실탈피(자산매각, 투자유치)

주식시장에서 부실탈피란 한마디로 죽음에서 삶으로 추세전환을 의미합니다. 주식시장에서 '부실주'란 회사의 경쟁력이 떨어져 → 제품 판매가 안 돼 → 매출이 줄고 → 매출이 없으니 적자는 늘고 → 적자가 누적되면서 → 부채(빚)를 감당하기 힘든 주식들을 말합니다. 보통 주식시장에서는 부실주들은 '관리종목'이나 '투자환기종목'으로 지정해 별도로 관리합니다. 이런 부실주들은 시장에 살아남기 위해 대부분 감자 후 유상증자 등을 실시해 부실을 털어버리는 수순을 밟습니다. [참고로 부동산이나 건물 등의 자산 매각을 하거나 외국회사나 혹은 엔젤클럽과 같은 제3의 기관으로부터 투자를 유치 받는 경우도 단기에 부실을 탈피하는 경우에 해당됩니다.]

만약 재정이 부실한 회사가 그대로 상장유지를 하려한다면 증권거래소에서는 일정 유예기간을 주게 되는데, 유예기간 이후에도 회사가 여전히 부실하다면 최종적으로 상장폐지 명령을 내리게 됩니다. 인간으로 치면 조직사회에서 방출시키는 셈입니다.

자본주의 경제에서 경쟁력을 상실한 부실한 회사는 존립가치가 없다는 의미와 같습니다. 따라서 부실한 회사가 상장을 유지하려면 매출은 뒷전이고 우선 부채비율부터 줄여야만 하는데, 이에 따라 회사는 자본금을 대폭 줄이든지(감자), 추가로 자본금을 늘리든지(증자), 아니면 전환사채를 발행하든지 하는 피나는 자구노력을 기울이게 됩니다. 어쨌든 상장폐지가 유력해 보이던 종목이 변칙적인 자금편법으로 상장폐지 위기에서 벗어나거나, 이후 경영진의 피나는 노력으로 정체되었던 매출이 증가하면서 사업이 활기를 띠고 부채를 모두 털어버리게 될 때, 이 또한 주가상승의 명분이 됩니다.

■ 정부정책

  자본주의는 철저히 경제성장 위주의 정책을 지향합니다. '자유시장경쟁' 원리에 따라 경제성장이 만약 마이너스로 뒷걸음질 치게 되면 기업은 경쟁력을 상실해 해외 수출길이 막히게 됩니다. 수출이 막히면 내수시장만으로는 한계가 있어 기업의 부실은 늘어나고, 기업이 부실하면 가정이 부실해져 나아가 국가재정이 파탄나는 최악의 상황까지 연출될 수 있습니다. 따라서 성장 위주의 경제정책은 생존을 위한 자본주의 시장의 기본정책인 셈입니다.

  정부는 해마다 국민을 먹여 살릴 범국가적 차원에서 '신성장동력산업'을 개발하고 자금을 지원하게 됩니다. 정부정책은 이처럼 국가적 사업을 찾아내 전폭적으로 지원해주며, 대표적인 것이 과거의 조선, 가전, 중공업, 반도체에서 현재의 IT, 바이오, 나노, 로봇, LED, 에너지, 모바일 분야의 사업입니다. 국가적 차원의 사업은 주식시장에서 테마를 형성시킵니다. 이처럼 정부정책은 테마주들의 급등 명분을 세워주는 역할을 하게 됩니다.

주식의 가격은 수요와 공급의 법칙에 따른다

수요와 공급의 법칙은 재화의 수요와 공급이 만나면 가격이 결정된다는 자본주의 기본 법칙입니다. 수요가 많으면 가격이 오르고, 공급이 많으면 가격은 떨어집니다. 수요가 일정할 때는 공급에 따라 가격이 결정되고, 반대로 공급이 일정할 때는 수요가 가격을 결정합니다. 자본주의는 '시장(Market)'을 통해서 재화와 서비스를 거래합니다. 주식시장은 주식을 자유롭게 거래하는 시장이며, 주식의 공급과 투자자의 수요에 따라 가격이 결정됩니다. 이는 부동산을 비롯해 모든 시장에서 통용되는 가격 결정의 법칙에 해당합니다.

수요와 공급의 법칙이 적용되는 자본주의는 수요를 예측하는 능력이 곧 다른 이들과의 경쟁에서 이기는 길입니다. 재화의 수요와 공급이 만나면 '가격'이 결정되고, 자본의 수요와 공급이 만나면 '이자율(금리)'이 결정됩니다. 수요를 무시한 채 무분별하게 신규주택을 공급한다면 부동산은 하락합니다. 공급이 한정된 교통·교육·환경 요충지의 집값은 수요가 넘치기 때문에 가격은 오르게 마련입니다. 주식시장에서도 실적이 향상되거나 신기술을 개발한 기업의 주가는 투자자들의 수요(매수)를 불러와 주가를 상승(급등)시킵니다. 반면 실적이 부실하거나 대주주의 횡령·배임과 같은 돌발악재가 생긴다면 신규 투자자들의 수요는 줄고 대신 기존 투자자들의 공급(매도)물량으로 인해 주가는 하락(급락)합니다. 수요를 예측하는 능력… 다음 장에서 가치분석과 차트분석을 통해 보다 자세히 살펴보겠습니다.

PART 3

기본적 분석

가치분석의 개념

여러분은 자신의 가치를 어떻게 높입니까? 또한 왜 가치를 높여야 할까요? 자신의 가치를 높이는 방법은 학력, 자격증, 경력, 재력, 외모, 성격, 그리고 친구나 지인들의 가치에 따라 자신의 가치가 평가됩니다. 나의 가치를 높이는 것은 명성과 돈과 같이 사회에서 인정을 받으려는 목적입니다. 나 자신의 가치가 곧 사회라는 치열한 전쟁터에서 생존의 무기인 셈입니다.

기업도 마찬가지로 자사의 가치를 높여야 투자자로부터 사랑과 관심을 받아 투자금도 유치하고 주가도 상승하게 됩니다. 이러한 기업의 가치를 평가하는 작업을 **기본적 분석**(가치분석)이라고 합니다.

가치분석은 기업의 내재가치, 곧 주식의 내재가치를 분석해 미래의 주가를 예측할 때 사용하는 전통적인 분석방법입니다. 기업의 가치는 시장의 변동이나 기업 내부적인 경영상태 등에 따라 시시각각 변하게 마련이며, 그 변화에 따라 투자자들의 심리가 변하고, 결과적으로 주가가 상승과 하락의 움직임을 보이게 됩니다.

가치분석의 분석 절차는 상향식과 하향식으로 나뉩니다. **상향식 분석**은 [기업분석 → 산업분석 → 경제분석] 순으로 기업의 가치를 분석해 저평가로 판단되면 해당 기업의 주식을 매수하고, 고평가로 판단되면 보유주식을 매도하거나 관망하는 쪽으로 매매 포지션을 가져가게 됩니다.

하향식 분석은 [경제분석 → 산업분석 → 기업분석] 순으로 주식의 가치를 평가하게 됩니다. 상향식 분석은 경제라는 큰 흐름을 우선 분석하고 → 이어서 업종의 흐름을 살핀 이후에 → 마지막으로 종목을 선정하게 됩니다. 반대로 하향식 분석은 기업가치가 저평가된 종목을 우선 선정한 이후 → 해당 기업의 업종 현황을 분석한 다음 → 이어서 경제의 큰 흐름을 살피는 분석방법입니다.

가치분석은 또한 접근 방법에 따라 '질적분석'과 '양적분석'으로 구분됩니다. **질적분석**은 정치, 경제, 산업, 노동, 성장성, 경영능력, 기술력 등 계량화가 불가능한 사항을 분석하는 방법입니다. 반면 **양적분석**은 계량화가 가능한 것으로 경제지표, 산업지표, 재무제표 등 수치를 통해 기업의 가치를 분석하는 방법입니다.

주가는 기업의 가치를 나타냅니다. 주가의 상승은 향후 기업가치가 높아질 것으로 예상한 투자자들의 매수행동으로, 주가의 하락은 향후 기업가치가 낮아질 것으로 예상한 투자자들의 매도행동으로 나타나는 결과입니다. 이에 따라 주식을 매수할 때 기업가치가 저평가된 종목을 찾아 매수하거나 혹은 현재보다는 앞으로 기업가치가 더 높아질 것으로 예상되는 종목을 찾아 분할로 매수한다면 향후 큰 수익을 얻을 수 있다는 것이 가치분석의 요지입니다.

경제
분석

자본주의 경제의 순환

　1989년 11월 9일. 이 날은 세계 역사의 한 페이지를 장식할 만한 기념비적인 날로 독일의 베를린 장벽이 무너진 날입니다. 마침내 동독과 서독의 통일로 옛 사회주의(공산주의)는 자본주의(민주주의)에 백기를 들고 맙니다.

　사회주의(공산주의)는 대중을 똑같이 가난하게 만드는 체제였습니다. 반면 자본주의는 빈부격차를 야기한다는 단점이 있지만, 모든 이들의 자유를 최대한 보장해주며 각자 능력에 따라 부(富)를 얻을 수 있는 장점 때문에 과거 사회주의 노선을 걸었던 많은 국가들이 현재 자본주의 체제를 적극 받아들이고 있는 실정입니다.

　다시 말해 베를린 장벽의 붕괴는 사회주의 붕괴를 의미했으며, 자유시장 자본주의로의 대안에 눈뜨게 만드는 한편 인도, 중국, 브라질, 구 소련 같은 지역에 사는 수많은 사람들에게 새로운 희망의 불꽃을 틔우는 계기가 되었습니다.

이는 곧 베를린 장벽 붕괴가 세계화의 물꼬를 튼 직접적인 촉매가 되었다 할 수 있습니다.

2001년 12월 11일. 중국이 드디어 세계무역기구(WTO)에 공식적으로 가입하기에 이릅니다. 과거 사회주의 폐쇄적인 경제체제에서 중국 경제는 더 이상 성장하지 못하였고, 오히려 경제가 후퇴하면서 많은 국민들을 굶어죽게 만들었습니다. 그러다 마침내 1980년 초 덩샤오핑(등소평)이 중국의 개방정책을 실시하기에 이릅니다.

일명 **흑묘백묘**(黑猫白猫)론을 펼치게 되는데, 이것은 '흰 고양이든 검은 고양이든 쥐를 잘 잡는 고양이가 좋은 고양이다'라는 의미로 '공산주의든 자본주의든 간에 배를 곯지 않는(돈을 잘 벌 수 있는) 체제가 좋은 체제다'라는 것을 의미합니다.

그 이후 마침내 중국은 정부 주도의 경제체제에서 시장경제체제로 전환하면서 세계무역기구(WTO)에 공식 가입하기까지 이르게 됩니다. 이것은 중국 정부가 수출입, 해외투자 등에 관해 세계 대부분의 국가들이 따르는 무역규범을 준수하겠다는 것을 의미하는 동시에 중국시장을 세계에 개방하겠다는 의지를 나타낸 것입니다.

2012년 8월 22일. 최초로 사회주의 이념체제를 실시한, 자본주의를 대표하는 미국과 함께 한때 양대산맥을 구축했던 러시아가 마침내 세계무역기구 156번째 회원국으로 가입합니다. 이로써 현재까지 사회주의 노선을 버리지 않는 북한을 제외한 세계 대부분의 국가들이 자본주의 경제 시스템을 받아들이게 됨에 따라 세계 단일화 무역체제가 완벽히 구축되기에 이릅니다.

북한과 함께 현재까지 세계무역기구 비회원국으로는 이란, 이라크, 리비아,

알제리, 보스니아, 세르비아, 카자흐스탄 등이 있으나 머지않아 이들 국가들도 시장을 개방할 것으로 보입니다. 이것은 사회주의냐 자본주의냐 하는 구태의연한 정치이념 전쟁의 종말을 고하는 것으로, 이제는 세계의 모든 국가들이 세계의 모든 국가들을 상대로 하는 무역전쟁의 시대가 도래했음을 의미한다 할 것입니다.

민주주의는 아직도 일부 국가에서 진행 중이지만 자본주의는 당당히 사회주의를 누르고 승리했습니다. 하지만 자본주의는 시장개방에 따른 경제성장과 국민들의 빈부격차를 논하기에 앞서 '경기변동'이라는 치명적 결함을 안고 있습니다. 이 때문에 자본주의가 성숙되기 이전에는 **세계대공황**(1929~1939년 무렵 미국과 유럽을 중심으로 전 세계 산업지역에서 광범위하게 지속된 경기침체)과 같은 심각한 경기불황기를 겪기도 했습니다.

이후 자본주의는 보다 성숙해지기 시작했지만 시시때때 찾아오는 세계 각국의 경제위기는 피할 수 없었는데… 1973년과 1978년 두 차례 세계 경제를 뒤흔들었던 오일쇼크(석유파동), 1976년 자본주의 종주국으로 불리던 영국의 IMF 경제위기, 1990년부터 본격화된 일본의 장기불황, 1990년 말 동아시아 외환위기, 2007년 하반기부터 본격화된 '서브프라임 사태(글로벌 경제위기)', 서브프라임 사태로 촉발되어 현재까지 진행 중인 유럽 재정위기, 미국의 재정절벽과 같은 세계적으로 큰 영향을 주는 경기변동을 오늘날에도 겪고 있는 실정입니다.

자본주의 체제는 통상 경기 4계절이 있습니다. 자본주의 경제는 장기적으로는 성장을 지향하지만 끊임없이 경기의 상승과 하락이라는 순환적 변동을 반복하게 됩니다. 이러한 변동을 **경기변동** 또는 **경기순환**이라고 부릅니다.

자본주의 경기순환은 일단 한 방향으로 탄력이 붙어 움직이기 시작하면 같은 방향으로 지속적으로 나아가려 하는데, 이때 정점에 도달하게 되면 지속력이 떨어져서 마침내 반대 방향으로 역전하는 경향을 갖고 있습니다.

자본주의 경기순환은 경기 회복기와 활황기라는 호황국면이 있고, 이어서 경기 호황이 한계에 도달해 후퇴기를 맞게 되며, 마침내 불황국면에 들어가는 침체기를 맞게 됩니다.

① **회복기**는 경기를 부양하기 위해서 통화긴축을 완화하고 고용을 증진시킴으로써 서서히 소비가 살아나는 국면을 말합니다.

② **활황기**는 경기회복에 힘입어 생산 및 소비가 증가하며 자금의 초과수요가 발생하여 물가와 이자율이 상승하고 이를 억제하기 위해서 긴축금융정책이 시행되는 국면입니다.

③ **후퇴기**는 소비의 위축으로 생산량이 감소하여 실업과 기업도산이 발생하는 국면입니다.

④ **침체기**는 신규투자가 크게 위축되고 실업률, 재고율, 부도율이 최고조에 달하게 되는 국면을 말하며 '불황기'로 불리기도 합니다. 이 불황기가 심해지면 이른바 '대공황(장기침체)'에 직면하게 됩니다.

경기순환을 4계절로 비유해 보면 [**회복기**(봄) → **활황기**(여름) → **후퇴기**(가을) → **침체기**(겨울)]라 할 수 있습니다.

자본주의 경기 사이클(순환)은 금융시장에서도 마찬가지로 금융 사이클이 존재합니다. 일반적으로 금융시장(주식시장)은 [**금융장세** → **실적장세** → **역금융장세** → **역실적장세**] 순으로 순환하게 됩니다.

① **금융장세**는 경기가 침체 국면에 빠져 소비가 위축되고 투자가 축소되면서 시장 전반에 걸쳐 비관적인 경기 전망이 지배적일 때, 정부의 재정지출 증가와 금리인하 정책으로 오히려 경기에 선행하는 특성을 갖고 있는 주식시세가 상승하는 장세를 말합니다.

② **실적장세**는 경기 침체기를 벗어나 본격적인 경기 회복기를 맞이하기 시작하면서 실적이 좋은 기업들을 중심으로 주가상승이 이루어지는 장세를 말합니다.

③ **역금융장세**는 경기 호황이 지속되면서 기업들의 자금 수요 압박과 인플레이션, 국제수지 불균형 등의 우려로 정부의 재정지출 축소와 금리인상이 이어지면서 풍부한 유동성을 기반으로 한 금융장세와는 반대로 주식시세가 하락하는 장세를 말합니다.

④ **역실적장세**는 본격적인 경기 후퇴기를 맞이하면서 기업들의 실적 악화 우려가 현실화되고, 향후 미래의 불확실성이 더욱 커지기 시작함에 따라 주식시세가 가파르게 추가 하락을 하는 장세를 말합니다.

■ 자본주의 경기순환 ■

회복기(봄) → **활황기**(여름) → **후퇴기**(가을) → **침체기**(겨울)

▫ 주식시장 순환국면 ▫

금융장세(봄) → **실적장세**(여름) → **역금융장세**(가을) → **역실적장세**(겨울)

성장의 지표, 국내총생산(GDP)

TV뉴스나 언론매체에서 경제가 좋아진다거나 나빠진다고 할 때 흔히 'GDP(국내총생산)' 수치를 언급하곤 합니다. 경제가 좋아진다는 것은 성장한다는 것을 뜻합니다. 경제가 성장한다는 것은 투자가 활성화되고 생활에 필요한 상품과 서비스가 확대되어 소득이 증가하고 소비가 늘면서 경제규모가 확대되는 것을 말합니다. GDP(국내총생산)는 바로 이러한 경제성장률을 나타내는 대표적인 지표입니다.

국내총생산을 나타내는 **GDP**(Gross Domestic Product)는 외국인과 내국인 할 것 없이 국내에서 이루어지는 모든 생산활동을 시장가격으로 평가한 합계를 말합니다. 통상 GDP가 증가하면 기업의 생산과 서비스 증가로 경제규모가 활성화 되는 것으로 해석하며, 반대로 GDP가 감소한다면 경제가 침체되는 것으로 해석합니다.

GDP는 나아가 국가의 경제력 순위로도 활용됩니다. 세계에서 GDP 1위는 단연 미국이며(2012년 기준으로 약 16조 달러), 이어 2위는 중국(약 8조 달러), 3위 일본(약 6조 달러), 이어서 독일(약 3조5천억 달러), 프랑스(약 3조 달러), 영국(2조5천억 달러), 브라질(2조5천억 달러), 이탈리아(2조 달러), 러시아(2조 달러), 캐나다(1조8천억 달러), 인도(1조7천억 달러), 호주(1조5천억 달러), 스페인(1조4천억 달러), 멕시코(1조2천억 달러), 그리고 한국(1조2천억 달러) 순으로 GDP 순위 15위에 자리하고 있습니다.

GDP는 해마다 측정하기 때문에 경제규모가 비슷한 나라들끼리는 순위가 바뀌곤 합니다. 현재 다른 나라들에 비해 경제규모가 비약적으로 커진 국가로는, 한동안 미국에 맞설 유일한 나라로 자부하던 일본을 제치고 당당히 세계 2위로 올라선, 세계의 제조업체로 불리는 중국이 있습니다.

중국의 비약적인 경제성장의 원동력은 풍부한 천원자원에 세계 최대 인구(노동력), 그리고 정부의 시장개방정책이라 할 수 있습니다. 풍부한 원자재와 저임금 노동력이 결합하니 값싼 제품을 대량으로 생산하게 되고, 시장개방(WTO 가입)에 따라 세계 모든 국가들과 교역을 시작하면서 이제는 '메이드 인 차이나(Made In China)' 제품을 어디서나 쉽게 볼 수 있을 정도로 세계의 공장 역할을 중국이 도맡아 하고 있는 실정입니다. 이로 인해 중국의 GDP는 가파른 성장세를 보였고, 한때 세계의 제조업체로 군림했던 독일과 일본을 차례로 제치고 당당히 세계 2위의 경제대국으로 등극한 것입니다.

영국의 경제주간지 이코노미스트(The Economist)는 중국경제가 앞으로 10년 동안 연평균 7.75% 성장하는 반면 미국은 2.5%에 그쳐 2018년에 이르러 중국 GDP가 미국을 추월할 것이라는 전망도 내놓았습니다.

주식시장은 기업의 가치를 투자자로부터 평가받는 시장으로 한 나라의 경제규모도 나타냅니다. 국내총생산(GDP)이 증가한다면 그만큼 경제가 성장하는 것을 뜻하기 때문에 주식시장도 생기가 넘치게 됩니다. 반대로 국내총생산이 감소한다면 경제성장률이 낮아지는 것을 뜻하기 때문에 주식시장에는 악재로 작용하게 됩니다.

무역의 지표, 환율

환율은 '외환시세'라고도 하며, 외국 돈과 국내 돈을 서로 교환하는 비율을 말합니다. 환율은 국가 간의 교역에 있어서 절대적 영향을 미치는데, 무엇보다 수출과 수입을 통한 경상수지에 직접적인 영향을 줍니다.

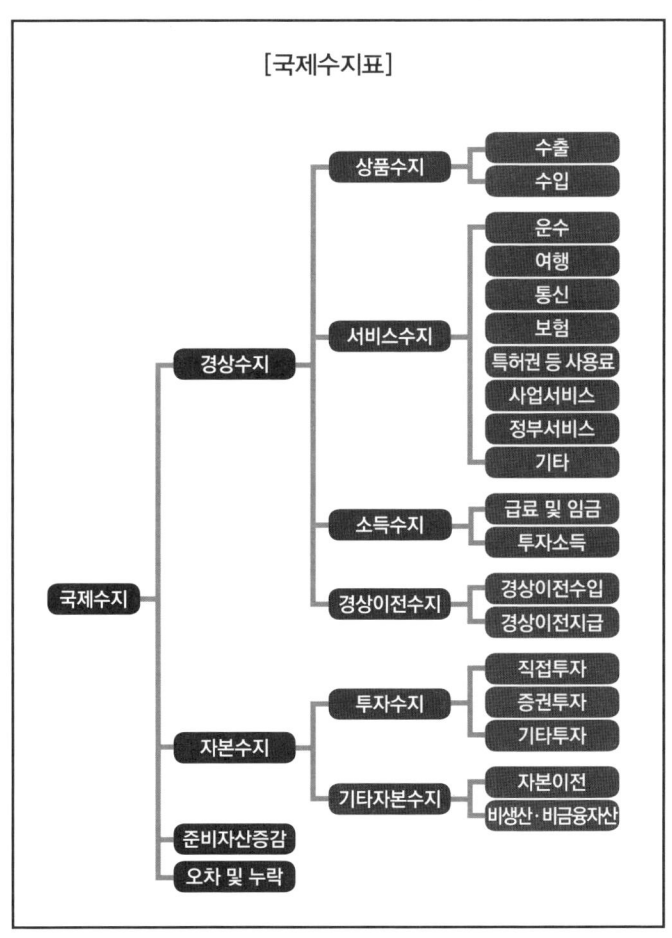

경상수지란 한마디로 수출과 수입의 차이를 말합니다. 수출이 수입보다 많으면 [경상수지 흑자]라고 하고, 반대로 수입이 수출보다 많으면 [경상수지 적자]라고 합니다.

단순히 수출액과 수입액의 차이만을 뜻할 때는 **무역수지**(상품수지와 같은 의미로 사용 : 상품수지는 상품의 소유권이 이전되어야 수출입으로 집계되지만, 무역수지는 해당 관세기관을 통과하는 즉시 실시간으로 집계되는 것이 특징)라고 합니다. 여기에 운송, 여행 등의 '서비스수지'와 노동과 자본의 '소득수지' 등을 합쳐 '경상수지'라 부릅니다. 따라서 경상수지는 무역수지보다 상위의 개념으로 국가의 경제상황을 보여줍니다.

환율은 국가 간의 수출과 수입의 무역거래에 있어서 절대적 영향을 미칩니다. 쉽게 설명해 환율이 상승하면 수출이 유리하고 수입은 불리해지고, 반대로 환율이 하락하면 수입이 유리한 대신에 수출이 불리해집니다.

우리나라 화폐인 원화의 가치를 평가할 때는 달러(미국화폐), 유로(유로존의 공동화폐), 엔(일본화폐), 위안(중국화폐)이 기준통화가 됩니다. 대표적인 기축통화인 달러를 예로 들면 1달러를 1,200원에 서로 바꿀 수 있는데, 환율상승으로 1달러가 1,300원에 교환되면 수출기업은 달러당 원화를 100원 더 많이 받게 되어 환율상승에 따른 채산성이 좋아지면서 흑자구조가 이루어집니다. 환율하락인 경우 1달러당 1,100원이 된다면 수출기업은 달러당 100원을 손해 보기 때문에 해외영업에 있어 가격경쟁력이 떨어지게 됩니다. 이와 반대로 수입업체는 환율하락에 따른 차이만큼 수익을 보게 됩니다.

종합해보면 일반적인 상황에서의 환율상승은 달러당 원화 가치가 떨어지기 때문에(**원화약세**) 수출은 증가하고 수입은 감소하게 되어 무역수지가 좋아지고 이는 곧 경상수지에 영향을 미칩니다. 반대로 환율하락은 달러당 원화 가치가 높아지기 때문에(**원화강세**) 수출은 감소하고 수입은 증가해 무역수지가 나빠지게 됩니다.

환율은 주식시장에 어떤 영향을 미칠까요? 환율상승은 수출기업에 유리하기 때문에 증시에 호재로 작용하지 않을까요? 왜냐하면 우리나라는 내수시장이 적어 해외시장을 공략하는 수출형 국가이기에….

그렇다면 왜 우리나라는 내수보다 수출에 비중을 높일까요? 그 이유는 바로 천연자원이 거의 없기 때문입니다. 그중에서도 공업생산의 원료가 되는 구리, 알루미늄, 철광석, 석탄, 석유, 가스 등의 원자재가 전무하기 때문입니다.

자원이 부족해 해외에서 수입을 해야 하는데 문제는 미국이나 일본, 중국처럼 내수시장이 크지 않다는 데 있습니다. 국가도 기업처럼 영업을 해서 이익을 남겨야 운영이 됩니다(경상수지 흑자/적자). 이에 따라 우리나라는 해외에서 원자재를 수입해 → 이를 가공하고 → 제품을 만들어 → 다시 해외에 수출하는 수출주도형 경제구조를 갖게 된 것입니다. 쉬운 예를 들면 [원유수입 → 원유가공 → 석유화학제품 생산 → 해외수출]과 같은 산업구조입니다.

따라서 환율상승은 수출기업에게는 일시적인 호재로 인식될 수는 있어도 중장기적으로 보면 로열티(Royalty) 증가, 해외 부품 수입 증가 등 수입업체의 재정악화를 필두로 수출하는 상품의 원가 압력을 가져옵니다. 또한 해외여행 비용이 증가하고, 유학을 보낸 이들에게도 해외에 송금을 하는 비용이 증가하게 됩니다.

다른 나라는 몰라도 특히 해외 의존도가 높고 수출주도형 경제구조인 우리나라의 경우에는 환율상승에 따른 단기적 이익보다는 기초 원자재를 대부분 수입해야만 하는 데서 발생하는 후유증이 더 커지게 됩니다. 지난 IMF 경제위기를 전후해 달러당 1,964원까지 환율이 올랐던 경험을 되새겨 보면 환율상승이 얼마나 경제를 어렵게 만드는지 쉽게 이해할 것입니다. 또한 지난 미국발 서브프라임 금융위기 때나 유럽 재정위기 때도 단기간에 급격한 환율상승으로 제2의 IMF 위기를 또다시 겪어야 하지 않을까 하는 우려를 낳곤 했었습니다. 뿐만 아니라 환율상승은 원화가치 하락으로 이어져 환차익을 노린 외국 핫머니 펀드의 유출로 금융권의 붕괴를 초래하기도 합니다.

환율하락은 주식시장에 어떤 영향을 미칠까요?

환율상승이 일시적으로 수출기업에게 유리한 듯 보여도 머지않아 모든 기업에게 피해를 줄 수 있듯이 환율하락도 중장기적으로 보면 모든 기업에게 피해를 줄 수 있습니다. 앞서 말했듯이 우리나라는 수출형 경제구조를 갖고 있어 급격한 환율하락은 해외에서 우리나라 제품에 대한 가격 경쟁력을 잃어버리게 됩니다.

제품의 가격 경쟁력을 잃어버리면 → 수출은 감소하고 → 수입이 증가하면 → 무역수지는 악화되고 → 자연히 경상수지는 마이너스로 돌아서면서 → 경제는 침체하게 됩니다.

모든 것이 그러하듯 환율도 양면성이 존재합니다. 환율상승은 수출비중이 높은 기업에게 유리하지만 수입비중이 높은 기업에게는 큰 타격으로 다가옵니다. 해외에 자산이 있는 기업에게는 환율상승이 기업의 재무를 좋게 만들지만 반대로 환율하락은 재무를 악화시킵니다. 해외에 부채(빚)가 있는 기업에게는 환율상승이 더 큰 빚으로 내몰리게 만들고 반대로 환율하락은 빚의 탕감 효과가 있습니다.

기업 입장에서 환율은 급격한 상승이나 하락이 아닌 일정한 변동폭 내에서 안정적으로 유지하는 것이 가장 좋습니다. 그래야만 수출형 기업이나 수입형 기업 모두 중장기적인 기업의 운영 계획을 세울 수가 있기 때문입니다. 급격한 환율변동은 주식시장에 상장된 대기업들에 큰 영향을 미치기 때문에 시장 변동성이 매우 커지는 요인으로 작용합니다.

자금의 지표, 금리

금리란 쉽게 말해 자본의 수요·공급에 따른 '이자'를 뜻합니다. 많은 기업들은 제1금융권인 은행의 자본과 사채 등을 이용해 운영하고 있습니다. 그런데 은행이자(금리)가 오르게 되면 은행으로부터 대출을 받은 기업들은 피땀 흘려 영업을 해서 올린 이익이 고스란히 은행이자로 빠져나가게 됩니다.

금리가 오르면 → 기업들의 이자비용이 증가하고 → 기업의 재정은 악화되며 → 기업은 살아남기 위해 구조조정이나 정리해고 등을 단행하고 → 그로 인해 많은 실업자들은 허리띠를 졸라매게 되면서 → 소비가 위축되고 → 이는 다시 기업의 매출을 감소시키는 악순환을 반복하게 됩니다. 자연히 금리인상에 따라 주식시장에 몰려있던 자금들이 빠져나가면서(자본은 안전성과 수익성을 동시에 고려하기 때문에 고금리 시대에서는 주식이라는 위험성에서 회피 금리가 높은 은행이나 채권 쪽으로 이동하려는 특성이 있다) 주가는 하락하는 경향을 보이게 됩니다.

자본주의 경제는 4단계의 경기순환기가 있습니다. 바로 [회복기 → 활황기 → 후퇴기 → 침체기]를 말합니다. 만약 경제가 침체된 상태라면 정부는 침체된 경제를 살리기 위해 가장 먼저 금리정책을 실시합니다. 우선 금리인하부터 단행해 시장에 유동성을 공급합니다(저금리 정책). 시중 자금은 화폐를 발행하는 한국은행(중앙은행) → 제1금융권(일반대형은행) → 제2금융권(보험·증권·카드·신용금고) → 제3금융권(사채) 순으로 유통이 됩니다. 이때 자본의 수요·공급에 의해 '이자'가 붙게 됩니다.

금리인하는 바로 정부의 은행인 한국은행이 제1금융권에 돈을 빌려 줄 때 받는 이자를 이전보다 낮추는 정책을 말합니다. 그렇게 되면 일반적으로 제1금융권에서 기업이나 개인들이 자금을 빌려 쓸 때 지불하는 이자가 낮아지게 됩니다.

은행이자가 줄어들면 기업들은 숨통이 트이게 되고, 이자가 낮은 은행으로부터 돈을 빌려 설비를 증축하고 많은 노동자를 새로 고용하게 됨으로써 소비심리가 확장됩니다. 은행이자가 낮으니 그동안 은행에 적금을 든 개인들은 이자수익이 대폭 감소하게 되고, 따라서 보다 나은 수익원을 찾아 부동산이나 주식시장으로 자금이 몰리게 됩니다. 투자자금이 몰려드니 자연히 주식시장은 호황기를 누리게 됩니다.

하지만 저금리 정책은 시간이 지남에 따라 소비심리가 과열되면서 경기가 팽창하는 효과를 가져옵니다. 대표적인 것이 '물가상승', 즉 **인플레이션**(Inflation)을 유발시킵니다. 이런 경기과열 현상을 막기 위해서 정부는 다시 금리를 올리면서 과열 현상을 잠재우는 정책을 쓰게 됩니다(고금리 정책). 바로 이 과정을 통해 자본주의 경기 4계절이라는 경기 사이클이 발생하는 것입니다.

이렇듯 금리는 자금의 흐름을 결정하기 때문에 통상 경제가 침체기에 빠졌을 때는 '저금리 정책'을 사용하고, 경제가 활황세일 때에는 '고금리 정책'을 사용합니다. 결과적으로 주식시장은 정부의 금리인하폭과 금리인상폭에 따라 울고 웃는 현상이 나타나게 됩니다.

지난 2008년 서브프라임 금융위기 사태 때 전 세계 국가들이 가장 먼저 취한 정책이 바로 저금리 정책이었습니다. 서브프라임 금융위기는 미국발 서브프라임 모기지론(신용도가 낮은 비우량 고객이나 금융소외 계층에 대한 주택담보대출) 부실로 촉발된 금융경색을 말합니다.

미국은 5년 이상 지속된 저금리 정책으로 인해 인플레이션 압력이 커지자 정책금리를 올리기 시작했고, 이 때문에 대출이자 부담을 이기지 못한 파산자들이 속출하면서 금융회사 부실채권 급등 → 집값 및 주가급락 → 소비침체의 악순환을 가져왔습니다. 저금리로 불어난 통화가 주택가격 급등을 일으켰고, 부동산 버블이 커지면서 경기침체와 글로벌 투자은행(IB)들과 채권보증 회사의 부실과 금융시스템 불안을 동시에 초래한 것입니다.

따지고 보면 지난 서브프라임 위기는 경기순환을 무시한 미국의 FRB(연방준비제도이사회)의 저금리 정책이 주범인 셈입니다. 경기가 호황일 때는 적절한 금리인상 조치로 팽창된 경기를 미리 가라앉혀야만 합니다. 그런데 미국은 '신경제(장기호황을 의미하는 것으로 높은 경제성장, 완전고용에 가까운 5%의 낮은 실업률, 물가안정 등을 내용으로 한다)'라는 이름으로 경기가 호황을 누릴 때에도 저금리 정책을 고수하다 거품이 발생한 것입니다. 뒤늦게 정책금리를 올렸지만 이미 거품은 부풀어 오른 상태였기 때문에 단기에 금융시스템이 붕괴 직전까지 간 것입니다. 자본주의에서 최우선적으로 중요한 것이 바로 금융정책입니다. 특히 금리정책은 금융 시스템의 핵심인 것입니다.

통화량, 그리고 유동성 함정

통화량은 시중에 돌아다니는 통화의 유통량을 뜻합니다. 통화량이 많다는 것은 유동성이 풍부하다는 것으로 주식시장에서는 호재로 인식돼 유동성 장세를 불러오기도 합니다. 통화량 증가는 통상 인플레이션을 유발하는데, 이는 물가상승률만큼이나 주식시장으로도 자금이 몰려들기 때문에 주가상승의 주된 원인이 되기도 합니다.

통화량 조절은 보통 한국은행에서 화폐발행과 회수, 정부의 국공채 매입(매각), 그리고 은행의 **지급준비율**(금융기관의 예금총액에 대한 현금준비 비율) 조절을 통해 이루어집니다. 화폐발행을 늘리면 그만큼 시중에 자금이 풀리게 됩니다. 또한 은행의 지급준비율을 낮춰 대출금액을 늘리면 현금통화가 증가합니다. 다시 말해 은행에 1억을 예금했을 때 은행은 1억에서 지급준비금(예를 들어 2천만 원)을 뺀 나머지 자금을 대출할 수 있는데, 이 지급준비율을 낮추게 되면(2천만 원에서 1천만 원으로) 그만큼 대출금액이 높아져 통화량이 증가하는 효과를 나타냅니다. 이것을 **신용창조**라 부릅니다.

한편으론 경상수지에 따라 통화량이 조절되기도 합니다. 즉 국가 간의 무역으로 경상수지가 흑자라면 그만큼 외국에서 국내로 돈이 들어온 결과이기 때문에 통화량이 증가하게 되고, 경상수지가 적자라면 수출보다 수입이 증가한 것을 말하기 때문에 국내의 돈이 외국으로 빠져나가 통화량은 감소하게 됩니다. 예를 들어 유학이나 해외여행이 증가하는 경우 서비스수지가 악화되어 경상수지에 영향을 미치는 원리입니다.

[참고로 단순히 외국에서 막대한 자금만 국내로 유입된다면 외환시장에서 달러의 공급이 많아지기 때문에 달러가치는 낮아지고 상대적으로 원화가치가 상승하는 효과를 나타내 환율이 하락하곤 합니다. 화폐거래만을 통한 자본수지는 경상수지에 포함되지 않습니다.]

통화량이 증가하면 일반적으로 인플레이션과 함께 화폐가치가 떨어지면서 환율이 상대적으로 오르게 됩니다. 시중에 돈이 많아지니 이자가 낮아지고 따라서 화폐가치 하락으로 물가상승 압력을 받게 되며, 화폐가치 하락은 자연히 외국화폐와 국내화폐 간의 교환비율이 높아지면서 환율이 상승하게 됩니다.

통화량은 금리와 마찬가지로 경기를 조율하는 정책으로 활용됩니다. 경기가 너무 침체된 상태라면 통화량을 늘려 시중에 유동성을 공급하고, 반대로 경기가 너무 과열된 상태라면 통화량을 줄여 시중에 풀린 유동성 자금을 회수하는 정책을 펼칩니다.

■ 양적완화의 빛과 그림자

한때 세계를 정복했던 로마제국은 다음과 같은 원인으로 멸망의 길을 가게 됩니다. 게르만의 침입, 종교의 폐단, 인구감소에 따른 생산인력의 부족, 지리적 약점, 경제의 취약성, 퇴폐적 풍조, 정치권의 탐욕과 부패 등. 그 중에는 화폐개혁에 실패한 것이 로마가 멸망한 결정적 원인이라는 주장도 한 목소리를 내고 있습니다.

로마제국은 100년에 걸쳐 번영을 구가했으나 서기 54년에 즉위한 네로 황제의 폭정으로 재정수입이 재정지출을 감당하지 못하자 화폐가치를 평가절하 하는 방법으로 재정적자를 메우기 시작하면서 몰락으로 접어들었다는 주장입니다.

그렇다면 화폐가치 '평가절하'란 무엇을 의미할까요? 바로 화폐의 가치가 상대적으로 떨어진다는 것을 뜻하며, 이는 곧 환율상승을 의미하는 것입니다. 반면 '평가절상'은 화폐가치가 높아지는 것으로 환율하락을 의미합니다.

통화량과 금리는 환율에 직접적인 영향을 미칩니다. 나아가 인플레이션(Inflation)이나 디플레이션(Deflation)을 유발시킵니다. 세계 각국은 미국의 서브프라임 사태에 이어 유럽의 재정위기를 현재 통화량 증가와 저금리 정책으로 신용경색을 해소하고 경기를 부양시키려고 노력 중입니다. 이것을 소위 **양적완화**(Quantitative Easing)라고 부르며, 2013년 현재 QE3(3차 양적완화)에 이어 사실상의 4차 양적완화로까지 불릴 정도의 거의 무제한에 가까운 양적완화를 실행하고 있는 상태입니다.

미국과 유럽의 양적완화 통화정책은 2013년 2월 현재까지 정부의 통제하에 잘 관리되고 있습니다. 양적완화의 가장 큰 문제인 인플레이션이 현재까지 우려할 정도로 심각해진 상태는 아니기 때문입니다. 하지만 이러한 무제한적인 통화정책이 정부통제에서 벗어나기 시작하면 유동성 함정에 빠지게 됩니다.

유동성 함정은 시중에 풀린 자금이 제대로 그 기능을 다하지 못할 때 발생합니다. 쉽게 말해 정부가 돈을 풀었는데 기업은 향후 미래가 불안해 그 돈을 가지고 투자나 생산을 하지 않고 그냥 보유하고 있게 되면 정부의 의도와 달리 침체된 경기가 살아나는 것이 아니라 오히려 정체되거나 후퇴하는 현상, 즉 '유동성 함정'에 빠지는 것입니다.

유동성 함정에 빠진 대표적 사례가 일본의 장기불황입니다. 1990년대 장기불황으로 일본은 유동성을 공급해 경기를 활성화시키려 했습니다. 그러나 앞날에 대한 경기 비관론이 지배하기 시작하면서 디플레이션이 심화되고 따라서 가계나 기업은 투자나 생산보다 현금을 보유하려는 경향이 강해져 장기불황이 현재까지 진행 중에 있습니다. 유동성 함정에 빠진 일본은 현재 잃어버린 10년이 아닌 '잃어버린 20년'을 보내고 있는 실정입니다.

 2012년 12월 일본 중의원 총선거에서 우익성향의 아베 신조 자민당 총재가 승리를 거둡니다. 장기불황 속에 민주당 집권 이후 일본 경제는 나아지기는 커녕 오히려 이전보다 더 후퇴하기 시작했고, 경제불황을 더 이상 견디지 못한 일본 국민이 강한 경제를 공약으로 내건 자민당에 표를 몰아준 결과입니다.

 아베정권의 대표적인 공약은 무제한적인 양적완화입니다. 더 이상 디플레이션을 방관하지 않고 인플레이션을 감내하면서 무제한 양적완화로 시중에 돈을 풀겠다는 것입니다. '눈에는 눈, 이에는 이'라는 전략으로 미국과 유럽이 무제한 양적완화를 실시하는 이상 가만히 앉아서 엔화가치 상승을 더 이상 수수방관하지 않겠다는 정부의 강한 의지를 보인 것입니다. 돈을 무제한으로 풀어서라도 엔화가치 하락을 유도해 수출을 늘리겠다는 전략입니다. 마침내 세계는 글로벌 환율전쟁에 들어선 것입니다.

 미국발 서브프라임 모기지 사태에 이은 유럽발 재정위기를 맞아 2013년 초 현재까지 세계 각국의 통화정책(양적완화정책)은 정부 주도하에 제법 잘 운영·관리되고 있습니다. 그러나 과도한 양적완화에 따른 부작용이 본격화되어 유동성 함정에 빠지거나 정부의 통화정책 및 환율정책이 실패해 우려하던 **하이퍼인플레이션**(Hyperinflation : 물가상승이 정부 통제에서 벗어난 초인플레이션 상태)이 발생하게 된다면 머지않아 21세기 로마의 멸망을 맞이하게 될 수도 있습니다. 그만큼 경제는 통화정책과 금리정책이 좌우하고 있음을 상기하기 바랍니다.

유가와 원자재

　우리나라는 자원이 부족한 국가로 해외 의존도가 상당히 높습니다. 대부분의 '원자재(공업생산의 원료)'를 수입해서 이를 가공해 수출하기 때문입니다. 원자재는 곡물(밀, 옥수수, 콩…), 철광석(금, 구리, 니켈…), 석유(휘발유, 두바이유…), 석탄, 천연가스, 설탕, 고무, 우라늄 등을 말하며, 우리나라 수입품의 약 50%를 차지하고 있습니다.

　원자재는 경제에 매우 밀접한 관계를 갖고 있는데, 국제 원자재 가격변동에 따라 기업의 수익성이 좌우되기 때문입니다. 기업은 원자재를 수입해 이를 가공하고 제조해서 완성품을 만든 다음 해외로 수출합니다. 그런데 원자재 가격이 상승하면 → 제조원가의 상승을 불러오고 → 이는 다시 완성품 가격상승으로 이어지며 → 결국에는 수출가격 상승으로 이어지기 때문에 → 해외에서 경쟁하는 우리나라 제품의 가격경쟁력이 떨어지게 됩니다. 이것은 고스란히 기업의 수익성을 악화시키기 때문에 주가하락을 불러오는 요인이 됩니다.

　원자재 중에서 특히 우리나라 기업수지에 절대적 영향을 미치는 것이 바로 '국제유가'입니다. 국제유가는 현재까지 원자재 중에서 가장 큰 비중을 차지합니다. 유가는 제조원가는 물론 제품이 공장에서 소비자에게 판매될 때까지 드는 물류비용에 절대적 영향력을 행사하기 때문에 **[유가상승 = 원자재 가격상승]**이라는 등식이 성립됩니다.

　유가란 석유(원유+석유제품)의 가격을 말합니다. 예를 들어 중동에서 1배럴에 30달러 하던 것이 어느 날 50달러 이상으로 뛰었습니다. 유가가 상승하면 자연히 기업 실적은 나빠질 수밖에 없습니다. 간단히 말해 석유로 공장도 돌리고, 제품도 만들고, 운송도 하고, 또한 자동차와 배와 비행기로 여행도 하는데 국제유가가 가파르게 상승하면 어떻게 되겠습니까? 우리나라가 지난 1973년과 1979년 두 차례의 석유파동으로 얼마나 고생을 했는지 기억한다면 유가에 따라 경제가 얼마나 좌우되는지 쉽게 이해될 것입니다.

국제유가는 세계시장에서 거래되는 원유가격으로 산지별로 영국 북해산 브렌트유, 두바이산 원유, 미국 서부텍사스 중질유 중심으로 가격이 결정됩니다. 이러한 국제유가는 경기순환과 매우 밀접한 관계를 갖고 있습니다.

유가도 수요와 공급에 의해 가격이 결정되기 때문에 곧 유가의 주기는 경기순환과 동행을 합니다. 경기가 활황일 때는 소비가 호황이기 때문에 석유 수요가 증가해 유가는 상승합니다. 경기가 침체될 때는 소비가 불황이기 때문에 석유 수요가 줄어 유가는 하락합니다.

그렇다면 이러한 국제유가가 주식시장에는 어떤 영향을 미칠까요?

주식시장은 경기동행지표가 아니라 '경기선행지표'입니다. 따라서 경기가 활황일 때는 주식은 점차 하락하고, 경기가 침체될 때는 주식은 점차 상승합니다. 경기선행 관점에서 유가상승은 경기 활황세를 말하기 때문에 곧 주식이 하락할 것을 암시하고, 유가하락은 경기가 침체된 것을 말하기 때문에 주식은 오히려 상승을 시도합니다.

결론적으로 유가와 경기는 동행하고 주식은 경기보다 선행하기 때문에, 주식투자자 입장에서 복잡한 경기지표를 일일이 분석하기 어렵다면 단순하게 유가 움직임만 살피는 것도 하나의 방법입니다. 유가가 바닥을 칠 때 주식을 매수해, 유가가 상투를 칠 때 매도하는 것도 하나의 투자요령입니다.

물가와 인플레이션

경제원칙에서 '수요와 공급의 법칙'은 가격을 결정하는 절대원칙으로 자리잡고 있습니다. 대체로 가격상승은 수요증가나 공급부족으로 발생합니다. 반면 가격하락은 수요감소나 공급이 증가할 때 발생합니다. 자본주의는 성장을 우선시하는 정치·경제이념입니다. 성장은 곧 GDP(국내총생산) 증가를 뜻하고 이것은 다시 상품가치의 상승, 물가의 상승 '인플레이션(Inflation)'을 의미하기도 합니다.

인플레이션은 물가 다시 말해 생산자물가지수(기업 간 대량거래 상품의 가격변동)와 소비자물가지수(일반 가계의 소비 상품의 가격변동)가 지속적으로 상승하는 경우를 말합니다. 물가상승은 화폐가치 하락과 자산가치의 상승을 유발합니다. 보유자산이 부동산이나 금, 원자재, 주식 및 그밖에 실물에 투자한 상태라면 실물가격 상승으로 인한 자산가치 상승이 이어지기 때문입니다.

최근에는 부채(빚)도 하나의 자산으로 취급하는 경향이 있습니다. 부채가 많은 상태에서 인플레이션이 발생하면 그만큼 화폐가치 하락으로 개인이나 기업, 정부의 빚 부담이 줄어들기 때문입니다. 예를 들어 부채가 1억이라면 인플레이션으로 보유자산의 가치가 상승하고 소득이 상승한다면 그만큼 빚 부담은 줄어드는 원리입니다.

수요와 공급의 법칙에 의해 가격은 일반적으로 수요가 많거나 공급이 부족할 경우에 나타납니다. 인플레이션은 크게 수요인플레이션과 비용인플레이션으로 분류합니다. **수요인플레이션**(Demand-pull inflation)은 시중 통화량 증가, 소득의 증가, 금리인하 등이 원인으로 소비자의 구매력에 비해 공급물량이 부족해지면서 인플레이션을 유발하는 경우를 말합니다. 반면 **비용인플레이션**(Cost-push inflation)은 원자재 가격상승, 환율상승, 임금상승, 세금인상 등이 원인으로 제품의 원가비용이 상승하면서 인플레이션을 유발하는 것을 말합니다.

■ **수요인플레이션** = 통화량 증가 → 화폐가치 하락 → 소비 증가 → 공급 부족 → 제품가격 상승 ⇒ **인플레이션 유발**

■ **비용인플레이션** = 원자재 상승 → 생산비용 증가 → 물류비용 증가 → 인건비 상승 → 제품가격 인상 ⇒ **인플레이션 유발**

요약하면 인플레이션은 통화량 증가와 원자재 가격상승이 주된 원인임을 알 수 있습니다.

원론적으로 경제가 성장하면 → 통화량이 증가하고 → 화폐가치가 하락하면서 → 물가상승 압력을 받게 됩니다. 하지만 인플레이션의 보다 근본적인 원인은 경제가 침체하면 → 양적완화정책을 시행하고자 → 통화량을 증가시키고 → 금리인하를 단행하면서 → 국제 원자재 가격이 상승하고 → 비용이 증가해 제품가격이 상승하면서 → 인플레이션이 유발됩니다.

완만한 인플레이션은 장기적으로 자산가치를 높이고 부채(빚)를 감소시키는 역할을 합니다. 그러나 인플레이션이 장기간 지속되거나 단기적으로 과도한 고(高)인플레이션이 발생하게 되면, 이를테면 소득이 물가상승률을 따라잡지 못하게 되면 → 소비가 위축되고 → 소비가 위축되면 제품 판매가 감소하고 → 이것은 다시 기업수지를 악화시키며 → 기업은 원자재 상승비용과 이자비용이 증가하고 → 이를 감당하지 못해 임금을 삭감하거나 근로자를 해고하고 → 실업자가 늘어 → 다시 소비가 위축되면서 경제는 침체에 빠지게 됩니다.

그렇다면 과도한 물가상승을 억제하려면 어떻게 해야 할까요? 과열된 수요를 줄이든가 공급을 늘려 가격을 안정시켜야 합니다.

요약해서 인플레이션의 가장 큰 원인은 통화량 증가에 있습니다. 따라서 시중에 유통된 통화량을 줄이면 인플레이션을 어느 정도 잡을 수 있다는 결론이 나옵니다.

통화량을 줄이는 방법으로는 여러 정책이 있으나 그중 가장 큰 영향력을 행사하는 것이 바로 '금리'입니다.

금리인하는 낮은 금리로 자금을 대출받을 수 있기 때문에 기업의 투자를 높이고 일자리를 늘리고 소비수요를 촉진시키는 효과가 있습니다. 반면 **금리인상**은 이자비용이 높아지기 때문에 기업의 투자와 소비를 억제해 총수요를 감소시켜 물가를 낮추는 효과가 있습니다. 바로 이런 이유 때문에 세계 각국은 경제가 침체되면 금리인하로 통화량을 늘려 기업의 투자와 개인의 소비를 촉진시키고, 반대로 경제가 과열돼 인플레이션이 심화되면 금리인상으로 통화량을 흡수하는 정책을 시행하는 것입니다.

경제지표의 축소판, 종합지수

많은 경제지표는 전문가들도 해석의 차이가 있습니다. 하물며 경제지식이나 금융지식이 부족한 일반인들에게는 다가서기 어려운 과목에 속합니다. 뉴스에는 각종 경제지표를 토대로 경제가 좋다고, 어렵다고 말하지만 눈으로 확인하기에는 많은 어려움이 있습니다. 이때는 코스피(KOSPI)지수를 참조합니다. 지수가 하락이면 경기하향세, 상승이면 경기활황세로 해석합니다. 종합지수는 경기에 선행하기 때문입니다.

주식투자는 '자본주의 꽃'으로 불립니다. 자본주의 국가에서만 존재하는 투자 시스템이기 때문입니다. 따라서 자본주의 경기변동에 따라 투자 수익률에도 직·간접적으로 영향을 미칠 수밖에 없습니다. 주식시장에는 그 나라를 대표하는 수많은 기업들이 상장되어 있습니다. 주식시장에서 그 많은 기업들이 가장 눈치를 보는 것이 있다면 그것이 바로 '코스피종합지수(KOSPI)'입니다.

경기가 후퇴해 침체되기 시작하면 한 나라의 경제를 떠받치고 있는 많은 대기업들의 실적이 안 좋아질 것이고, 이것은 대기업에 하청을 받는 많은 중소기업들의 실적에도 영향을 미칠 것이며, 이에 따라 대기업들의 주가가 하락하면 자연히 중소기업들의 주가도 하락하게 됨으로써 전반적으로 지수가 하락하게 됩니다.

반대로 경기 회복기를 지나 활황기에 접어들게 되면 세계를 상대로 영업을 하는 대기업들의 실적이 좋아질 것이고 이 때문에 주가는 상승하게 되면서 자연히 중소기업들의 주가도 함께 동반 상승 곡선을 타게 됩니다.

　물론 주식시장에 상장된 기업들의 주가가 모두 경기변동에 민감하게 반응하는 것은 절대 아닙니다. 지수와 무관하게 움직이는 종목도 많고, 지수와 반대로 움직이는 종목도 많습니다. 특히 우리나라의 경우 주식시장에서 삼성전자가 차지하는 비중이 워낙 높기 때문에 지수와 개별종목이 서로 연동되지 않는 경우도 상당히 많습니다. 하지만 그렇다고 해도 일단 지수가 하락하면 시장 전체의 투자심리가 극도로 위축되기 때문에 대부분의 종목 주가가 하락하게 됩니다. 물론 지수가 상승하면 하락 종목보다 상승 종목 수가 많을 것입니다.

　한낱 개인투자자 입장에서 섣불리 경기변동을 예측한다는 것은 상당히 어려운 일입니다. 기껏해야 경제 뉴스만 참조할 뿐. 따라서 지금 장세가 호황기인지 아니면 침체기인지를 아는 가장 간단한 방법은 지수 움직임을 살피는 방법입니다.

　주가는 항상 미래를 선반영하는 특성을 갖고 있습니다. 경기가 좋아진다고 언론에서 떠들어 댈 시점에는 주가는 하락하고, 경기가 앞으로 더욱 나빠질 것이라 잔뜩 겁을 주면 주가는 상승하는 속성을 갖고 있습니다. 모두가 과열이라 조심해야 한다고 할 때는 주가는 더욱 멀리 달아나고, 모두가 투자해야 한다고 할 때는 주가는 한 단계 더 하락하곤 합니다.

　지수 차트는 종목 차트와 달리 그 움직임이 매우 둔한 편입니다. 지수 흐름만 어느 정도 예측하고 대응할 수만 있다면 지수와 연동되는 대부분의 종목 움직임도 어느 정도는 예측과 대응이 가능할 것입니다.

미국의 힘, 달러

지구상에는 200여 개의 국가들이 저마다 자국의 이익을 위해 상대국과 무역을 하면서 경제를 활성화시키고자 노력하고 있습니다. 그 중에서 경제규모가 가장 큰 단일국가로는 미국으로 한때 전 세계 GDP의 절반가량을 차지했던 부국입니다.

과거 1950~1960년대 미국은 세계 GDP의 45%가량 점유한 적도 있었습니다. 그러던 것이 유럽연합(EU)의 부상과 일본, 러시아, 중국, 그리고 2000년대 전후로 빠른 경제성장을 보였던 '브릭스(BRICS : 브라질 · 러시아 · 인도 · 중국 · 남아프리카공화국)' 국가들의 영향으로 점차 점유율이 하락하면서 현재 세계 GDP 기준으로 미국이 차지하는 비중은 약 20%인 상태입니다. 2012년 기준으로 세계 GDP 규모는 약 70조 달러(7경7000조 원)로 이 중에서 미국이 약 16조 달러를 기록해 단일국가로는 여전히 세계 1위를 차지하고 있습니다.

미국이라는 나라는 현존하는 다른 어떤 나라보다도 강력한 경제력과 국방력과 민족성을 갖춘 나라입니다. 19세기까지는 세계에서 가장 큰 영향력을 행사했던 나라들을 꼽자면 바로 영국, 프랑스, 독일, 스페인 등의 강국으로 구성되어 있는 유럽 국가들이었습니다. 그 당시만 해도 미국은 한낱 영국 이주민들의 새로운 개척의 땅이며 서부국가일 뿐이었습니다. 특히 영국은 산업혁명의 근원지였으며, 세계에 걸쳐 가장 많은 식민지를 다스려 그야말로 '해가 지지 않는 나라(대영제국)'로 불리게 되었습니다.

미국은 19세기 후반기부터 기하급수적으로 팽창하기 시작합니다. 오늘날 자본주의 시초라 부를만한 '**산업자본주의**(자본주의 발전 과정에서 산업자본이 사회 경제의 주축으로 자리잡는 단계의 자본주의)'가 크게 발전하기 시작하면서 대기업들이 우후죽순 생겨나 경제가 급속도로 발전하기 시작합니다.

1차 원인이야 풍부한 천연자원과 인적자원 등으로 결론지을 수도 있을 것입니다. 이를테면 내수시장이 활발한 인구수, 천연자원, 세계 최대 소비국, 세계 최고 국방력, 인적자원, 과학기술력, 유태계와 중동의 막대한 자본력 등. 이후 미국은 20세기 초반까지 브레이크 없는 고성장을 누리게 됩니다.

하지만 여전히 미국은 영국의 그늘 아래 놓여 있었고, 오늘날 자본주의 이전 단계였던 불안정한 산업자본주의의 후유증이 심화되면서 사회적 양극화 현상이 극에 달해 정치이념의 갈등으로 번지고 있었습니다.

20세기 초반까지 정치·경제·사회적으로 불안정한 시기를 보내던 미국이 마침내 세계에 막강한 영향력을 행사하게 되는 결정적인 사건이 터집니다. 바로 1914년부터 4년간 계속되었던 '제1차 세계대전'과 1939년부터 1945년까지 치른 '제2차 세계대전'이었습니다. 특히 제2차 세계대전은 암울했던 미국의 경제를 최악에서 최상으로 끌어올리는 결정적인 역할을 하게 됩니다.

미국은 1929년부터 시작된 대공황으로 경제가 최악의 상황으로 치닫기 시작하자 1932년 새로 취임한 루스벨트 대통령에 의해 1933년 **뉴딜정책**(New Deal Policy)이라는 이름으로 대규모 경기부양책을 실시하게 됩니다. 이후 일시적 경기호황을 누리다 '출구전략', 쉽게 말해 경기부양책의 부작용을 우려해 금리인상을 단행하면서 다시 침체기로 접어들기 시작합니다. 때마침 제2차 세계대전이 발발하게 되고, 이 전쟁을 통해 잠시 흔들렸던 미국 경제는 다시 기사회생하며, 전쟁이 끝난 1945년 전후로 세계 GDP의 절반가량을 담당하는 초강국으로 변모하기 시작합니다. 이때 비로소 미국은 영국의 그늘에서 벗어나 영국은 물론 유럽 전역을 통제하기에 이릅니다.

미국은 1, 2차 세계대전을 승리로 이끌면서 대규모 전쟁으로 황폐화되다시피 했던 유럽에 **마셜플랜**(Marshall plan)이라는 '대유럽경제지원'을 하게 됩니다. 마셜플랜의 목적은 유럽 경제를 재건하자는 취지의 대외원조였지만 당시 초강대국으로 떠오르고 있었던 공산주의 구소련을 견제하고자 하는 또 다른 목적도 있었습니다.

마셜플랜을 계기로 미국은 자유시장경제체제를 기반으로 한 자본주의를 공산주의의 팽창으로부터 지켜냈으며, 독일을 통제하에 두면서 구소련의 영향력으로부터 유럽의 방어막 역할을 하게 했습니다. 이후 미국은 구소련과의 힘의 대결에서 압승을 거뒀으며, 세계에 걸쳐 자국의 정치·경제·문화를 전파해 오늘날까지 그 위용을 잃지 않고 있습니다.

미국은 현재 군사력 측면에서 봐도 육지, 바다, 하늘, 심지어 우주에까지 적수가 없는 초강대국입니다. 과거 한때 바다를 지배하는 자가 세계를 지배한다고 한 적이 있었습니다. 그래서 한때 영국과 스페인, 일본 등이 바다를 통해 식민지를 개척하고자 했었습니다. 하지만 지금은 바다나 하늘보다도 눈에 잘 보이지 않는 영역 다툼이 치열하게 전개되고 있는 상황입니다. 21세기 현재는 화폐를 지배하는 자가 진정 세계를 지배한다고 볼 수 있습니다.

오늘날 미국의 힘은 달러에 있습니다. 미국은 달러를 발행할 수 있는 권리를 가진 유일한 국가입니다. 달러의 진정한 힘은 바로 **기축통화**(Key Currency,

Basic Currency)라는 사실입니다.

　기축통화는 군사력으로 '해상 운송로'의 안전을 보장할 수 있어야만 합니다. 원유나 곡물 등 부피가 상당한 무역상품은 해상운송을 통해서 거래가 이루어집니다. 그런데 이 해상운송의 안전은 세계에서 유일하게 미국만이 보장할 수 있습니다. 군사력이 곧 기축통화의 버팀목 역할을 하고 있는 셈입니다.

　기축통화는 '국제통화'라고도 하며, 국제외환시장에서 금융거래 또는 국제결제의 중심이 되는 통화를 말합니다. 쉽게 말해 국가 간 무역거래에서 결제되는 화폐를 말하며, 국가의 준비자산으로도 이용됩니다. 기축통화 역할을 하는 화폐로는 대표적으로 달러, 유로화, 파운드화, 엔화, 위안화, 그리고 금이 이에 해당되지만 현재 세계에서 가장 많이 사용되는 것이 바로 '달러'입니다.

　우리나라만 보더라도 수출입 결제통화는 여전히 미국 달러가 85%를 차지하고 있으며, 나머지 10%는 유로화와 엔화 그리고 기타 통화가 5%를 차지하고 있습니다. 세계 외환보유액에서 각 통화가 차지하는 비율로 보면 2000년 달러 비중은 71.5%였으나 금융위기 이후 2012년에는 약 60%로 기축통화로서 달러의 지위가 다소 약화되었습니다.

　하지만 외환보유액 비중이 아닌 국가 간 무역결재는 여전히 달러가 압도적인 상황입니다. 무엇보다 현재까지 달러를 대체하는 통화가 없다는 점이 앞으로도 달러의 위상은 그 막강한 지위를 고수할 것은 분명한 사실입니다. 유로가 강세를 보이지만 단일 국가가 발행하는 국채시장을 배후에 거느리지 못하고, 일본 엔화는 화폐 사용 인구 측면에서, 중국 위안화는 교환 편의성 측면에서 기축통화로선 역부족인 상태입니다. 이것은 미국 달러 위상에 따라 우리나라는 물론 세계 대부분의 국가 경제가 좌지우지된다는 의미로도 해석이 가능합니다.

세계 증시의 바로미터, 다우지수

우리나라의 경제지표는 코스피지수(종합주가지수)가 대변한다고 볼 수 있습니다. 우리나라를 대표하는 기업들인 삼성전자, 현대차, 포스코, 한국전력, SK하이닉스, 현대중공업, KB금융, SK텔레콤, NHN 등의 우량기업들이 높은 시가총액을 형성하고 있기 때문입니다. 이들 기업들은 해외수출을 담당하면서 우리나라의 GDP에 막대한 영향을 미치며, 많은 근로자를 고용하고, 많은 계열사와 중소기업들을 먹여살리는 데 일조하기 때문에 이들 기업들의 주가변동이 곧 우리나라의 경제상황을 대변한다 하겠습니다.

미국의 경제지표는 다우지수가 대변하고 있습니다. 미국 뉴욕증시에는 3대 지수가 있는데 **다우지수**, **스탠더드앤드푸어스(S&P)500**, 그리고 우리나라의 코스닥 형태의 **나스닥**이 있습니다. 이 중에서 '다우지수(다우존스산업지수: Dow Jones industrial average)'는 미국 주식시장을 대표하는 30개 초우량 주식만을 기준으로 삼고 있습니다. 한때 이들 주식들이 미국 시장 전체를 대표하기는 어렵다는 문제점이 제기되기도 했으나 그래도 현재까지 다우지수는 미국이라는 국가를 넘어 세계증시를 대표하는 지수로 자리하고 있습니다.

다우지수는 미국을 대표하는 초우량 30종목으로 구성되지만 대상종목이 수시로 조정된다는 특성 때문에 경제규모가 커질수록 지수가 오르는 독특한 특성이 있습니다. 미국에는 1만여 개가 넘는 상장사가 있지만 그중에서 초우량 30종목만을 대상으로 하기 때문에 기업이 부실해지거나 더 이상 해당 업종을 대표할 수 없다고 판단될 때는 과감히 퇴출시키고 다시 새로운 우량종목으로 계속 충원하는 방식을 취합니다. 다우지수 초기부터 현재까지 남아 있는 기업은 '제너럴 일렉트릭(GE)'이 유일합니다. 따라서 100년 이상의 역사를 가진 다우지수는 지속적으로 우상향을 보일 수밖에 없는 구조를 안고 있는 것입니다.

이처럼 다우지수는 미국의 산업 전체를 소수의 우량기업으로만 대변하기에는 구성종목의 수가 너무 적다는 점, 그리고 경제상황에 따라 언제든지 그 구성종목이 달라져 지수의 연속성을 유지하기 어렵다는 문제점을 안고 있습니다. 그럼에도 불구하고 현재까지 다우지수는 증시에 참여하는 투자자들에게 중요한 세계경제지표로 활용되고 있습니다.

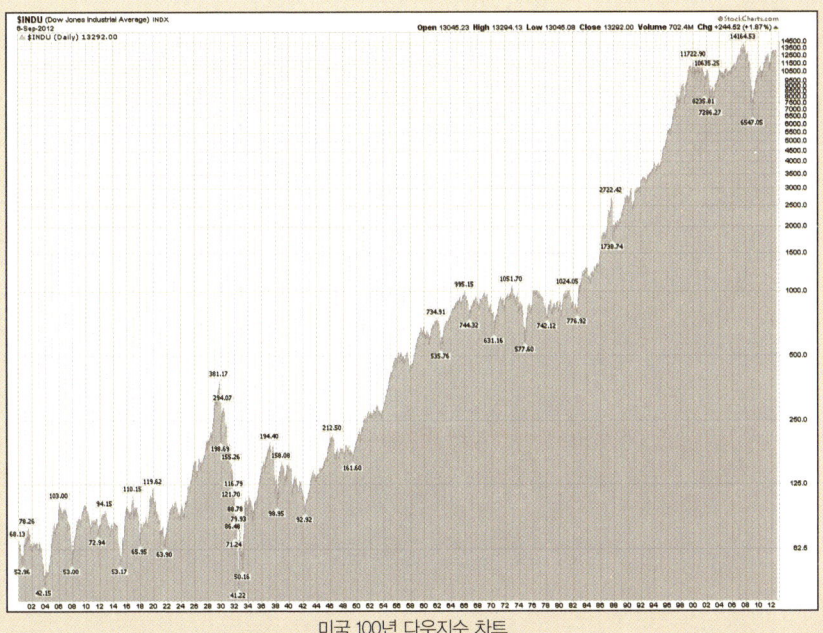

미국 100년 다우지수 차트

미국의 다우지수가 세계 증시를 좌지우지하는 가장 큰 이유는 미국의 소득 상위 1%에 해당하는, 소위 초엘리트 그룹이라 불리는 최상위 부유층이 미국 내 주식시장의 50% 이상을 차지하고 있기 때문입니다. 2010년 미국 국세청 자료를 바탕으로 상위 1% 부유층인 그들은 미국 자산의 93% 보유하고 있는 것으로 조사됐습니다. 이것은 무엇을 의미할까요?

소득 기준 1%에 해당하는 최상위 그룹은 한 나라의 모든 부를 거머쥔 상태에서 경제를 운영하는 주체들입니다. 그 어떤 투자자보다 가장 먼저 투자정보를 얻어 이를 통해 부를 확장합니다. 따라서 경제위기가 엄습할 경우, 경제침체가 예상되는 경우 상위 1%는 보유 자산을 매각해 현금화시키려 할 것입니다. 당연히 부동산이나 채권보다는 주식을 가장 먼저 매도할 것입니다. 주식은 가장 현금성이 좋은 투자상품이기 때문입니다.

세계 최강국인 미국에서 1%에 해당하는 그들은 미국 자산을 93%나 보유하고 있으며 주식시장을 50% 이상 차지하고 있기 때문에 다우지수가 하락한다는 것은 그만큼 경제위기 가능성이 높아진다는 뜻이 됩니다. 이에 따라 미국의 다우지수가 기침을 하면 세계증시는 중환자실로 실려 나가는 웃지 못 할 상황이 계속 반복되는 것입니다.

세계 경제의 시한폭탄, 유로존

■ 저성장의 늪에 빠진 유로존

유로존의 재정위기는 2008년 미국 서브프라임 모기지 사태로 세계 금융위기가 발생하면서 본격적으로 부각되기 시작했습니다. 2009년 유로존의 회원국 중 그리스가 회계분식으로 유로존에 가입했다는 것이 드러나면서 방만한 재정운영으로 국가부도 사태까지 직면하게 됩니다.

사실 유로존 회원국 중에서 그리스의 비중은 GDP 기준으로 그리 큰 문제가 되는 것은 아니었습니다. 문제는 그리스가 스페인으로부터 빌린 자금의 이자를 갚기 위해 포르투갈로부터 급전을 빌려 이자 돌려막기를 시작하면서 재정이 바닥났고, 이어 스페인은 영국에, 포르투갈은 이탈리아에 지원을 요청하게 됩니다. 결국 이들 국가들이 서로 얽히고설키면서 한꺼번에 재정위기가 부각된 것입니다.

유로존의 맹주 독일은 유로존 붕괴의 위험을 감지해 일명 **PIIGS**(국가 부채비율이 높은 포르투갈, 이탈리아, 아일랜드, 그리스, 스페인 등 유럽 5개국) 국가를 지원하게 되지만, 이미 재정이 바닥난 그리스는 끝내 '디폴트(국가부도)' 상황까지 내몰리며 유럽발 재정위기가 세계로 확산됩니다.

상황이 갈수록 악화되자 유로존의 양대 산맥인 독일과 프랑스는 유럽연합(EU) 유럽중앙은행(ECB) 국제통화기금(IMF)과 함께 그리스에 구제금융을 지원하게 됩니다. 한편 EU 주변국들에게 재정위기가 번지는 것을 최소화하고자 '신

재정협약(합의국들의 재정을 제한하는 규약)'을 도출해내고, 이어서 유럽중앙은행(ECB)의 무제한 국채매입 프로그램을 가동하면서 일단 유럽 재정위기의 급한 불을 끄게 됩니다.

유럽 재정위기는 일부 국가들이 방만한 재정운영으로 인해 국가 부채가 급격히 증가했다는 데서 1차적인 원인으로 지목됩니다. 복지 선진국을 꿈꾸며 공무원 수를 늘리고 많은 실업수당을 지급하며, 정치권 내에서도 선심성 공약을 남발하면서 국가 재정이 부실해진 것이 재정위기를 불러왔다는 주장입니다. 하지만 근본적인 원인은 유로존이 단일통화를 사용하는 데서 빚어지는 정책의 비효율성을 들 수 있습니다.

각 나라들마다 정치·경제·문화 성향이 다르고 무엇보다 생산성 격차가 크기 때문에 경쟁력이 취약한 국가와 경쟁력이 우수한 국가들 사이의 재정통합에 문제가 발생한 것입니다. 단일통화의 가장 큰 문제는 환율정책을 나라별로 시행할 수 없다는 점입니다.

간단히 말해 국가는 수출과 수입을 통해 재정을 운영합니다. 수출이 많으면 흑자, 수입이 많으면 적자입니다. 그리스 같은 나라는 제조업보다는 경기변동에 민감한 서비스나 관광업이 가장 큰 산업입니다. 미국 서브프라임 사태로 세계 경제가 침체되면서 관광수입이 줄게 되고, 그러자 재정적자가 누적되기 시작했고, 마침내 부채상환을 하지 못하는 최악의 상황까지 내몰린 것입니다.

만약 그리스가 '유로(Euro)'라는 단일통화 대신 그리스 통화인 '드라크마(Drachma)'를 계속 사용하고 있었다면 환율이나 인플레이션 정책을 통해 얼마든지 재정위기를 극복할 수 있었을 것입니다.

일단 위기상황이 발생하면 외국자본은 빠져나가게 됩니다. 이때 환율이 상승하게 되는데, 그리스 입장에서 환율상승은 관광산업에 경쟁력을 가져오게 됩니다. 쉽게 말해 1유로가 1드라크마로 교환되다 환율이 급상승해 1유로가 2드라크마로 교환할 수 있다면 외국 관광객 입장에서는 같은 돈을 주고도 이전보다 훨씬 많은 혜택을 받으면서 관광할 수 있다는 얘기가 됩니다.

물론 환율상승과 환율하락 모두 장점과 단점을 갖고 있습니다. 그러나 그리스 입장에서는 관광산업 비중이 높다는 특수성에 주목해야만 합니다. 하지만 그리스는 유로존 회원국이기 때문에 → 단독으로 환율정책을 실시할 수 없게 되었고 → 이로 인해 외국 자본은 이탈 → 관광객은 감소 → 내수시장 부진을 겪으면서 → 재정수입은 줄고 → 재정지출이 급증하면서 → 스페인이나 포르투갈 같은 이웃 나라에게 자금을 빌려 쓰기 시작했고 → 계속 이자 돌려막기로 버티다 끝내는 부도위기를 맞게 된 것입니다.

유로존은 현재 재정부담을 줄이고자 긴축정책을 시행중입니다. 일단 부채를 줄이고 나서 경제를 살리고자 하는 것입니다. 때문에 유로존 내에서 많은 실업자가 양산되고 거리 곳곳에서 파업이 일어나며 경제성장은 뒷걸음치고 있습니다. 그러자 세계 각국은 긴축은 위기 해결책이 될 수 없다며 성장에 중점을 두어야 한다고 목소리를 높이고 있습니다. 유로존 내에서도 긴축이냐 성장이냐를 놓고 아직까지 해법을 찾지 못하고 있는 형국입니다.

■ 국가부채 해결방법… 긴축 VS 성장

세계적인 다국적 컨설팅 회사인 '맥킨지(McKinsey & Company)'는 과거 금융위기에 빠졌던 나라들의 사례 32건을 조사한 결과 과잉부채에서 벗어나는 방법을

4가지로 분석했습니다.

> ① **긴축정책** : 허리띠 졸라매기 식의 구조조정
> ② **성장정책** : 성장을 통한 부채 감축
> ③ **인플레이션** : 높은(高) 인플레이션을 이용한 부채 희석
> ④ **국가부도** : 디폴트(Default) 선언을 통한 채무탕감

이 가운데 가장 많이 선택된 위기극복 방법은 '긴축정책'이었습니다. 32건의 사례 중 전체의 절반인 16건이 긴축을 통해 재정위기를 극복했으며, 다음으로 8건이 고(高)인플레이션 정책으로 국가 채무를 줄였고, 7건은 국가부도 사례에 해당합니다. 대표적으로 2001년 아르헨티나는 국가부도를 통해 2002년 142%였던 국가 채무비율을 2008년 45%로 줄이며 채무위기에서 벗어난 예가 있습니다.

이에 비해 성장을 통한 부채 해결은 단 한 차례만 실행됐습니다. 성장정책을 통해 경기를 부양하면 상대적으로 부채비율이 낮아지게 되어 재정위기를 극복할 수 있다는 논리입니다.

그러나 성장을 통한 부채 감소라는 두 마리 토끼를 잡기에는 이상과 달리 현실적으로 매우 어렵다는 것이 과거의 예를 통해 보여주는데… 1930년대 대공황에 직면했던 미국이 2차 세계대전의 전시특수로 호황을 누리면서 국가 채무가 줄어든 것이 유일하기 때문입니다.

성장정책은 통상 부채를 더욱 증가시키게 됩니다. 통화량을 늘리고, 유동성을 공급하고, 공공사업을 통해 일자리를 만들고, 세금을 낮추고, 규제를 풀고, 각종 정부지원을 아끼다 보면 재정이 금방 고갈되기 때문입니다.

무엇보다 정부지출이 증가한 만큼 세입이 증가해야만 재정부담을 완화시킬 수가 있는데, 만약 정부의 의도와 반대로 소비가 살아나지 않고(디플레이션 현상) → 투자가 활성화 되지 않아(유동성 함정) → 경제가 계속 침체되면서 국가 세금이 줄어들면 → 부채는 더욱 증가하는 악순환에 빠지게 됩니다. 따라서 가장 현실적인 재정위기 해결 방안으로 긴축정책을 선호하는 것입니다. 바로 이러한 이유 때문에 유로존은 재정위기 극복을 위해 구조조정을 수반한 긴축정책을 실시하고 있습니다.

국가 재정위기를 해결하는 4가지 방법 중 어느 것 하나 쉽지 않습니다. 무엇보다 유로존 특성상 단일통화로 묶여 있기 때문에 긴축정책으로만 재정위기를 타개하려는 것에 과연 실효성이 있는지도 의문입니다. 국가부도를 제외한 긴축, 성장, 그리고 고(高)인플레이션 이 세 가지 정책을 서로 잘 병행해서 재정위기를 극복해야만 하는데 현재로써는 시간을 두고 지켜볼 수밖에 없는 형국입니다.

산업(업종) 분석

레드오션, 블루오션

주가에 가장 큰 영향을 미치는 요소는 영원한 테마라 불리는 기업의 '실적'입니다. 기업실적은 해외경제와 국내경제, 그리고 업종흐름에 따라 큰 영향을 받게 됩니다. 기업이 제아무리 진입장벽이 높은 기술력을 갖고 있어도 환율이나 금리에 영향을 받는다거나 업황이 나쁘다면 수요가 그만큼 감소하기 때문에 실적이 나빠지고 이것은 고스란히 주가에 영향이 미치게 됩니다.

산업분석은 '업종분석', '시장분석'으로도 말할 수 있습니다. 경기변동에 따라 대체로 산업별 명암이 엇갈리곤 합니다. 그러나 경기에 둔감한 업종도 있는데 대표적으로 음식료, 철도, 전기, 가스, 제약, 통신서비스 업종 등이 이에 해당하며 이들 업종의 주식을 **경기방어주**라 부릅니다. 보통 경기방어주들은 높은 성장보다는 꾸준한 매출과 이익으로 내실을 다진 종목들이 많기 때문에 보통 자산가치에 따라 주가가 평가되는 경향이 있습니다.

반면 경기에 민감한 업종의 주식을 **경기민감주**라 부르며, 경기변동에 따라 기업의 실적이 크게 좌우되는 특성이 있습니다. 보통 수출형 기업들이 이에 해당하며, 환율·금리·유가에 민감하게 반응합니다. 대표적 업종으로는 자동차, 조선, 건설, 화학, 항공, 반도체, 컴퓨터, 모바일 업종 등이며, 회사가 보유한 땅이나 현금 등의 자산가치보다는 향후 미래의 성장가치에 따라 주가가 평가되는 특성이 있습니다.

산업분석에서는 또한 사양산업과 성장산업을 분류하기도 합니다. **사양산업**은 과거 높은 성장률을 기록하다 성숙기를 지나면서 낮은 성장률을 기록하는 산업을 말하며, 우리나라인 경우에는 석탄, 섬유, 의류, 신문, 인쇄, 기계, 일반가전, 완구업체들이 이에 해당합니다.

이와 반대로 **성장산업**은 이익증가율에 초점을 두고 현재보다는 미래에 보다 높은 성장성을 나타낼 수 있는 업종들을 말합니다. 대표적으로 스마트기기, 모바일서비스, 로봇, 게임, 금융, 생명공학, 바이오 업종 등이 이에 해당됩니다.

산업을 사양산업과 성장산업으로 분류할 때 흔히 레드오션과 블루오션이란 용어를 사용합니다. **레드오션**(Red Ocean)은 이미 잘 알려져 있는 기존의 모든 산업을 말합니다. [레드오션 = 피의 바다]라는 의미로 경쟁이 매우 치열한 시장을 말하며, 보통 가격경쟁을 통해서만 살아남는 시장입니다.

반면 **블루오션**(Blue Ocean)은 잘 알려져 있지 않은 시장, 높은 성장 잠재력을 가진 시장을 말합니다. [블루오션 = 파란 바다]라는 의미로 푸르고 넓은 시장, 경쟁이 없는 틈새시장, 한마디로 성장성이 높은 산업을 비유할 때 사용하는 용어입니다.

주식투자에서 산업분석은 산업의 특성과 전망을 분석하는 것으로, 사양산업과 정체산업, 그리고 성장산업을 분류해내는 작업입니다. 현재 시장에서 각광받고 있는 업종은 어느 것인지, 성장이 정체되어 있는 업종과 이미 죽어가는 업종들은 어느 것이 있는지를 선별해 투자대상을 고르는 안목이 필요합니다.

산업 라이프사이클(Life cycle)

인간에게는 생애주기라는 **라이프사이클**(Life cycle)이 있습니다. 연령별로 [유아기 → 청년기 → 장년기 → 노년기]로 구분합니다. 산업도 생명체와 같이 생성, 성장, 쇠퇴, 소멸의 과정을 거칩니다. 산업 라이프사이클은 마케팅 이론으로도 널리 활용되며, 시장에 신제품이 출현하면 [도입기 → 성장기 → 성숙기 → 쇠퇴기]를 통하면서 수명이 다한다는 이론입니다.

1 도입기 : 시장에 제품이 처음 진입하는 단계입니다. 신제품이 소비자의 수요를 불러일으키기까지는 상당한 시간이 걸리기 때문에 매출과 이익은 저조하고 사업위험이 큰 시기입니다. 특히 개발비, 인건비, 고정비, 홍보비 등의 과도한 지출로 인해 큰 폭의 적자를 보기 쉬우며, 이를 견디지 못한 기업들은 시장에서 이탈되기도 합니다.

2 성장기 : 시장에서 제품이 본격적으로 판매가 되면서 매출과 이익이 급증하는 단계입니다. 도입기에서 살아남은 기업의 제품이 소비자의 구매욕구를 충족하면서 매출과 이익이 대폭 증가하게 됩니다.

3 성숙기 : 제품이 시장에서 안정적인 점유율을 유지하면서 매출과 이익이 늘어나는 단계입니다. 이익률은 원가절감, 신제품 개발, 그밖에 관리비용에 따라 달라지는데 통상적으로 다른 업체와의 경쟁이 본격화됨으로써 지출 증가로 인

해 이익률이 떨어지기 시작합니다.

4 쇠퇴기 : 경쟁이 치열해지면서 매출과 이익 모두 감소하는 단계입니다. 특히 고정비용이 증가하면서 매출 감소율을 웃도는 이익 감소를 통해 영업이익 적자로 전환되기 시작합니다. 이후 시장에서 제품이 외면을 받게 되면서 사양산업으로 분류됩니다.

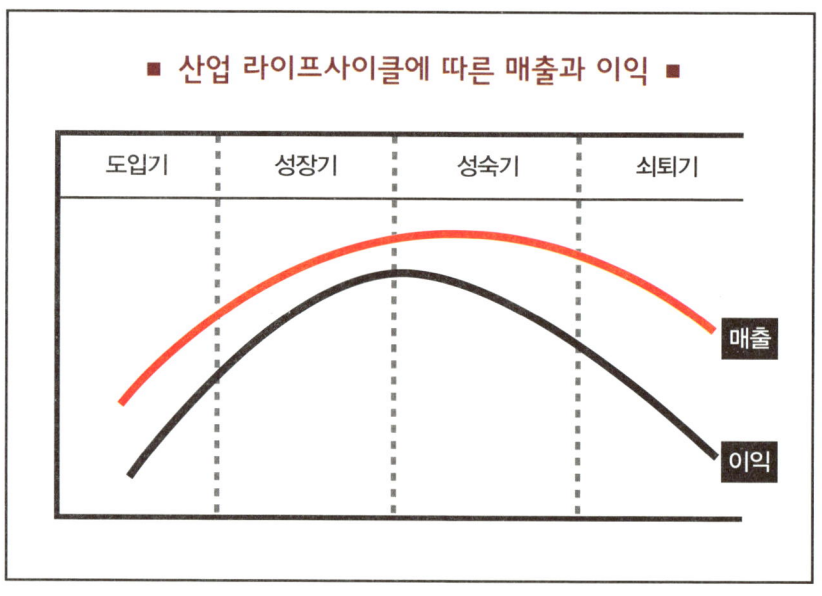

경기변동에 따른 대기업과 중소기업의 영향

경기순환기에 따라 산업도 성장하는 산업이 있고 도태하는 산업이 생겨납니다. 경기가 침체될 때는 내수나 수출 모두 부진하기 때문에 대부분 기업들의 실적은 나빠지게 됩니다. 무엇보다 대기업들은 몸집이 크기 때문에 경제성장과 침체에 따라 실적 차이는 굉장히 클 수밖에 없습니다.

하지만 대기업들은 경제성장기에 마련한 현금성 자산이 풍부하고, 단기 유동성 부족이 생기더라도 은행대출과 계열사간의 빚보증 등을 통해 경제위기를 무난히 넘기곤 합니다. 심지어 우량 계열사를 매각하거나 보유 중인 유가증권 및 부동산 등의 자산을 헐값이라도 팔아 긴급자금을 마련하기도 합니다. 제품 판매가 부진하다면 하청(협력)업체의 물품단가를 인하하거나 생산공정을 축소하고, 인건비 및 기타 관리비 등을 줄이는 구조조정을 통해 몸집을 줄일 수가 있습니다.

반면 중소기업은 경기변동에 그대로 노출됩니다. 경제가 활황기라도 진입 장벽이 낮은 산업은 그만큼 경쟁이 치열해져 가격경쟁으로만 승부할 수밖에 없어 기업수지가 크게 좋아지지 않으며, 경제가 침체기에 접어들면 기업의 존립 기반 자체가 위협받게 됩니다.

중소기업에게는 단기 유동성 부족이 가장 큰 위협이 됩니다. 대기업과 달리 담보물이 부족하기 때문에 은행권 대출도 쉽지 않아 높은 이자의 제3금융권이나 사채시장을 통해 자금을 끌어올 수밖에 없기 때문으로, 이것은 다시 재무를 악화시키게 되고, 경기 침체가 길어진다면 더 이상 버틸 여력이 없어 사업을 접는 경우가 비일비재합니다.

내재가치와 성장가치

기본적 분석이라 불리는 '가치분석'은 크게 내재가치와 성장가치로 나뉩니다. 기업의 가치를 구성하는 요소에는 자산가치, 수익가치, 성장가치, 그리고 무형가치로 이루어져 있습니다.

내재가치는 자산가치와 수익가치를 말하고, **성장가치**는 향후 미래의 성장성과 무형가치를 말합니다.

내재가치는 통상 기업의 재무상태를 나타내는데, 기업이 보유 중인 부동산(토지)이나 동산(현금) 유가증권 그리고 현재 매출에 따른 수익성 등을 분석해 유사 기업과 비교해 저평가인지 고평가인지를 판단해서 주식을 매매할 때 기준으로 삼곤 합니다.

성장가치는 의미 그대로 미래의 성장성을 분석해서 투자하는 방법입니다. 기업의 성장성은 제품의 품질과 기술력, 시장지배력, 업종흐름, 현금자산의 흐름 등을 고려하며⋯ 더불어 무형가치에 해당하는 특허, 유통, 대주주(CEO)의 자질, 기업 브랜드 등도 분석의 대상이 됩니다.

특히 무형가치는 단순히 수치로 계산할 수 없는 성질을 갖고 있습니다. 재무제표에서 기술특허, 시장지배력, 대주주 자질 등을 숫자로 표시할 수 없는 이치입니다. 이를테면 애플이나 코카콜라와 같은 '브랜드네임(Brand name)' 가치는 돈으로 계산하기 힘든 미래 성장성을 보증하는 수표인 셈입니다.

정부정책과 테마는 성장가치를 높이는 촉매

기업의 가치는 산업(업종)의 흐름과 단기 테마를 통해서 투자자들에게 평가를 받게 됩니다. 업종의 명암과 테마는 주로 정부 정책을 통해 이루어지며, 기업의 성장가치를 높이는 촉매 역할을 합니다.

예를 들어 경기가 과열되면 소비수요가 증가하는 만큼 에너지 부족 현상을 겪게 됩니다. 유가가 고공행진을 하면 정부는 석유 비중을 낮추기 위해 전기 자동차나 해외광물탐사를 지원하는 식으로 대체에너지 개발정책을 실시하게 됩니다. 전기 사용량을 줄이기 위해 LED와 같은 녹색정책을 실시하고, 에너지 효율을 높이기 위해 '신성장동력'이라는 이름하에 태양광 사업 등을 추진하게 됩니다.

한편 경기가 냉각되기 시작하면 그만큼 시장의 수요가 감소하기 때문에 정부는 새로운 성장사업을 신설하고 추진하기보다는 기존 사업의 경쟁력 강화를 위한 정책을 실시합니다.

업종의 명암은 이런 경기흐름을 통해 극명히 갈리게 되는데… 대표적인 예로 경기가 과열되는 상태에서 태양광 산업은 정부의 총애를 한몸에 받지만, 경기가 냉각되기 시작하면서 태양광은 부실산업으로 전락하는 이치입니다.

정부는 특히 경기 활황기보다는 침체기에 보다 많은 정책을 실시합니다. 우선 환율정책, 금리인하, 세금감면, 대출완화, 정부보조금 확대 등의 재정지원을 비롯해 기술지원, 수출지원을 통해 기업의 건전성을 높이는 데 주력합니다. 장기적으로 생명공학과 바이오에 투자하고, 세계일류상품이나 신기술 개발에 자금을 적극 지원하기도 하고, 틈새시장을 개척해 신사업을 발굴하고, 업종 간의 경쟁력 확보 차원에서 인수합병(M&A) 등을 활성화시키기도 합니다. 또한 일자리 창출과 공공근로사업 등을 늘려 정부지출을 확대합니다.

경기침체는 소비위축을 불러오고 나아가 경기불황을 가져오게 됩니다. 따라서 정부는 우선적으로 소비위축을 막는 데 모든 힘을 쏟게 됩니다. 기업에는 재정지원, 가계에는 각종 세제지원과 대출심사 완화, 일자리 창출과 복지 혜택을 늘리면서 정부의 재정지출을 확대하게 됩니다.

소비가 위축되면 경제는 결코 살아날 수가 없습니다.
소비가 곧 경제를 움직이는 원동력이기 때문입니다.

이러한 정부정책은 주식시장에서 수많은 테마를 양산합니다. 테마는 단기 이슈에 따라 투자자들이 몰려드는 현상으로 단발성 성격이 짙으며, 현재보다는 미래가치에 중점을 두기 때문에 통상 실적과 무관하게 움직이는 특성이 있습니다.

정부정책 중에서도 특히 시장규모가 매우 큰 경우에는 주식시장에서 상당한 파괴력으로 가진 테마로 군림하기도 합니다.

김대중 정부의 IT 테마, 노무현 정부의 세종시 테마, 이명박 정부의 4대강 테마와 같이 대규모 자본이 투입되는 대선테마가 대표적인 예입니다. 규모가 큰 시장은 그만큼 많은 자본과 인력이 투입되는 대규모 프로젝트에 해당되기에 대기업을 필두로 많은 중소기업들도 정부 혜택을 받기 때문입니다.

테마는 정부정책과 함께 각종 경제뉴스를 중심으로 해외, 정치, 산업, 사회, 문화, 과학뉴스를 통해서도 양산됩니다. 정부부채, 유로존, 양적완화, 환율전쟁, 재정절벽, 금리, 경제민주화, 일자리, 하우스푸어, 원자력, 지진, 태풍, 전

염병, 의약, 줄기세포, 유전자, 한류, 1인가구, 복지, 보안, 게임, 모바일, 소셜커머스 등 이 모든 뉴스 하나하나가 '트렌드(Trend: 유행, 경향)'를 형성해 테마를 양산해 냅니다.

업종과 테마 살피기

주식시장에 상장된 기업들의 업종별 구성종목이라든지 각 테마별 구성종목은 HTS화면에서 투자정보 > 업종분석창이나 시장섹터창을 통해 간단히 확인할 수 있습니다. 업종별 등락 화면에서는 현 시장에서 강하게 움직이는 업종과 이를 구성하는 종목들을 살펴볼 수 있으며, 그 외에 업종차트를 통해 업황흐름을 살펴볼 수 있습니다.

업종별 등락 현황

테마별 종목 구성과 등락 현황

공룡도 무너질 수 있다

바둑에서 '대마불사(大馬不死)'란 격언이 있습니다. 큰 말은 잘 죽지 않는다는 뜻으로, 바둑돌이 많이 놓여 있는 상태에서는 상대의 위협으로부터 타개할 여지가 많기 때문에 생겨난 말입니다. 기업들이 기본적으로 몸집을 불리려는 이유가 대마불사의 신화 때문으로 해석할 수 있습니다. 이른바 '규모의 경제'로 규모가 커지면 비용이 줄면서 잦은 외부환경에도 쉽게 쓰러지지 않기 때문입니다.

규모의 경제(Economies of scale)란 생산규모 확대에 따른 원가절감과 수익증대를 의미합니다. 같은 제품이라도 대량생산과 대량판매를 한다면 그만큼 비용은 줄고 수익은 증가합니다.

대기업이 많은 계열사를 거느리는 것도 '위험분산'이라는 포트폴리오 차원에서 규모의 경제를 지향한다 할 수 있습니다. 예를 들어 환율에 민감한 수출업체인 경우 보험사나 제3은행권 같은 금융업체를 계열사로 둘 때 환율하락에 따른 환차손을 어느 정도 방어하는 효과와 긴급 유동성 자금조달 효과가 있기 때문에 강한 외부충격에서도 쉽게 흔들리지 않게 되는 이치입니다.

덩치가 큰 소위 공룡기업들은 주식시장에서도 몸집이 작은 중소기업과 달리 매우 큰 혜택을 누리게 됩니다. 대표적으로 '기업신용'을 들 수 있습니다. 대기업인 경우에는 신용이 좋아 은행으로부터의 대출이 용이합니다. 또한 사채발행이나 유상증자와 같이 시장에서 자금을 융통할 때도 기관이나 증권사들이 저마다 투자를 자처하기도 합니다. 담보가 많고 신용도 우수해서 망할 염려가 없기 때문입니다.

 또한 단기 유동성이 부족한 경우나 심지어 기업의 생사가 위태로울 때에도 가만히 있지 않고 정부에서 적극 지원해 주기도 합니다. 대기업이 무너지면 많은 실업자가 양산되고 이것은 소비침체로 이어져 경기가 위축될 우려가 있기 때문에 정부는 어떡하든 유동성 위기에 빠진 기업을 살리려고 노력을 하게 됩니다. 공룡기업은 이른바 대마불사인 셈입니다.

 대마불사의 신화는 그렇다고 영원히 지속되는 것은 아닙니다. 정부의 권한이 축소되고 시장의 권한이 확대되는 오늘날의 자본주의에서는 날로 경쟁이 치열해지는 만큼 많은 공룡기업들이 무너지곤 합니다. 시대의 변화에 미처 대응하지 못한 대기업들의 혁신의 부족과 예전의 영광만을 찾는 안일한 자세가 그 원인입니다. 시대변화 둔감, 위기관리 부재, 차세대 기술개발 실패, 그밖에 CEO의 잘못된 판단 등으로 인해 경쟁업체에 인수되거나 문을 닫는 것입니다.

 우리나라의 경우 대우, 동아, 삼미, 진로, 해태, 한보, 쌍용, 최근에는 웅진그룹이 문어발식 무리한 사업확장과 CEO의 위기관리 부족으로 계열사 매각 등으로 그룹해체 수순을 밟았습니다. 특히 대우그룹 같은 경우에는 IMF 금융위기 당시 계열사가 무려 24개로 당시 삼성, 현대, LG와 함께 우리나라 재계4강을 구축하며 세계에 이름을 널리 알리던 공룡기업이었습니다.

 지난 2006년 얇고 세련된 디자인의 레이저(Razr)로 세계 이동통신 시장의 22%의 점유했던 모토로라(Motorola)가 스마트폰에 대한 대비를 하지 못해 구글에 모토로라 모빌리티를 매각합니다.

 미국의 대표적 컴퓨터 회사였던 디지털 이퀴프먼트(DEC)는 휴렛팩커드(HP)와 IBM 등 경쟁업체에 밀리면서 1998년 콤팩에 인수됩니다.

세계 최대의 카메라 필름회사인 코닥(Kodak)은 지난 1990년대 초까지만 초우량 기업으로 일본의 후지필름과 함께 세계 카메라 필름의 쌍두마차였습니다. 1975년에는 최초의 디지털카메라를 개발했음에도 불구하고 필름 판매 감소를 우려해 디지털카메라 투자에 소홀히 하다 경쟁업체인 후지와 소니에 밀려 2012년 마침내 파산보호를 신청하면서 역사의 뒤안길로 사라집니다.

한때 세계 가전업계를 주름잡던 일본가전업계 삼두마차인 소니(SONY), 샤프(SHARP), 파나소닉(Panasonic)도 빠른 시대변화에 따른 창조적 혁신에 적응하지 못해 대규모 적자로 주가는 곤두박질치고 있습니다. 이들 기업들은 과거 한때 뛰어났던 기술력을 고집하고, 신제품 개발 투자를 미루며, 글로벌 트렌드를 외면하고, 거기다 CEO의 위기관리 능력도 보여주지 못하자 마침내 왕좌의 자리에서 물러나 현재는 시장에서 도태될 위기에 처하게 된 것입니다.

21세기 현재는 글로벌(Global) 시대입니다. 자국의 내수시장만을 바라보다가는 경쟁에서 도태될 수밖에 없는 환경에 처하게 됩니다. 국제화 시대에서는 모든 상품과 문화와 서비스가 국경을 초월해 빠르게 전파되고 창조되며 혁신이 이루어집니다. 변화의 물결에 대처하는 기업은 성장기나 성숙기를 늘리면서 높은 성장률을 기록하지만 과거에만 안주하고 변화의 물결을 타지 못하는 기업은 쇠퇴기에 접어들어 자멸의 길을 걷게 됩니다.

미래산업 예측하기

주식은 꿈을 먹고 사는 생명체입니다. 현재 가치가 제아무리 저평가된 상태라도 미래에 대한 전망이 밝지 못하다면 투자자들은 선뜻 손을 내밀지 못합니다. 이와 반대로 비록 재무가 부실하더라도 희망이 있다면, 꿈이 있다면… 신약을 개발하고, 차세대 신기술을 개발하고, 신사업을 선포하고, 해외에 진출하며, 우량기업과 인수합병을 하는 등의 모멘텀이 형성되면 기업은 꿈을 꾸고 투자자들은 그 꿈을 사기 위해 매수버튼을 누르게 됩니다.

주식투자는 기본적으로 성장성을 담보로 하는 게임입니다. 시장지배력이 월등하고, 매년 꾸준한 매출과 이익을 올려도 그 성장성이 정체된 상태라면 주가는 저평가라는 명분으로 하락하지는 못할망정 상승하기도 힘든 법입니다. 때문에 주식시장에는 비록 유사기업에 비해 저평가 된 상태일지라도, 주가는 크게 움직이지 않고 몇 년에 걸쳐 옆으로 횡보를 하면서 거래가 부진한 종목들이 상당수 있습니다.

투자의 목적은 '수익'입니다. 수익은 현재보다 미래의 성장성을 기준으로 불특정다수의 투자자들의 판단으로 결정됩니다. 그렇다면 향후 높은 성장성을 보일 만한 업종들로는 어느 것이 있을까요? 그리고 그 기준은 무엇일까요?

경제는 '소비'를 축으로 움직이는 생명체입니다. 소비가 줄면 기업의 매출이 감소하고 투자가 위축됩니다. 반대로 소비가 늘면 매출이 증가하고 투자가 확대됩니다. 소비를 하는 이는 소비자입니다. 최근에는 생산자(Producer)와 소비자(Consumer)의 개념이 모호해져 [생산자 + 소비자]의 합성어인 **프로슈머**(Prosumer)가 등장했습니다. 의미 그대로 '생산적 기능을 수행하는 소비자'를 지칭합니다. 인터넷과 스마트폰 대중화 등의 정보통신의 발달로 생겨난 새로운 소비행태를 말합니다. 쉬운 예로 인터넷 방송을 서비스하면서 시청자들로부터 아이템을 얻어 이를 인터넷 방송사로부터 현금으로 환급받는 행태의 이들이 대표적인 프로슈머인 셈입니다.

경제에서 소비가 감소한다는 것은 곧 경기침체를 의미합니다. 경기가 장기간 침체되면 매출은 줄고 비용은 비용대로 지출되기 때문에 기업들의 재정은 악화될 수밖에 없고, 이는 다시 많은 실업자를 양성해 다시 소비가 감소하는 악순환이 이어집니다.

소비가 감소한다는 것은 지출을 줄이기 위해 소비자가 지갑을 열지 않는다는 것이고, 또 다른 의미에서 소비 인구가 감소한다는 뜻일 수도 있습니다. 시장은 확대되어야 하는데 시장이 축소된다면 해당 시장에 몸담고 있는 대부분의 기업들은 도태되기 마련입니다. 때문에 정부나 기업은 신규시장을 개척하거나 아니면 기존 시장의 파이를 늘리려는 노력을 기울이게 됩니다.

현재 우리나라를 비롯해 세계 대부분 국가들의 공통된 사항 중 하나가 바로 노령화와 더불어 인구가 감소하고 있다는 점을 들 수 있습니다. 인구 감소의 원인은 다양하지만 대표적으로 경제적인 여력을 꼽을 수 있습니다. 오늘날 한 아이를 성인으로 성장시키기까지는 과거에 비해 엄청난 시간과 노력과 돈이 듭니다. 소득은 물가상승을 따라잡기도 벅찬데 해가 바뀔수록 육아비, 교육비 등은 감당할 엄두가 나지 않는 상황에 이른 것입니다. 때문에 아이를 적게 낳고 대신 많은 사랑을 기울이는 쪽으로 가족관이 변화하면서 저출산으로 인한 인구감소

현상이 나타나게 된 것입니다.

뿐만 아니라 결혼의 사고관도 바뀌기 시작하면서 혼자 살아가는 독신인구가 늘고, 이혼이 증가하고, 이것은 다시 저출산의 악순환을 가져오게 됩니다. 소비자는 곧 생산자입니다. 생산인구는 출산을 통해서 이루어지는데, 현재와 같은 저출산 추세가 장기간 지속된다면 국가의 존립자체가 흔들리는 원인이 됩니다.

■ 미래에 유망한 산업, 성장성이 큰 업종 예측하기

▶ 인구감소가 지속되면 부동산 시장은 더욱 침체될 것

부동산 시장이 장기간 침체되면 건설경기가 위축되고, 많은 건설업체와 철강 금속과 같은 건자재, 조명·가전업체들이 피해를 볼 것입니다. 따라서 정부는 침체기에 놓여 있는 현 부동산 시장을 활성화시키고자 다양한 부동산 정책 등을 마련할 것입니다. 하지만 현재의 부동산은 이미 과포화 상태를 넘어선지 오래고, 물가상승에 따른 실질소득 감소로 부동산 구입 여력이 많지 않으며, 외국과 비교해 부동산 거품이 아직 껴있는 상태이고, 미국 서브프라임 모기지 사태의 원인이 부동산 버블인 만큼 투자자들의 경계심리가 여전히 팽배하고, 무엇보다 부동산 관련 대출이 서민 가계에 큰 부담이 되고 있다는 점 등이 향후 부동산 시장 전망을 어둡게 만들고 있습니다. 당장은 아니더라도 장기간에 걸쳐 부동산 시장이 무너지면 국가 산업 전반에 큰 충격을 가하기 때문에 향후 정부의 부동산 정책에 귀를 기울일 필요가 있습니다.

▶ 의료기술의 발달로 노년인구 증가

노년층의 증가는 건강관련 산업에 수요를 불러와 바이오, 의약, 헬스케어 업체에 호재로 작용할 것입니다. 한편 질병을 치료하기보다는 미리 예방하는 차원에서 유전자 분석 시장이 커질 것입니다.

▶ 저출산, 결혼기피, 이혼 등으로 1인 가구 증가

1인 가구를 위한 소형주택이 마련될 것이고, 식비절감과 요리의 번거로움 때문에 간편가정식제조업, 독신자는 2인 이상 가족에 비해 레저 활동 시간이 많기 때문에 이에 따른 레저장비와 여행상품, 미혼여성 1인 가구 증가로 보안시스템과 온라인(모바일) 쇼핑몰업체 등이 주목받을 것으로 예상됩니다.

▶ 노동인구 감소는 복지정책에 영향을 미칠 것

노동인구 감소는 정부정책에도 영향을 주어 성장보다는 복지정책에 힘을 더 쏟을 것입니다. 영유아 무상보육과 같은 출산장려정책, 등록금 인하, 저소득층 지원, 실업급여 확대 등의 정책을 통해 일자리를 늘리고 출산율을 높이려 할 것이고 이에 관련된 산업이 정부 혜택을 받을 것입니다. 또한 국내 노동인구 부족을 해외인력으로 대체하기 위한 이주민 정책 등을 통해 해외 노동자 유입에 관련된 산업이 점차 부각될 것입니다.

▶ 가전업은 정체하지만 IT산업은 계속 진화할 것

전화, TV, 냉장고, 세탁기, 전자렌지 등의 가전제품은 주기가 길고 수요의 감소 등의 악재를… 제품 기능 향상, 제품의 소형화, IT기기와의 융합 등을 통해 나름대로 선전할 수 있지만 큰 폭의 성장에는 한계가 있을 것입니다. 하지만 컴퓨터, 태블릿, 스마트폰 같은 기기들은 비록 포화상태에 이르렀지만 혁신을 통한 진화를 거듭할 것입니다. 특히 모바일 시장은 일반 전자제품에 비해 주기가 매우 빠르고 유행에 민감한 만큼 차세대 기술개발(예를 들어 플렉서블 디스플레이, 홀로그램, 그밖에 자동차나 가전제품 간의 융합기술)에 따라 얼마든지 시장의 파이를 늘릴 수 있을 것입니다. 무엇보다 스마트폰은 다른 가전제품이나 컴퓨터 등에 비교해 유행에 매우 민감하기 때문에 평균 1~2년 정도의 빠른 주기를 갖는 특성이 있습니다. 따라서 스마트폰을 필두로 모바일 게임, 모바일 컨텐츠, 모바일 서비스, 그밖에 모바일 비즈니스에 관련된 사업은 꾸준한 성장성을 이어갈 것으로 예측됩니다.

▶ 에너지 관련 산업은 경기에 민감하지만 성장은 지속될 것

일반적으로는 경기가 좋아지면 에너지 소비량이 늘어 에너지 부족을 겪을 것이고, 반대로 경기 침체가 길어지면 에너지 소비량이 줄어들게 됩니다. 그러나 고도로 집적된 산업화와 도시화, 여기에 일본 원전사고로 촉발된 세계적인 탈(脫)원자력 바람에 따른 전력 부족은 점차 심화될 것입니다. 따라서 저전력 산업과 석유, 천연가스, 원자력 이외의 대체 에너지 개발에 지속적인 투자는 이루어질 것으로 예측됩니다.

▶ 자동차 업종은 유망

국가산업 중에서도 가장 큰 기간산업이라 할 수 있는 자동차 업종은 경기와 환율과 유가에 민감한 편이지만 소비수요가 꾸준한 만큼 완만한 성장세를 이어갈 것입니다. 특히 중국, 인도, 러시아, 브라질 등 인구가 많은 국가들의 경제상황, 그리고 유럽과 미국의 무역정책 및 환율 움직임에 따라 명암이 갈릴 것으로 예상합니다.

▶ 조선업은 경기와 동행

조선업은 물류와 여행을 담당하는 만큼 세계 무역 흐름에 절대적 영향을 받게 됩니다. 경기침체는 국가 간 무역교류를 감소시켜 상선시장에서 컨테이너선, 벌크선 등의 발주가 급감하고, 이미 들어온 선박주문이 취소되는 사례도 많아집니다. 무엇보다 미국과 유럽 재정위기가 오랜 기간 지속된다면 무역이 장기간 침체되는 만큼 조선업은 장기불황을 이어갈 것입니다.

▶ 석유화학 업종은 유가와 경기에 민감

석유화학 업종은 경기호황과 불황에 따른 민감도가 크기 때문에 유럽 재정위기와 미국 재정절벽 등의 리스크가 완화될 때까지는 침체에서 벗어나기 힘들 것으로 예상됩니다.

▶ 반도체 업종은 치킨싸움

반도체 업종은 예전과 같은 폭발적 성장세를 기대하기는 힘듭니다. 다만 세계 반도체 업체들 간의 치킨싸움에서 살아남는 소수 기업만이 시장의 파이를 나눌 것입니다.

▶ 강한 생존력 유통업

경기불황에도 보란 듯이 살아남을 업종을 하나 꼽자면 그것은 바로 유통업이 아닐까 생각합니다. 물론 경기불황에 소비심리 위축으로 가장 먼저 타격을 받는 업종이 유통업입니다. 특히 백화점과 대형마트는 직격탄을 맞게 되지만, 편의점이나 온라인 쇼핑몰 업계는 다른 업종에 비해 강한 생존력을 자랑할 것입니다. 경기불황에 지갑이 얇아졌다면 당장 새 차를 구입하거나 스마트폰을 해마다 교체하지는 않을 것입니다. 소득이 감소해 지출을 줄여야 할 때는 먹는 것 빼고는 다 줄여야만 합니다. 바쁜 일상생활 속에서 인터넷 거래는 이미 대중화되었고, 식료품비는 줄일 수 없기 때문에 유통업은 불황에도 살아남을 것입니다. 유통업은 크게 백화점, 대형마트, 편의점, 슈퍼마켓, 홈쇼핑으로 구성되며, 여기에 온라인(모바일) 쇼핑몰업체와 물류보관업체, 택배·운송업체가 시장을 형성하고 있습니다. 국내 유통업 절대강자인 롯데와 신세계는 양강체제를 더욱 굳건히 할 것이며, 특히 모바일 쇼핑몰을 포함한 온라인 쇼핑몰 업체의 높은 성장성은 계속 지속될 것입니다. 후발주자인 현대, 삼성테스코(홈플러스), GS, CJ 등은 저마다 영역확장에 열을 올리면서 치열한 경쟁을 벌일 것입니다.

▶ 규모의 경제 금융업

보험·은행·금융업인 경우 국내에서는 더 이상 시장이 커지지 않는 상태이기 때문에 해외에 눈을 돌릴 것이며, 자본금이 적고 경쟁력이 약한 중소 금융업체들은 스스로 도태되거나 타 금융업체에 흡수될 것입니다. 자본금 규모가 큰 금융업체라도 기업 간 인수합병을 통한 초거대 금융기업만이 막강한 지위를 행사할 것입니다.

기업 분석

기업가치의 기준

　주식투자는 본질적으로 투자수익을 목적으로 하는 게임입니다. 투자수익은 현재가치보다 미래가치가 더 높아질 것이란 예상이 현실화될 때 이루어집니다. 현재 저평가된 주식을 매수해 향후 적정하다고 판단되는 기업가치를 받을 때 보유주식을 매도해 시세차익을 내거나, 다른 한편으로 현재 적정가치를 받고 있는 상태이거나 혹은 현재는 타 경쟁업체에 비해 다소 고평가 된 주식이지만 향후 전망이 매우 밝아 주식을 매수해, 실제 기업이 투자자들의 예상을 뛰어넘는 성장성을 보여줄 때 보유주식을 매도해 투자수익을 올리는 것입니다.

　기업의 현재 주가보다 앞으로 미래의 주가가 더 높아지는 경우는 크게 두 가지로 나뉩니다. 첫째는 현재 기업이 매우 저평가된 경우, 둘째는 향후 기업이 더 성장하는 경우입니다. 전자를 **가치주**라 부르고, 후자를 **성장주**라 부릅니다.

가치투자에 있어서 현재 기업의 가치를 분석할 때는 성장성을 따지기 이전에 우선 저평가인지 고평가인지를 먼저 분석하는 것이 기본요령입니다. 기업가치가 저평가된 경우는 크게 일시적인 수급불안으로 인해 단기 급락하는 경우와 투자자들에게 소외를 받는 경우로 나눌 수 있습니다.

기업에 특별한 악재가 없는 상태에서 시장의 불안감으로 인해 개인들의 투매 현상이 벌어졌을 때는 일시적인 경우이기에 조금만 시간이 지나면 이전 가치를 회복하곤 합니다. 이 경우 기업가치가 저평가된 상태이기에 단기 급락에 따른 단기 급등시세가 연출되곤 합니다.

다른 한편으로 타 유사 기업에 비해 현저히 저평가된 상태이지만 주가는 이를 잘 반영하지 못하는 경우가 있습니다. 이때는 기업이 투자자들로부터 소외를 받고 있기 때문에 제대로 된 기업가치를 평가받으려면 상당 기간의 시간이 소요되곤 합니다. 때문에 가치투자는 상당한 시간과의 싸움을 벌이는 예가 많기에 중장기적으로 접근합니다.

기업분석에서 저평가와 고평가의 기준은 절대적인 것이 아니기 때문에 상대적인 개념으로 우선 재무제표를 기준으로 합니다. 일차적으로 재무분석을 통해 현재의 기업이 다른 유사 기업에 비해 저평가된 상태인지 아니면 고평가된 상태인지를 판별합니다. 매출액, 영업이익, 부채비율, 자산현황, 현금흐름 등 이러한 수치분석을 통해서 유사 업종에 속하는 다른 기업과 상대비교를 통해 저평가인지 고평가인지를 판단하고 다음으로 기업의 성장성을 분석하는 것이 가치분석의 핵심입니다.

기업의 성장성은 단순한 재무분석과 달리 수치를 통해 상대비교가 힘든 요소들이 많습니다. 매출액과 영업이익은 물론이거니와 기술력, 시장지배력, CEO

자질, 근로자현황, 산업동향, 정치동향, 해외경제 등을 모두 고려해야 하기 때문에 비교적 오랜 투자 경험을 필요로 합니다. 앞서 경제분석과 산업분석에 대해서 간략히 살펴봤습니다. 이 장에서는 재무제표를 통해 기업가치를 평가하는 방법을 살펴보기로 하겠습니다.

기업의 성장성, 손익계산서

재무제표에서 **손익계산서**는 기업의 성장성을 살피는 데에 가장 기본이 되는 항목입니다. 기업의 매출액과 영업이익, 당기순이익 등을 통해 기업의 경영 성과를 구체적으로 파악할 수 있기 때문입니다.

항목	2009.06 GAAP(개별)	2010.12 IFRS(별도)	2011.12 IFRS(별도)	2012.09 IFRS(별도)	전년동기	(%)
매출액	225	232	307	309	211	46.4
매출원가	117	129	163	178	110	61.8
매출총이익	108	103	144	131	100	31.0
판매비와 관리비	92	89	95	95	66	43.9
조정영업이익	16	13	49	36	34	5.9
영업이익	16	17	27	36	28	28.6
EBITDA	44	50	87	71	63	12.7
비영업손익	17	-2	-19	-0	-3	
세전계속사업손익	33	11	31	36	31	16.1
법인세비용			4			
당기순이익(순손실)	33	11	27	36	31	16.1
매출액(지분법적용)	225	232			138	
영업이익(지분법적용)	16	17			10	
세전계속사업손익(지분법적용)	33	11				
법인세비용(지분법적용)					0	
당기순이익(지분법적용)	33	11	31		11	

재무제표 > 손익계산서

매출액은 기업이 영업활동을 통해 얻은 판매금액을 말하며, 여기서 비용(매출원가 + 판매·관리비)을 뺀 나머지가 **영업이익**으로 잡힙니다. 영업이익이 흑자라면 기업이 영업을 잘 한 것이고, 적자라면 그만큼 회사가 손해를 본 것이기 때문에 투자대상으로는 적합하지 않다는 것을 나타냅니다. 기업이 시장에서 경쟁력을 갖고 성장한다면 해마다(1년) 매출액과 영업이익이 증가할 것이기 때문에 투자대상에 적합하다고 볼 수 있습니다.

당기순이익은 세전계속사업손익에서 세금(법인세비용)을 제외한 것을 말하는데, **세전계속사업손익**은 예전 용어로 '경상이익'이라고 합니다. 세전계속사업손익(경상이익)은 영업이익에서 영업외비용을 빼고 영업외이익을 합한 것을 말합니다. **영업외이익**은 기업이 영업활동을 통해 얻은 수익 이외에 이자수익, 임대수익, 외환차익(환율 등 외화가치 변동에 따른 차익), 지분법평가이익(자회사의 주식 변동 차익) 등을 말합니다. 반면 **영업외비용**은 대출이자, 재고자산평가손실, 외환차손, 지분법평가손실 등의 영업활동 이외의 비용을 말합니다.

▶ **영업이익** = 매출액 − 비용(매출원가 + 판매·관리비)

▶ **세전계속사업손익** = 영업이익 + 영업외이익 − 영업외비용

▶ **당기순이익** = 세전계속사업손익(경상이익) − 법인세비용

손익계산서는 이처럼 '매출액' '영업이익' '당기순이익'으로 크게 나뉘어져 있습니다. 기업이 성장한다면 통상 매출액이 증가하고 영업이익도 증가하며 당기순이익도 흑자를 기록하는 것이 일반적입니다. 이때 손익계산 추세를 살피는 것이 중요한데, 다시 말해 매년(1년), 반기(2/4), 분기(1/4, 3/4)별로 매출액, 영업이익, 당기순이익의 변화를 살펴서 기업가치를 평가해야만 합니다. 통상 3년 이상의 손익계산서를 통해 점진적으로 매출액과 영업이익이 증가 추세에 놓여 있다면 해당 기업은 성장성을 갖춘 것으로 해석해 투자대상이 됩니다.

기업의 안정성, 재무상태표(대차대조표)

재무상태표(대차대조표)는 기업의 재무상태를 나타내며 '자산', '부채', '자본'으로 구성되어 있습니다. 앞서 손익계산서가 기업의 성장성을 나타내는 것이라면 재무상태표는 자산과 부채 등을 통해서 기업이 얼마나 안정적으로 운영되는지를 한눈에 보여준다 하겠습니다.

항목	2009.06 GAAP(개별)	2010.12 IFRS(별도)	2011.12 IFRS(별도)	2012.09 IFRS(별도)
비유동자산	240	255	243	305
유동자산	163	205	326	494
자산총계	403	460	569	799
비유동부채	24	34	37	170
유동부채	25	52	103	115
부채총계	49	86	140	285
자본총계	354	374	429	514
순운전자본	67	30	18	49
순차입금	-71	-123	-205	-202
투하자본	243	225	218	314
자산총계(지분법적용)	403	460		
부채총계(지분법적용)	49	86		
자본총계(지분법적용)	354	374		

재무제표 〉 재무상태표

기업의 자산은 유동자산과 비유동산으로 나뉩니다. **유동자산**은 기업이 1년 이내에 현금화할 수 있는 자산으로 현금, 단기예금, 유가증권, 매출채권(외상 매출금, 어음), 재고자산(판매하기 이전의 보유자산) 등으로 구성되어 있습니다. 유동자산은 단기에 현금화가 가능한 자산이기 때문에 기업이 단기 유동성 부족을 겪을 경우 부도 위험에서 벗어나게 해주는 안전망 역할을 하게 됩니다.

통상 기업 입장에서는 유동자산이 많은 것이 좋으나, 부채비율에 맞춰 적정 유동자산을 보유하는 것이 기업 운영에 유리합니다. 왜냐하면 유동자산이 제아무리 많아도 이를 제대로 활용하지 못한다면 그만큼 비효율적인 재무운영을 나타내는 것이기 때문에 성장성 측면에서 마이너스 효과(기업의 성장률이 인플레이션을 따라잡지 못하는 경우)를 얻기 때문입니다. 통상 적정 유동자산이 기업의 총 부채를 모두 감당할 정도면 기업 운영에 큰 차질은 없습니다.

비유동자산은 1년 이내에 현금화가 힘든 고정자산을 말합니다. 대표적인 비유동자산으로는 토지, 건물, 기계설비로 구성된 **유형자산**과 기업의 영업활동이 아닌 투자목적을 위해 보유 중인 투자자산, 영업권, 기술특허권 같은 **무형자산** 등으로 구성되어 있습니다.

기업의 부채는 은행과 같은 금융권에 언젠가는 갚아야만 하는 빚을 말하는 것으로 유동부채와 비유동부채로 나뉩니다. 유동자산과 마찬가지로 **유동부채**는 기업이 1년 이내에 갚아야만 하는 단기성 부채를 말합니다. 유동부채는 매입채무(원재료나 제품을 외상으로 구입한 외상매입금과 어음으로 대금을 지급하고 만기 때 지급하기로 한 지급어음), 단기차입금(금융권으로부터 1년 이내에 상환해야 하는 차입금), 유동성장기부채(비유동부채 중 1년 이내에 상환해야 하는 부채)로 구성되어 있습니다.

비유동부채는 1년 이후에 도래하는 장기채무를 말하며, 여기에는 사채와 장기차입금 등이 해당됩니다.

자본총계는 자산총계(유동자산 + 비유동자산)에서 부채총계(유동부채 + 비유동부채)를 뺀 것을 말합니다. 따라서 자본총계가 클수록 기업은 자산이 많고 부채가 적다는 것을 의미하기에… 이것은 곧 기업의 재무상태가 우량한 것으로 해석합니다.

기업은 자산과 부채를 통해서 내실을 다지고 규모를 확장시키게 됩니다. 자산이 많을수록 기업의 안정성은 우수하다는 것을 뜻하지만 반대로 부채가 많아지면 기업은 부도위험에 항상 노출되게 됩니다.

  예를 들어 1년 이내에 현금화가 가능한 유동자산보다 1년 이내에 갚아야만 하는 유동부채가 훨씬 많다면 기업은 항상 유동성 부족을 겪게 됩니다. 기업 내부에 현금이 고갈되어 갚아할 빚을 못 갚게 된다면 기업은 부도를 맞게 되고(부도 이후에도 기업은 회생절차를 통해 재기할 기회를 갖게 되지만) 최악으로는 기업 자체가 공중분해 되는 사태까지 맞게 됩니다.

  무엇보다 기업 운영에 있어서는 부채가 가장 큰 걸림돌로 작용합니다. 특히 자기자본 대비 '부채비율[부채총계/자본총계×100(%)]'이 높다면 그만큼 기업의 재무상태가 불량한 것으로 투자의 위험성이 크다는 것을 말합니다.

  따라서 재무제표를 통해 기업의 가치를 분석할 때는 우선적으로 재무상태표(대차대조표)를 통해 기업의 안정성을 먼저 체크한 다음… 손익계산서를 통해 기업의 성장성을 살피는 것이 기본 순서라 하겠습니다. 설령 투자하고자 하는 기업의 매출이 증가추세에 있고 영업이익이 흑자를 기록하더라도 부채비율이 높거나 유동부채가 유동자산을 넘어선 경우에는 항상 부도위험에 노출된 상태이기에 투자 리스크는 상당히 크다는 점을 상기하기 바랍니다.

■ 재무상태표의 형태와 관계식 ■

자산	부채 · 자본	
유동자산	부채	유동부채
		비유동부채
비유동자산	자본	
자산 총계	부채 · 자본 총계	

★ 기업의 재산은 **자산** 또는 '총자산'이라고도 부른다. 자산은 자본과 부채를 합한 것으로 … **자본**은 기업의 주인인 주주들이 조달한 돈이기 때문에 **자기자본**이라 부르고, **부채**는 남에게 빌린 돈이기 때문에 **타인자본**이라고 부른다. 총자산에서 부채를 뺀 순수한 자산을 **순자산**(자기자본)이라고 하며, 이것은 기업의 '장부가치'를 나타낸다. 자본은 어떤 개념과 함께 쓰이냐에 따라 [**자본 = 순자산 = 자기자본 = 자본총계**]라는 용어로 사용된다.

□ **자산**(자금운용) = **자본**(자기자본) + **부채**(타인자본)
□ **자본** = 자산 − 부채
□ **부채** = 자산 − 자본

기업의 현금흐름, 현금흐름표

현금흐름표는 특정기간 동안 기업 내부에 현금이 어떻게 들어오고 나갔는지를 나타냅니다. 이를 통해 기업이 현금 관리를 잘 하고 있는지 아니면 잘 못하고 있는지를 파악하게 됩니다. 현금흐름 수치가 (+)인 경우에는 외부에서 기업 내부로 현금이 유입된 것을 말하며, (−)인 경우에는 기업 내부의 현금이 외부로 유출된 것을 말합니다.

항목	2009.06 GAAP(개별)	2010.12 IFRS(별도)	2011.12 IFRS(별도)	2012.09 IFRS(별도)
영업활동현금흐름	50	49	102	60
당기순이익(손실)	33	11	27	36
비현금수익비용가감	34	56	64	54
운전자본증감	-16	-24	8	-33
투자활동현금흐름	-50	14	-122	-216
재무활동현금흐름	-0	-49	23	161
기타현금흐름				
순현금흐름	-0	13	2	6
기초현금	20	29	42	44
기말현금	20	42	44	50

재무제표 〉 현금흐름표

현금흐름은 영업활동, 투자활동, 재무활동 등으로 나뉩니다. 먼저 **영업활동현금흐름**은 기업이 영업을 통해 제품의 판매와 원재료 및 상품 구입에 따른 현금 입출입 상황을 나타냅니다. 수치가 (+)흐름을 보인다면 그만큼 기업이 영업을 잘 한 것으로 해석합니다.

투자활동현금흐름은 기업이 예금이나 부동산, 유가증권 등에 투자한 현금의 입출입 상황을 나타냅니다. (+)흐름은 기업 내부에서 외부로 투자된 현금흐름이고, (−)흐름은 외부에 투자됐던 현금이 내부로 유입된 것을 뜻합니다.

재무활동현금흐름은 기업의 단기차입금, 사채, 증자 등에 따른 현금의 입출입 상황을 나타냅니다. 기업이 주식시장에서 사채나 증자를 통해 자금을 조달한 경우에는 (+)흐름을 나타내며, 외부에서 빌린 차입금을 상환하는 경우에는 통상 (−)흐름을 보입니다.

[참고로 재무활동현금흐름이 (−)인 경우에는 차입금을 상환한 만큼 부채가 감소되는 효과가 있기 때문에 기업 재무구조가 안정적으로 운영되는 것을 뜻합니다. 반대로 기업이 단기 유동성 위기를 맞아 유가증권시장에서 사채를 발행할 경우에는 (+)흐름을 보이지만 이것은 부채 증가를 의미하기 때문에 투자자 입장에서는 주의할 필요가 있습니다. 다만 사채가 아닌 증자인 경우에는 차입금 부담이 없기 때문에 (+)흐름을 유리하게 해석할 수 있습니다.]

순현금흐름은 기업의 모든 현금의 입출입 상황을 나타냅니다. 다시 말해 [영업활동 + 투자활동 + 재무활동현금흐름]을 모두 합산한 결과를 나타냅니다.

기초현금은 회계상 1월 1일의 현금을 말하며, 이를 토대로 1월 1일부터 12월 31일까지 현금의 증감을 반영해 12월 31일 기준의 현금을 **기말현금**이라 부릅니다. 따라서 전년도 기말현금이 당해 기초현금이 됩니다. 정리해 보면 [기초현금 + 순현금흐름 = 기말현금]이 됩니다.

요약재무제표 살펴보기

재무제표에는 기업의 가치를 평가하는 많은 요소들이 있습니다. 개인투자자 입장에서 재무제표를 완벽히 분석하기도 어렵거니와 설령 재무분석을 완벽히 해도 주가의 움직임은 재무 이외에 경제, 업종, 수급, 심리 등이 모두 반영되기 때문에 실전에서 투자의 중요한 잣대로 삼기에는 한계가 있습니다. 그럼에도 기업의 기본적인 가치를 분석하는데 있어 가장 중요한 요소이기 때문에 이를 소홀히 할 수는 없습니다. 이 경우 각 HTS에서 '요약재무'를 통해 재무제표에서 핵심적인 항목들만 살펴보는 것도 투자의 요령일 것입니다.

	2009/12	2010/12	2011/12
자산총계	613	706	800
부채총계	27	65	116
자본총계	585	640	684
매출액	340	419	415
영업이익	75	82	94
경상이익	67	84	56
당기순이익	52	66	44
EPS	580	732	489
부채비율	4.64	10.26	16.99
PER	4.67	5.02	6.68
PBR	0.42	0.52	0.43
ROE	9.35	10.79	6.64
EV/EBITDA	1.20	1.57	2.26
배당성향	17.10	15.60	20.30

재무제표의 핵심항목

요약재무는 각 증권사의 HTS마다 조금씩 다른 환경을 갖고 있습니다. 기본적으로는 자산과 부채와 자본, 매출과 이익, 그밖에 EPS(주당순이익), PER(주가수익비율), PBR(주가순자산비율), ROE(자기자본이익률), EV/EBITDA 등으로 구성되어 있습니다. 이들 항목은 재무제표에서 가장 핵심적인 요소들이기에 투자자라면 반드시 확인하는 습관을 길러야 합니다.

기업의 현재가치, 주당순이익(EPS)

　기업의 가치를 평가할 때는 기본적으로 시가총액으로 판단합니다. 시가총액은 주식시장에 상장된 [발행주식수 × 현재주가]로 표시합니다. 시가총액이 높다면 기업가치가 크다는 것이고, 시가총액이 낮다면 기업가치가 낮다는 뜻입니다. 하지만 기업가치를 단순히 시가총액으로만 평가하기에는 그 기준이 다소 애매한 것이 사실입니다. 매출액이 적어도 기술력이 높다면 미래가치를 반영 높은 시가총액을 형성하기 때문입니다. 그래서 보다 객관적인 자료를 토대로 기업가치를 평가하기 위해 EPS(주당순이익), PER(주가수익비율), PBR(주가순자산비율), ROE(자기자본이익률) 등의 재무분석 요소들이 활용됩니다.

　EPS(Earning Per Share)는 '주당순이익'을 나타내는 것으로 기업이 벌어들인 순이익(당기순이익)을 기업이 발행한 총주식수로 나눈 값을 말합니다.

$$EPS = \frac{당기순이익}{발행주식수}$$

　EPS는 기업의 현재가치를 나타내는 기본 지표로 기업이 1주당 이익을 얼마나 창출하는지를 보여줍니다. 따라서 EPS 수치가 높을수록 투자가치가 높으며, EPS 증가율이 곧 기업가치 증가율이라 해석해도 틀리지 않습니다.

기업의 이익가치, 주가수익비율(PER)

　기업은 이익을 우선으로 하는 조직집단입니다. 기업이 성장을 지속하려면 매출 증대에 따른 이익창출이 필수이기 때문입니다. 이러한 기업의 이익은 재무제표에서 PER(주가수익비율) 수치로 판단하게 되는데, 통상 PER가 낮으면 저평가로 PER가 높으면 고평가로 해석합니다.

　PER(Price-Earning Ratio)는 '주가수익비율'을 말하며, 기업의 현재주가를 주당순이익(EPS)으로 나눈 것을 말합니다.

$$PER = \frac{주가}{주당순이익}$$

　예를 들어 A라는 기업의 주가가 1만 원인데 1주당 이익(당기순이익)이 1천 원이라면 PER는 10이 됩니다. 주당순이익이 2천 원이라면 PER는 5가 됩니다. 따라서 PER가 낮다면 이익에 비해 주가가 낮은 것이기에 기업가치가 저평가된 것으로 해석하고(매수관점), 반대로 PER가 높으면 기업가치가 고평가된 것으로 해석합니다(매도관점).

■ PER가 낮으면 저평가? 높으면 고평가?

시장에서는 '저PER주' 혹은 '고PER주'라 해서 가치투자의 기준으로 삼기는 하지만 절대적인 것은 아닙니다. PER의 기준은 짧게는 3개월(분기별), 길게는 1년(연도별) 이전의 과거의 재무제표를 기준으로 하게 됩니다. 기업이 과거에는 높은 이익을 창출했지만 현재에는 어떤 이유로 인해 급격한 매출감소나 마이너스 성장을 기록 중이라면 제아무리 현재 PER가 낮을지라도 성공투자를 장담하기 힘듭니다.

이와 반대로 PER가 높아 고평가라는 해석을 한 상태일지라도 현재 기업이 과거보다 높은 성장성과 수익성을 가지고 있다면 주가는 오히려 상승추세를 이어가게 됩니다. 다시 말해 과거의 재무제표를 통해 현재의 기업가치를 산정한다는 가치투자의 맹점 때문에 실전투자에서 많은 어려움이 따릅니다.

PER의 개념은 또한 종목과 업종, 그리고 시장에 따라 평가 기준이 달라집니다. 이를테면 시장이 침체장일 때는 PER가 낮다고 주가하락이 멈추지 않으며, 시장이 강세장일 때는 PER가 높다고 주가상승세가 꺾이지 않습니다. 또한 자산주(예를 들어 현금이나 부동산이 많은 내수 위주의 전통 제조업체 등)인 경우에는 단순히 PER가 낮다고 향후 주가가 상승한다는 보장도 없으며, 이와 반대로 성장주(예를 들어 IT, 모바일, 바이오, 게임업체 등)인 경우에는 단순히 PER가 높다고 주가가 고평가로 인식되는 것은 아닙니다.

재무제표가 중심이 되는 가치분석이나 앞으로 다루게 되는 차트분석이나 어떻게 보면 과거를 기준으로 현재의 기업가치를 산정해 투자의 타이밍을 잡는 것입니다. 따라서 PER가 낮고 높음만을 투자의 절대기준으로 삼지 말고 기업의 가치를 산정하는 많은 요소 중 하나의 도구로만 인식하기 바랍니다.

기업의 자산가치, 주가순자산비율(PBR)

PBR(Price on Book-value Ratio)은 '주가순자산비율'을 말합니다. 저평가된 기업을 선정하는 데 있어 기업의 자산가치 혹은 청산가치를 나타낼 때 주로 사용합니다.

$$PBR = \frac{주가}{주당순자산}$$

PBR은 1을 기준으로 이보다 낮으면 저평가, 높으면 고평가로 해석합니다. 기업은 매출과 이익도 중요하지만 보유하고 있는 기업의 자산도 가치평가에 있어서 매우 중요한 요소에 속합니다. 기업의 순자산이란 기업의 재무상태를 말하기 때문에 자산이 많다는 것은 재무구조가 우량하다는 것을 뜻합니다.

기업의 **순자산**이란 기업의 [총자산 − 총부채]를 말하며, 이것을 현재 주가에 1주당 자산으로 나눈 것이 바로 주가순자산비율(PBR)이 됩니다. 따라서 PBR이 낮다는 것은 기업의 자산가치에 비해 현재 주가가 저평가된 것을 뜻하고, PBR이 높다는 것은 현재 주가가 고평가된 것을 뜻합니다. 대체로 부동산이나 건물, 공장, 기계기설 및 현금이나 그밖에 투자자산이 많은 대형우량주들이 PBR이 낮은 편에 속하고, 반대로 보유 자산은 많지 않지만 높은 기술력을 지닌 벤처기업은 통상 PBR이 높게 나타납니다.

기업의 경영가치, 자기자본이익률(ROE)

ROE(Return On Equity)는 기업의 자본금으로 어느 정도 수익을 올리는지를 나타내는 '자기자본이익률'을 말합니다. 기업의 경영성과를 나타낼 때 사용하는 지표로 ROE가 높을수록(통상 15% 이상) 자기자본을 통한 이익을 많이 내는 기업이기에 성장성이 높다는 것을 나타냅니다.

$$ROE = \frac{당기순이익}{자기자본} \times 100$$

가치분석의 3대 핵심요소는 **PER(주가수익비율)**, **PBR(주가순자산비율)**, 그리고 **ROE(자기자본이익율)** 이렇게 3가지 지표를 말합니다. 현재 주가가 기업의 이익에 비해 싼지 비싼지(PER), 현재 주가가 기업의 자산가치에 비해 저평가인지 고평가인지(PBR), 그리고 기업의 수익창출능력(ROE)을 통해 성장성이 낮은지 높은지를 분석합니다.

기업의 안정성은 PBR, 기업의 성장성은 PER과 ROE를 통해 분석하며, 특히 ROE는 PER과 달리 단순히 기업의 수익성만을 의미하지 않고 자산과 부채활용 등의 경영능력을 엿볼 수 있는 지표이기에 가치분석에 있어서 절대 소홀히 해서는 안 되는 중요 지표에 속합니다.

기업의 현금흐름, 이브이에비타(EV/EBITDA)

EV/EBITDA는 기업의 '영업현금흐름 대비 주가배율'을 의미합니다. 기업가치를 분석하는 PER(주가수익비율), PBR(주가순자산비율), ROE(자기자본이익율)에 비해 실전 활용도는 낮은 편이지만 기업의 영업현금흐름을 파악할 수 있다는 점에서 또다른 가치투자의 지표로 참조하기도 합니다.

> **EV = 시가총액 + 순차입금(총차입금 − 현금예금)**

먼저 **EV**(Enterprise Value)는 기업의 총가치를 나타내는데, 쉽게 말해 기업 인수자가 해당 기업을 매수할 때 지불하는 총금액을 말합니다. 시가총액은 [발행주식수 × 현재주가]로 통상 유가증권시장에서 기업의 가치를 평가할 때 주로 사용합니다.

> **EBITDA = 영업이익 + 순금융비용 + 감가상각비**

EBITDA(Earnings Before Interest, Taxes, Depreciation and Amortization)는 영업이익에 순금융비용과 감가상각비(기업이 영업활동으로 수익을 올리는데 드는 비용)를 더해서 계산하며, 세전을 제외한 기업의 영업현금흐름을 나타내는 수익성 지표입니다.

$$\text{EV/EBITDA} = \frac{\text{시가총액} + \text{순차입금}}{\text{영업이익} + \text{순금융비용} + \text{감가상각비}}$$

정리해보면 EV/EBITDA는 기업의 영업현금창출 능력이 기업의 총가치에 비해 얼마나 평가되고 있는지를 나타낸다 할 수 있습니다. EV/EBITDA 비율이 낮으면 기업이 벌어들이는 이익에 비해 기업의 총가치가 낮게 평가되는 것이고, EV/EBITDA 비율이 높으면 그만큼 기업이 고평가되어 있다는 것을 의미합니다.

지금까지 재무제표를 기준으로 한 5가지의 가치평가 지표들을 살펴봤습니다. 이를 간단히 요약해 본다면 PER(주가수익비율) PBR(주가순자산비율) EV/EBITDA(영업현금흐름 대비 주가배율)는 낮을수록 기업이 저평가된 것을 의미하고, EPS(주당순이익) ROE(자기자본이익율) 지표는 수치가 높을수록 저평가된 것을 의미한다 하겠습니다. 따라서 가치분석을 할 때는 이들 5가지 지표가 분기(1/4, 3/4), 반기(2/4), 연도(1년)별 변화에 따라 해당 기업이 성장하고 있는지 아니면 쇠퇴하고 있는지를 우선적으로 판별해야 할 것입니다.

```
PER, PBR, EV/EBITDA => 낮을수록↓ 저평가
EPS, ROE => 높을수록↑ 저평가
```

기업의 위험, 부채비율

부채비율은 기업의 안전성을 분석할 때 가장 중요한 요소에 속합니다. '부채(타인자본)'는 빚의 개념으로 자기자본에 비해 얼마나 많은 빚을 지고 있는지를 나타내는 것이 **부채비율**입니다.

$$부채비율 = \frac{부채총계(타인자본)}{자본총계(자기자본)} \times 100$$

개인이나 기업이나 나아가 국가나 모두 빚(부채)은 자고로 없는 것이 가장 좋습니다. 자기자본 한도 내에서 생활하기 때문에 외부에 영향을 받을 필요가 없기 때문입니다. 하지만 부채를 적절하게 사용만 한다면 기대 이상의 '레버리지 효과(지렛대 원리)'를 얻을 수 있는 장점이 있습니다. 곧 자기자본이 아닌 외부자본을 이용해 수익을 극대화할 수 있는데, 예를 들어 1억 원의 자기자본만을 활용할 경우 1천만 원의 수익을 얻는데 외부자본 2억 원을 빌려 활용한다면 3천만 원의 수익을 올리게 됩니다. 이것이 일명 레버리지 효과이며, 오늘날 부채가 빚이 아닌 자산의 개념으로 인식되는 이유이기도 합니다.

부채비율은 업종마다 다르지만 통상 200% 미만이 좋으며, 부채가 거의 없는 기업은 외부에 빚이 없이 경영을 한다고 해서 '무차입경영'이라고 합니다. 지난 IMF 시절 국내 대기업들의 평균 부채비율은 200% 이상이었으나 이후 재무건전성을 강화해 현재는 100% 내외를 유지하고 있습니다.

부채비율은 업종마다 편차가 큰데 보통 대규모 자본이 투입되는 건설업이나 조선, 보험과 증권 및 막대한 임상실험 자본이 필요로 하는 바이오업체들인 경우 부채비율이 높은 편에 속합니다. 부채는 외부자본이기에 이자비용이 들어갑니다. 기업이 부채를 활용해 이자 이상의 큰 수익을 꾸준히 얻을 수만 있다면 부채비율은 그리 큰 문제가 되지 않습니다. 그러나 기업의 의도대로 외부 환경이 마냥 호의적이 아니라는 것이 문제입니다.

경제는 항상 호경기를 누리는 것이 아니며, 업종도 순환을 하며, 기업의 제품을 소비자가 외면한다거나 경쟁업체 출현으로 큰 타격을 받기도 합니다. 호경기에는 나름대로 부채를 통한 레버리지 효과를 이용해 큰 수익을 볼 수는 있어도 불경기에는 반대로 많은 부채에 따른 이자비용 상승과 제품 판매 부진 및 투자 위축으로 인해 기업 경영에 막대한 타격을 가져오게 됩니다. 때문에 경제가 급격히 위축되는 경제위기가 발생할 때면 어김없이 부채비율이 높은 건설, 보험, 증권, 바이오업체들이 타기업에 인수되거나 부도를 맞아 운명을 다하기도 하는 것입니다.

참고로 부채비율과 반대되는 개념으로 **유보율**이란 것이 있습니다. '잉여금(회계상 자기자본 중 자본금을 초과하고 남는 순익)'을 납입자본으로 나눈 비율인데, 쉽게 말해 기업 내부의 현금비율을 의미합니다. 유보율이 높다는 것은 그만큼 기업이 보유한 현금이 많다는 의미로 부채비율과 함께 기업의 안정성을 평가하는 기준이 됩니다. 결론적으로 부채비율이 낮고 유보율이 높을수록 재무건전성이 좋은 기업이라 하겠습니다.

기업의 심장, 영업이익

　기업의 재무제표를 살필 때는 **영업이익**과 **매출채권** 그리고 **재고자산** 항목을 잘 주시하도록 합니다. 재무제표에서 이익이라고 하면 영업이익, 경상이익, 당기순이익으로 나눌 수 있습니다. 그러나 가장 중요한 것은 과연 해당 기업이 직접 제품을 팔아 영업이익을 낸 것이냐, 아니면 유상증자 등으로 마련된 돈을 가지고 사채놀이 등을 통해 이익을 낸 것이냐(영업외 이익), 혹은 보유하고 있던 부동산을 팔아 이익을 낸 것이냐(특별이익)를 우선적으로 따지는 것이 가장 중요합니다.

　기업의 존속 이유는 수익을 목적으로 회사를 설립한 것입니다. 그런데 기업이 수익을 창출하지 못하고 매년 적자만 기록한다면 어떻게 되겠습니까. 그래서 기업들은 저마다 이익을 내려고 갖은 노력을 하게 됩니다. 이를테면 공장도 팔고 건물도 팔고 이자놀이도 하고 어떻게든 이익을 내보려 합니다. 여기서 중요한 것은 순수 영업을 해서 이익을 내지 않고 다른 경로를 통해 이익을 냈다면 일단 의심을 해봐야 한다는 사실입니다.

　과거 코스닥의 모기업 대주주가 지분을 담보로 선물옵션 투자를 하다 실패를 본 사건이 있었습니다. 왜 대주주가 자기가 보유한 지분을 담보로 그렇게 위험한 투자를 했겠습니까. 쉽게 생각해 보면 개인적인 욕심이 원인이 될 수도 있지만, 근본적으로 회사에서 영업이익이 안 나기 때문입니다. 물건을 팔아도 손해를 보기 때문에 다른 경로로 돈을 벌어보자고 해서 일어난 사건입니다. 따라서 일단 기업이 제대로 돌아가고 있는지를 판단하려면, 순수 영업이익이 흑자를 기록하고 있는지 아니면 매 분기마다 적자를 기록하는지를 확인하는 것이 기업분석에서 가장 중요하게 살펴볼 사항입니다. 간혹 지분법이나 통화손실 평가 등으로 분기나 연도 재무제표에서 당기순이익이 적자가 나는 경우가 있습니다. 하지만 기본적으로 영업이익만큼은 흑자를 기록해야만 합니다. 재무제표를 넘어 가치분석에서 가장 중요한 것 한 가지만 꼽으라면 단연 **영업이익**입니다. 영업이익은 기업의 생존력과 경쟁력을 동시에 나타내는 기업의 심장이기 때문입니다.

다음으로 재무제표에서 매출채권을 유심히 관찰해야 합니다. **매출채권**이란 물건을 공짜로 주고 매출로 잡는 경우입니다. 쉽게 말해 회사의 제품을 대리점에 외상으로 납품하고 이것을 매출로 처리하는 것입니다. 한마디로 '어음'입니다. 다행히 외상으로 빌려준 물건이 다 팔리면 좋은데, 만약 경기가 나빠지거나 소비자가 외면해 매출로 잡힌 물건이 반품되면 어떻게 되겠습니까. 어음결제를 제때 못하면 부도를 맞는 것입니다. 따라서 매출채권이 꾸준히 증가하는 기업이라면 그만큼 부도위험이 높다는 것을 의미합니다.

매출채권 이외에 **재고자산**이라는 항목도 있습니다. 기업이 앞으로 판매할 제품을 미리 만들어 보관하는 경우나 반대로 반품된 제품을 자산으로 분류한 경우입니다. 이 역시 매출채권과 마찬가지로 급격히 증가한다면 한번 의심해봐야 합니다. 재고자산도 현재는 판매가 되지 않지만 앞으로 수익을 창출할 수 있다는 측면에서 자산의 일종인 것은 사실입니다. 그러나 지나치게 많은 재고자산은 제품이 많이 판매되지 않는다는 것을 뜻하고, 이를 해소하기 위해 향후 제품가격을 낮출 가능성이 크다는 것을 말하며, 곧 기업수지를 악화시키는 요인이 됩니다. 요약하자면 재무제표에서 순수 영업이익과 매출채권과 재고자산 항목만 잘 주시한다면 최소한의 기업분석은 끝났다고 보면 됩니다. 특히 영업이익이 급격히 감소하거나 매출채권 및 재고자산이 급격히 증가하는 경우에는 기업의 재무구조가 악화되는 경우이기 때문에 투자에 주의할 필요가 있습니다.

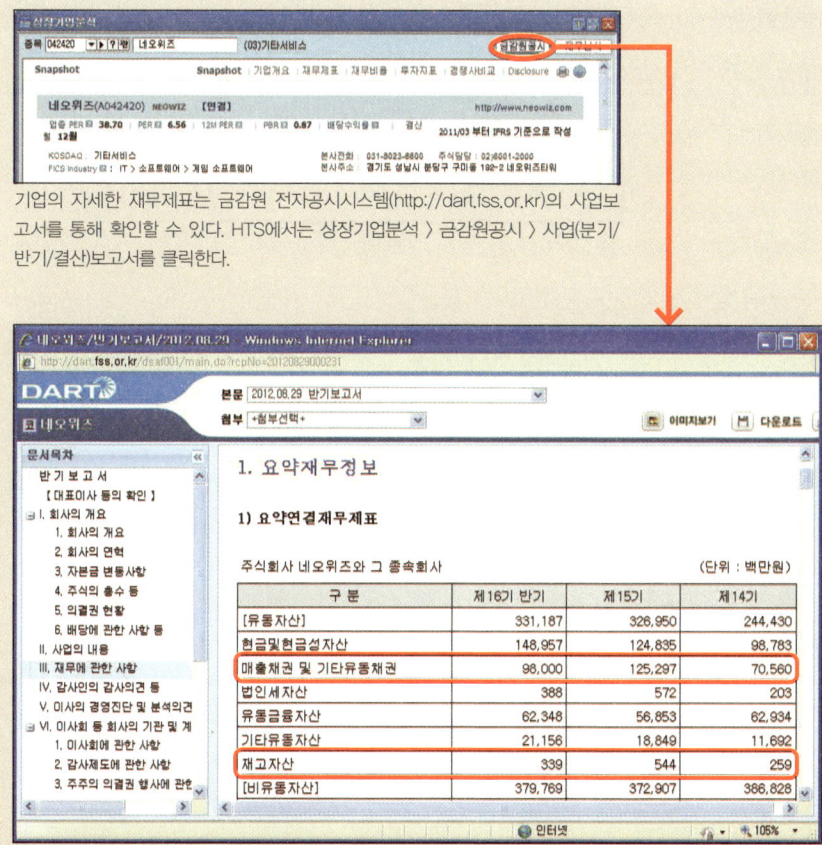

기업의 자세한 재무제표는 금감원 전자공시시스템(http://dart.fss.or.kr)의 사업보고서를 통해 확인할 수 있다. HTS에서는 상장기업분석 > 금감원공시 > 사업(분기/반기/결산)보고서를 클릭한다.

사업보고서는 분기보고서(1/4, 3/4), 반기보고서(2/4), 결산보고서(1년)로 나눌 수 있다. 기업의 다양한 정보를 확인할 수 있으며, 특히 자세한 재무제표를 통해 기업의 예비부채 성격의 '매출채권'이나 '재고자산'의 변화를 살펴 기업의 안전성을 체크하는 습관이 필요하다.

기업의 가치, 시가총액

기업가치를 분석할 때 과연 그 기준을 어디에 두어야 할지 매우 난감한 경우가 많습니다. 그렇다면 기업가치는 시장에서 무엇으로 평가할까요? 주식시장에서 기업의 가치는 오로지 '시가총액'으로만 평가받습니다.

> **시가총액 = 발행주식수 × 현재주가**

시가총액은 주식시장에서 기업가치를 나타내는 절대지표입니다. 시가총액이 크다는 것은 그만큼 재무구조가 우수한 우량주를 뜻하며, 시가총액이 작다는 것은 그만큼 재무상태가 부실하다는 것을 뜻합니다. 기업가치가 높아져 주가가 상승하면 시가총액은 자연히 급증합니다. 반대로 기업가치가 낮아져 주가가 하락하면 시가총액은 줄어드는 이치입니다.

그렇다면 기업가치는 어느 때 높아질까요?
매출이 급성장한 경우, 신기술을 개발했을 경우, 우량기업에 인수·합병된 경우, 외부로부터 투자를 유치받은 경우, 보유 자산 및 부실 계열사를 비싼 값에 매각해 회사에 현금이 유입된 경우, 정부정책이나 사회 트렌드 등의 테마에 편승한 경우 등을 들 수 있습니다. 투자자들은 이 경우 기업의 재무가치가 아닌 성장가치를 보고 주식을 매수하게 됩니다. 자연히 시가총액은 늘어나고 그만큼 기업가치는 높아지는 원리입니다.

절대적인 기준은 아니지만, 일반적인 기업의 적정 시가총액을 계산할 때는 PER 기준으로 계산하게 됩니다. 가치분석 차원에서 PER(주가수익비율) 기준으로 시가총액을 계산하는 경우 통상 'PER15' 정도가 적정한 시가총액으로 인식되고 있습니다. 하지만 최근에는 유럽과 미국의 재정위기로 'PER10'을 적정 시가총액으로 인식하려는 추세이기도 합니다.

가치분석은 대체로 PER 기준으로 기업의 현재가치가 저평가된 것인지 아니면 고평가된 것인지를 평가해 매매기준으로 삼게 됩니다. 예를 들어 오랜 기간 PER10의 시가총액 1천억 원을 유지하던 A기업이 매출신장에 따른 주당순이익이 증가하면 PER가 10 이하로 낮아지게 됩니다. 만약 PER가 5로 낮아졌다면, 이때 투자자들은 과거 A기업의 적정 PER가 10인 상태로 인지되었기 때문에 저평가라 판단해 A기업의 주식을 매수하게 되고 주가상승에 따라 자연히 시가총액은 증가하게 됩니다.

2012년 12월 말 기준으로 우리나라의 대표기업인 삼성전자의 시가총액은 약 240조(우선주 포함) 원을 기록하고 있습니다. 2012년 실적 기준으로 매출액 201조, 영업이익 29조, 당기순이익 23조원을 기록한 우리나라의 대표적 글로벌 기업가치인 셈입니다.

하지만 시가총액이 반드시 매출액이나 PER나 그밖에 다양한 재무수치에 절대적인 영향을 받는 것은 아닙니다. 다시 말해 [기업가치 = 시가총액]이라는 공식은 맞지만 기업가치가 반드시 재무제표에만 의존하지 않습니다.

이를테면 재무가 부실한 바이오 기업인 경우에는 실질적인 매출도 없고, 매년 적자에, 부채비율은 200%를 상회하며, PER 수치는 50 이상의 고평가나 반대로 PER 수치가 마이너스인 적자 상태일지라도 시가총액은 몇 천억 원을 형성하는 경우도 있습니다.

　이것은 곧 기업가치는 재무제표 이외에도 무형의 자산(기술력, 시장지배력), 브랜드, CEO자질, 노사관계, 업종현황, 금리, 유가, 환율, 인플레이션, 나아가 해외경제의 흐름 등이 모두 함께 녹아들면서 기업의 가치가 형성된다는 것을 반증한다 하겠습니다.

기업의 기본, 상장기업분석

 기업분석의 기본이라고 하면 투자하고자 하는 기업이 무슨 사업을 하는지를 우선 파악하는 것이라 할 수 있습니다. 간단하게는 HTS에서 '상장기업분석'이나 '기업개요' 등을 통해 사업분야, 매출구성, 종업원수 등을 살펴보고, 시가총액, 대주주 지분, 나아가 PER, PBR, 그밖에 요약재무제표라든지 재무비율 등을 통해 현재의 기업가치가 저평가된 상태인지 고평가된 상태인지를 나름대로 판단해야만 합니다.

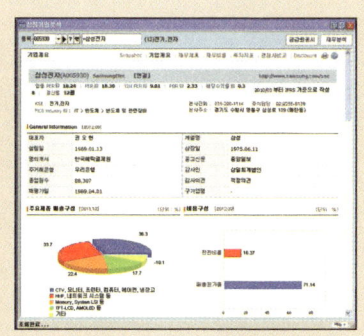

상장기업분석 〉 기업개요

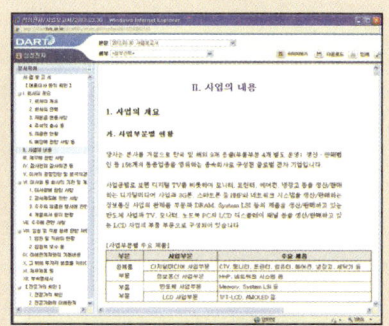

금감원 전자공시 〉 사업보고서

 자세한 기업 내용은 금감원 공시의 사업보고서를 통해서 살펴볼 수 있습니다. '사업보고서'는 기업의 개요 및 연혁을 비롯해 사업분야 및 상세한 재무제표 등의 다양한 정보가 공개되어 있습니다. 가치분석을 중시하는 투자자일수록 사업보고서를 통해 기업의 상세한 정보를 파악하는 노력이 필요합니다.

대주주(CEO)의 자질이 기업의 성패를 가른다

기업분석은 우선 재무제표를 기준으로 기업의 가치를 판단하게 됩니다. 수익성과 성장성과 그리고 재무안정성을 평가하는 기본적인 잣대이기 때문입니다. 그러나 주식시장에서 기업의 가치는 계산이 가능한 재무제표의 수치만을 가지고 기업을 평가하다가는 큰 낭패를 보기 쉽습니다. 경제흐름이라든가 업종현황도 기업가치를 판단하는 중요한 요소이지만 그보다는 기업의 주인인 대주주나 CEO(Chief Executive Officer)의 자질과 역량에 따라 기업가치가 좌지우지되는 경향이 많습니다.

CEO는 기업의 최고경영자를 뜻합니다. 기업의 최고 의사결정권자로 통상 사장이나 회장의 직책을 맡고 있습니다. **대주주**(최대주주)는 CEO 개념과는 달리 주식시장에 상장된 총주식수에서 가장 많은 주식을 보유한 이를 말합니다. 대주주는 CEO가 될 수도 있고 회사임원이나 사외이사나 외국인 및 기관, 나아가 사채업자나 제3의 투자기관이나 심지어 일반 개인투자자가 상장기업의 대주주가 되는 경우도 있습니다.

CEO는 기업의 최고 의사결정권자이지만 대주주는 기업의 실질적 주인입니다. 기업가치는 곧 시가총액입니다. 시가총액은 주식시장에 상장된 총주식수에 주당가격을 곱한 수치입니다. 총주식수에서 가장 많은 지분을 보유한 이가 대주주이기 때문에 기업에 대한 대주주의 영향력은 가히 독보적인 셈입니다.

대주주 지분의 중요성

대주주(최대주주)나 CEO(최고경영자)의 자질을 평가하기는 쉽지 않습니다. 그들도 일반 개인투자자와 같은 인간이고, 인간은 항상 유동적이며 불안하며 때론 잘못된 선택을 하기 때문입니다. 제아무리 과거에 주위 사람들로부터 좋은 평판을 듣고 여러 사업에 대한 우수한 경영능력을 검증받았다 해도 인간의 욕심은 측정하기 불가능합니다. 때문에 주가가 단기에 급등하는 경우 보유주식을 시장에 매도하거나 배임이나 횡령을 하거나 무리한 사업 확장과 잘못된 사업 판단으로 회사에 막대한 손해를 끼치기도 합니다. 어떻게 보면 기업의 성장과 쇠퇴는 경제나 업종과는 상관없이 오로지 대주주의 능력에 따라 좌우된다고 해도 크게 틀린 말이 아닙니다.

그렇다면 여러모로 정보가 부족한 개인투자자 입장에서 대주주나 CEO의 자질이나 능력을 어떻게 분석해야만 할까요? 우선 인터넷 검색을 토대로 대주주나 CEO의 과거 약력을 살펴야 합니다. 과거에 무슨 일을 했으며, 어떤 성과를 보였고, 주변인의 평가와 인맥은 어떤지, 더불어 내실을 다지는 타입인지 공격적인 타입인지 등을 지난 기사를 통해 나름대로 유추하는 능력을 길러야 합니다.

다음으로 투자자에게 있어 가장 중요한 대주주 지분율을 살펴야 합니다. 주식시장에서 상장된 기업의 총주식수는 대주주를 비롯해 외국인, 기관, 제3금융권, 기타법인, 그리고 개인투자자들이 골고루 나눠 갖고 있는 상태입니다. 당연히 대주주라면 회사의 지분을 가장 많이 소유해야 하고, 그것이 총주식수 대비 몇 %비율로 소유하고 있는지를 필히 확인해야만 합니다.

■ 대주주 지분율이 왜 중요한가?

앞서 언급한 대로 인간은 불안정한 주체로써 때론 잘못된 선택을 하게 됩니다. 그 선택의 동기는 근본적으로 인간은 욕심과 욕망에서 출발합니다. 그렇다면 보유지분이 많은 대주주나 CEO라면 회사에 큰 손실을 보는 결과가 나오지 않도록 신중하게 회사를 운영할 것이고, 반대로 보유지분이 적은 대주주라면 때론 모험적이고 때론 위험한 선택을 할 가능성이 높아질 것입니다.

보유지분이 낮으니 회사 돈을 개인적으로 횡령하기도 하고, 운영자금 마련을 위해 사채발행이나 유상증자도 거리낌 없이 하고, '이면계약(본계약과 다른 별도의 계약)'을 통해 사채업자들과 짜고 회사를 헐값에 매각하거나, 자본잠식 상태인데도 상장유지를 위해 분식회계를 일삼기도 하고, 자본금을 줄이는 감자를 단행해 개인투자자들만 큰 피해를 주기도 합니다. 왜냐하면 보유지분이 낮아 상대적으로 다른 투자자에 비해 손해가 미미하기 때문입니다.

정답은 되지 않지만 통계상으로 대주주 지분율은 약 25%~45% 정도가 적정하다 볼 수 있습니다. 통상 대주주 지분율이 15% 미만일 경우에는 자칫 경영권 장악이 힘들어질 수도 있고, 횡령이나 배임 가능성도 커지며, 사채 및 유상증자나 감자 등의 자본금 변동에도 큰 피해가 없으며, 대주주 개인적인 사리사욕에 의한 기업의 자산매각이나 타기업 출자, 보유지분을 담보로 하는 사채놀이 등의 가능성이 커지게 됩니다.

한편 대주주 지분율이 60% 이상이 되면 주식시장에 유통되는 물량이 거의 고갈된 상태이기 때문에 수급이 원활하지 않고 따라서 거래량이 부족해 개인들이 투자하기가 상당히 힘들다는 단점이 있습니다.

통상 대주주 지분율이 60% 이상인 기업들은 재무가치는 우수한 반면 성장성은 다소 떨어지는 업종들이 많습니다. 주로 제약이나 식품, 유통 등의 내수주들이 대부분을 차지하고 있으며, 고배당을 통해 대주주만 유독 큰 배당수익을 올리기 때문에 주가 움직임은 상당히 지루한 것이 특징입니다. 특히 코스닥 중소형주에서는 **오너 리스크**(Owner risk : 오너(총수)의 독단 경영과 잘못된 판단으로 기업에 큰 손해를 끼치는 행위)가 투자에 있어 가장 큰 위험요소에 속합니다.

대주주 지분율은 HTS 현재가창이나 기업개요 항목에서 확인이 가능하며, 자세한 지분현황은 금감원 공시시스템의 사업보고서를 참조하면 된다.

대표적인 돌발악재, 횡령 · 배임

주가는 기업의 가치를 반영합니다. 기업의 가치가 높아질 만한 호재가 나온다면 단기에 투자자들이 몰리면서 주가는 급등합니다. 반대로 기업의 가치가 낮아질 만한 악재가 나온다면 투자자들이 보유주식을 투매하기 때문에 주가는 급락합니다.

대표적인 호재로는 실적향상을 들 수 있을 것입니다. 신기술 개발이라든지 투자유치라든지 우량기업과의 인수합병이라든지 아니면 인기 테마에 편승하는 것도 호재로 작용합니다. 대표적인 악재로는 기업의 실적악화를 들 수 있을 것입니다. 이밖에 자본금을 줄이는 감자라든가 주주들을 대상으로 자본금을 늘리는 증자도 단기적인 악재로 작용해 주가 급락으로 이어지곤 합니다.

악재는 기업에 나쁜 소식입니다. 넓게는 해외경제에서부터 좁게는 기업의 실적에 대한 부정적인 전망이 주가를 하락시키는 요인입니다. 악재 중에서도 투자자들이 가장 대응하기 매우 힘든 악재가 바로 '횡령 · 배임'입니다.

업종부진, 실적악화, 사채발행, 과거에 맺었던 제품 계약 파기에서부터 기업의 부도라든가 자본잠식에 따른 감자 및 유증 등의 악재는 대주주 지분현황과 최소한의 재무제표만 살펴봐도 해당 기업에 잠재되어 있는 리스크를 미리 대비할 수는 있습니다. 하지만 횡령과 배임은 미리 예고하는 법이 없습니다.

횡령과 배임은 부실주나 우량주를 가리지 않습니다. 제아무리 기술력이 뛰어나고 재무구조가 우수한 우량기업이라도 횡령과 배임은 전적으로 대주주의 도덕성에만 의존하는 것이기 때문에 그 어떤 투자분석도 무용지물로 만들어버리는 대표적인 악재에 속합니다.

횡령(橫領)은 기업의 자산을 개인적으로 탈취하는 행위를 말하고, **배임**(背任)은 주어진 임무를 저버리는 행위를 말합니다. 통상 재산상 손실이 없다면 배임죄만 묻기도 하지만 일반적으로 횡령과 배임은 같은 한몸으로 취급합니다.

개인투자자 입장에서 가장 견디기 힘든 경우라 한다면 아마도 보유주식이 거래정지 됐을 때가 아닐까 생각합니다. 일반적인 악재라면 손절이라도 할 수 있지만 횡령·배임으로 인한 주권 거래정지는 자칫 손절할 기회도 없이 상장폐지의 운명을 맞이할 수 있기 때문입니다.

■ 횡령·배임의 돌발악재로부터 피할 수 있는 방법은?

횡령과 배임은 오로지 대주주의 도덕성과 자질에 직결되는 만큼 원천적으로 대비할 수는 없습니다. 코스닥의 중소형주는 물론이거니와 거래소의 대형주에서도 종종 횡령과 배임 사건이 터지면서 사회적 문제로까지 지적될 정도입니다.

참고로 거래소의 대기업인 경우와 코스닥 중소기업의 대주주 횡령·배임에는 큰 차이가 있습니다. 대기업의 횡령·배임은 대부분 단기 악재로 치부되지만, 중소기업의 횡령·배임은 그야말로 기업의 생사와 직결됩니다. 중소기업의 대주주는 보통 CEO 역할을 함께 하고 횡령·배임 발생시 자본금에 매우 큰 영향을 주지만, 대기업은 CEO와 별도로 외국인 및 기관의 보유지분이 높고, 횡령·배임이 발생해도 자본에 큰 영향을 미치지 않기 때문에 단순히 CEO의 횡령·배임만으로 기업 자체가 흔들리는 경우는 드문 편에 속합니다. 때문에 거래소 대기업의 횡령·배임은 대부분 일시적 악재로 작용하고, 코스닥 중소기업의 횡령·배임은 90% 이상 상장폐지로 직행하게 됩니다. 따라서 자본금이 적은 코스닥 중소형주에 투자하는 경우에는 재무제표를 소홀히 하지 말고 특히 대주주 지분 변동 등에 주의를 기울여야 합니다.

■ 횡령·배임 가능성이 높은 경우

- 대주주 지분율이 15% 미만인 기업
- 부채비율 200% 이상
- 유동비율 100% 미만
- 2년 이상 연속 적자
- 과거 자본잠식 경험이 있는 경우
- 사명이나 경영권(대주주/CEO) 변동이 잦은 경우
- 유상증자, CB(전환사채), BW(신주인수권부사채) 발행이 잦은 경우
- 과거 우회상장한 기업
- 부실한 자회사(계열사)를 많이 보유한 기업
- 타인에 대한 채무보증이 많은 기업

횡령과 배임은 대주주나 회사 임원이 회사의 자산을 임의로 빼돌리는 행위입니다. 회사의 주인은 대주주가 될 수 있지만 회사의 자산은 주주 모두의 공동소유입니다. 횡령과 배임을 미리 예방하는 제도적 장치가 필요하지만 근본적으로 근절되기는 힘들 것입니다. 따라서 개인투자자들은 코스닥 중소형주에 투자하는 경우 횡령과 배임과 같은 만약의 사태에 항상 대비한다는 차원에서 한 종목에만 무모하게 투자하지 말고 반드시 분산투자를 통해 위험 관리를 해나가는 길만이 '오너 리스크'를 줄이는 유일한 방법이 될 것입니다.

가치분석의 빛과 그림자

 가치분석의 핵심은 재무제표와 업종현황 나아가 국내 및 해외 경제흐름을 통해 기업의 가치를 평가해 투자하는 방법을 말합니다. 기업의 경영성과에서부터 경영자의 자질과 능력, 기술력, 시장점유율, 업종분석, 경제동향 등을 함께 고려합니다. 특히 재무제표를 통해 매출액, 영업이익, 당기순이익, 부채비율, 유보율, PER, PBR, ROE 등을 산출해 동종기업과 상대비교를 통해 저평가인지 고평가인지를 판단해 투자의 기준으로 삼습니다. 따라서 블루오션 기업, 경쟁력을 갖춘 기업, 미래 성장성이 돋보이는 기업의 주식을 매수해 장기투자를 통해 수익을 극대화하는 투자패턴을 가집니다.

 가치분석은 투자의 올바른 방법을 제시한다는 측면에서 투자의 정석에 속합니다. 그러나 가치분석에는 치명적 오류들이 숨어 있습니다. 대표적인 것이 대주주의 자질과 능력을 평가하기 어렵다는 점, 다음으로 재무제표의 투명성에 대한 불신(**분식회계** : 고의로 자산이나 이익을 부풀리는 경우)을 들 수 있습니다. 그 밖에 가치분석의 단점을 간략히 나열하면 다음과 같습니다.

- 대주주의 도덕성을 평가하는 기준이 없다.
- 횡령과 배임 리스크에 항상 노출되어 있다.
- 재무제표는 지난 과거(3개월 이상)의 데이터일 뿐이다.
- 재무제표의 수치만으로 기업의 성장성을 평가하기 어렵다.
- 분식회계(장부조작) 가능성을 완전히 배제하지 못한다.

- 저평가와 고평가의 기준은 절대비교가 아닌 상대비교일 뿐이다.
- 주가는 기업가치보다 투자심리에 좌우되는 경향이 많다.
- 주가의 추세 파악이 어렵다.
- 수급을 의미하는 거래량 및 매물 확인이 안 된다.
- 매매 타이밍을 잡기 힘들다.
- 주가는 상승과 하락의 반복적인 패턴을 그리는 데 수치만으로는 주가 흐름을 파악할 수 없다.
- 성장주나 우량주는 대체로 기업가치에 따라 주가가 움직이나 테마주나 작전주는 기업가치를 완전히 무시한다.
- 경제지표, 산업지표 모두 사실은 지난 과거의 통계에 불과하다.
- 제아무리 재무가 우량한 기업이라도 무너지는 것은 한순간이다.
- 정보의 비대칭성에서 자유롭지 못하다.

주가의 흐름은 기업가치의 흐름이며, 또한 투자자들의 심리이기도 합니다. 투자자들의 심리는 수요와 공급을 아우르는 **수급**이라는 말로 표현됩니다. 가치분석만으로는 이 수급을 제대로 나타낼 수가 없다는 것이 치명적인 단점으로 지적됩니다. 수급은 **거래량**이라고도 표현합니다. 거래량은 매수자와 매도자의 충돌입니다. 이렇듯 수급현황을 제대로 나타내지 못하는 가치분석의 단점은 차트분석을 통해 극복하게 됩니다. 다음 장에서부터는 수치 위주로 분석하는 가치분석을 넘어 수급 위주의 차트분석에 대해 자세히 살펴보겠습니다.

PART 4

기술적 분석

차트분석의 개념

주식투자 도구에는 2가지가 있는데, 앞서 배운 기본적 분석 그리고 이번 장에서 다룰 기술적 분석이 그것입니다. 기본적 분석이라 불리는 '가치분석'은 경기, 업종, 그리고 기업의 실적을 토대로 기업의 가치를 평가합니다. 반면 기술적 분석이라 불리는 '차트분석'은 투자심리, 수급을 토대로 주가 추세를 읽어내는 방법입니다. 조금 비약해서 가치분석은 숫자를 통한 객관적 분석이라고 본다면 차트분석은 눈에 보이는 그림을 통한 주관적 분석이라 할 수도 있습니다.

차트분석은 기업의 모든 가치가 차트에 고스란히 녹아있다는 데서 출발합니다. 기업의 실적을 비롯해 업황흐름, 미래비전, 투자심리, 심지어 대주주의 경영능력까지 차트에 그대로 나타난다는 것을 전제로 합니다. 실제로 주가는 기업가치와는 별개로 매수자와 매도자의 투자심리에 따라 크게 좌우되는 것이 사실입니다. 실전에서도 제아무리 기업의 내재가치가 우량하고 타기업에 비해 저평가된 상태라도 주가는 매우 부진한 경우가 상당수 있습니다. 며칠 몇 달이 아닌 몇 년에 걸쳐 지루한 횡보세를 이어가는 일명 소외주들을 보면 가치분석의 비효율성을 토로하기도 합니다.

가치분석은 현재 주가가 저평가인지 고평가인지를 판단하는 데는 큰 도움이 되지만 매매 타이밍을 잡기는 어려움이 따릅니다. 반면 차트분석은 현재 주가의 흐름을 눈으로 파악해 수급현황을 통해 매수와 매도시점을 잡는데 큰 도움이 됩니다. 제아무리 기업의 가치가 저평가된 상태라도 매수자가 없다면 주가는 상승하지 않습니다. 반대로 가치분석을 통해 현재 기업가치가 비록 고평가된 상태일지라도 매수자가 매도자보다 많다면 주가는 지속적으로 상승하게 됩니다.

가격은 수요와 공급의 법칙에 좌우됩니다. 주가도 매수자와 매도자의 합의점입니다. 매수세가 매도세를 압도한다면 주가는 상승하고, 매도세가 매수세를 압도한다면 주가는 하락합니다. 차트분석은 이처럼 주식을 매수하고자 하는 투자자의 심리(매수세)와 보유주식을 매도하고자 하는 투자자의 심리(매도세)를 분석하는 방법입니다.

차트분석은 무엇보다 '정보의 비대칭성'에서 일어나는 불이익을 최소화시켜 줍니다. 알다시피 정보는 모든 투자자들에게 공평하고 투명하게 공개되는 법이 없습니다.

정보의 비대칭성은 경제적 이해관계를 가진 당사자 간의 정보가 한쪽으로 치우치면서 다른 한쪽은 큰 손해를 보는 현상을 말합니다. 정보는 투자가치를 나타냅니다. 주식시장에서 기업에 대한 정보는 일단 대주주(최대주주)가 가장 먼저 선점하게 됩니다. 기업의 최고 의사결정권자인 만큼 기업의 경쟁력, 기업의 실적, 기업의 비젼을 비롯해 투자에 결정적인 영향을 미치는 각종 정보는 우선적으로 대주주가 선점하게 됩니다. 이어서 친척이나 주변인 → 회사 임원 → 투자사(외국인, 증권, 은행, 사채) → 직원 → 마지막으로 개인투자자 순으로 정보는 흐릅니다.

기업의 독점적 정보력을 소유한 대주주는 투기세력과 결탁해 시세조정을 일삼기도 하고, 과거 LG카드 유동성 위기 때처럼 기업에 악재가 발생하는 경우에는 가장 먼저 보유주식을 시장에 매도하기도 합니다. 미국 리먼브라더스 사태 때의 한 금융회사의 긴박했던 하루를 담은 〈마진콜(Margin Call)〉이란 영화를 봐도 정보를 선점한 이들의 투자행태를 알 수 있습니다. 기업에 대한 정보를 소유한 이들이 내부자 거래를 통해 막대한 시세차익을 일삼는 것은 어제 오늘의 일만이 아닙니다.

인간의 욕심은 끝이 없는 법입니다. 특히 투자의 세계에서는 피도 눈물도 없는 법입니다. 기업은 이익을 최우선으로 하는 집단입니다. 이익을 얻으려면 다른 기업과의 경쟁에서 이겨야 하고, 소비자로부터 관심과 사랑을 받아야 하며, 투자자로부터 자금을 지속적으로 수혈 받아야만 합니다.

만약 여러분이 부동산이나 주식시장에서 투자에 유리한 정보를 얻었다면 어떻게 하겠습니까? 부동산 값이 뛰기 전에 매입할 것이고, 주가가 급등하기 이전에 매수할 것입니다. 투자에 불리한 정보를 먼저 얻었다면 보유주식을 모두 매도할 것입니다. 그래서 정보는 비대칭성이며, 그래서 주가는 호재와 악재를 미리 반영하며, 그래서 지수는 경기에 선행하는 것입니다.

수요와 공급이 가격을 결정하는 것만큼 매수자와 매도자의 심리를 분석해 주가의 흐름을 파악하는 것이 바로 차트분석의 핵심입니다.

차트의 3대 지표

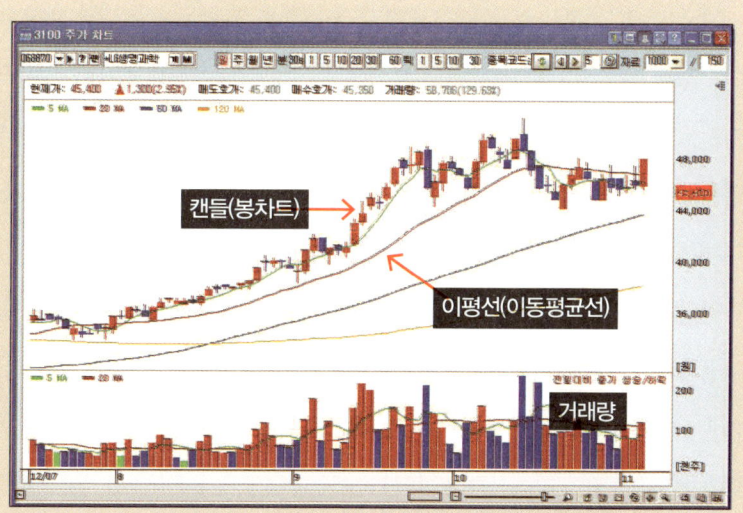

LG생명과학 주가차트

주가차트는 기본적으로 캔들(봉차트), 이평선(이동평균선), 거래량 이렇게 3가지 지표로 구성되어 있습니다. **캔들**은 주식의 가격을 봉 형태로 나타낸 것을 말하며, **이평선**은 특정 거래기간 동안의 평균 주가를 선으로 나타낸 것을 말합니다. 마지막으로 **거래량**은 주식 매매가 거래된 수량을 나타냅니다.

차트의 3대 지표인 캔들, 이평선, 거래량은 주식시장에 상장된 기업의 현재주가, 추세, 매물대, 패턴을 비롯해 투자심리와 수급현황을 투자자들에게 시각적으로 보여줍니다. 이와 같은 차트를 통해 매수와 매도의 매매 타이밍을 잡는 것이 차트분석의 목적입니다.

캔들의 기본 구조

캔들은 일명 '봉차트'라고 불리며, 주가차트에서 기본적으로 하루 동안의 주가의 움직임을 봉 형태로 표시해줍니다. 봉의 형태는 **시가**(장시작 가격), **고가**(장중 최고가), **저가**(장중 최저가), **종가**(장마감 가격)로 구분됩니다.

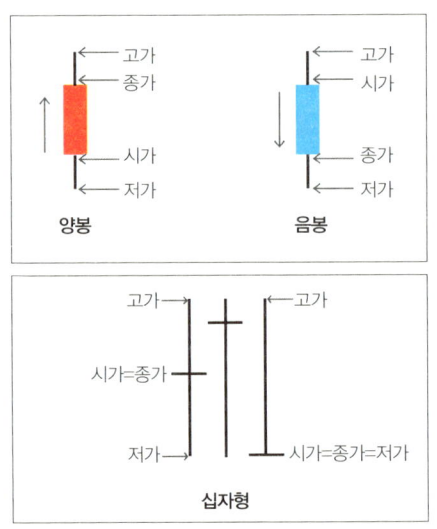

캔들은 다음과 같이 세 가지 유형이 있습니다. 시가보다 종가가 높은 **양봉형**, 시가보다 종가가 낮은 **음봉형**, 시가와 종가가 같은 **십자형**이 그것입니다. 양봉은 주가상승 흐름을 나타내며 매수세가 강한 것을 의미합니다. 음봉은 주가하락 흐름을 나타내며 매도세가 강한 것을 의미합니다. 십자형은 매수세와 매도세가 한 치 양보도 없이 팽팽히 맞서고 있는 상태를 의미하며, 그날 종가 위치에 따라 매도세가 우위인지 매수세가 우위인지를 판단하게 해줍니다.

캔들의 기본 모형

 주가는 당일 장시작 시초가를 기준으로 장중 상승과 하락을 반복하면서 장마감 종가로 마감이 됩니다. 이때 시초가보다 종가가 높으면 '양봉'으로, 시초가보다 종가가 낮으면 '음봉'의 캔들이 만들어집니다. 양봉은 주가가 시초가보다 상승한 것을 뜻하기 때문에 매수세가 매도세를 압도한 것을 말하고, 음봉은 주가가 시초가보다 하락한 것을 뜻하기 때문에 매도세가 매수세를 압도한 것을 말합니다. 또한 장중 최고가나 최저가를 위꼬리나 아래꼬리 형태로 나타내 다음과 같은 캔들의 모형을 완성시키게 됩니다.

장대양봉형

시초가 대비 종가를 강하게 끌어올린 모습으로 매우 강한 매수세가 유입된 것을 나타낸다. 바닥권에서 출현한 경우에는 다음날 강한 추가 상승을 예상할 수 있다.

장대음봉형

시초가는 최고가, 종가는 최저가인 경우. 매도세가 매우 강하며, 고가권에서 출현한 경우에는 강한 매도신호로 해석한다. 장대음봉 다음날에는 시초가가 전일 종가 아래에서 시작하는 갭하락 가능성이 높다.

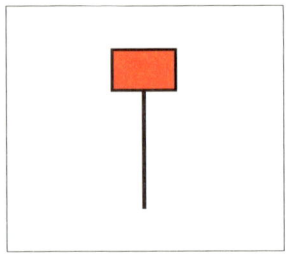

망치형

시초가부터 밀린 매도세를 장중에 강하게 끌어올려 시초가보다 높은 종가로 마무리한 경우. 하락추세시 추세 반전을 알리는 신호역할을 하며, 아래꼬리가 길고 몸통이 짧을수록 신뢰가 높은 편이다.

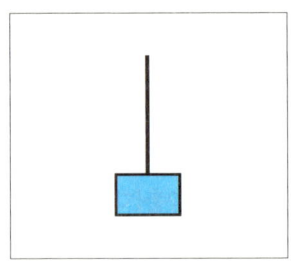

유성형

장중에 강한 매도세에 밀려 종가가 시초가보다 아래로 마무리된 모습으로 하락추세를 예고한다. 고가권에서는 매도신호, 바닥권에서는 추가적인 조정을 알린다.

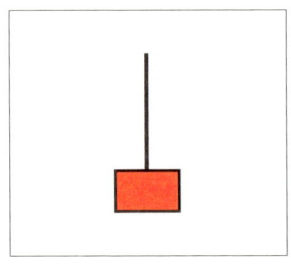

역망치형

망치형을 거꾸로 뒤집은 모습으로 장중 시세 차익 매물에 밀려 종가가 형성된 패턴. 상승추세인 차트에서 주로 출현하며, 단타성 매물이 해소된 만큼 바닥권에서는 추세전환 신호로 해석한다.

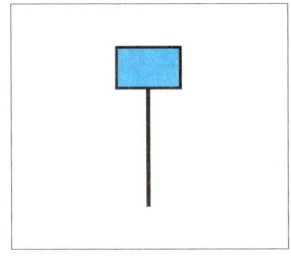

교수형

장중에 매수세 유입으로 시초가 아래의 매도 물량을 매수하였으나 시초가를 회복하지 못하고 매물에 밀린 패턴. 일반적으로 하락추세형 캔들로 해석하며, 고가권에서는 급락에의 위험도 내포하고 있다.

샅바형

양봉 샅바형은 상승추세, 음봉 샅바형은 하락추세에 가장 많이 출현한다. 긴 몸통은 매수세와 매도세의 치열한 공방전을 나타내며, 양봉이냐 음봉이냐에 따라 한쪽 세력의 힘이 보다 강하다는 것을 뜻한다.

십자형

시가와 종가가 일치하는 캔들로 매수세와 매도세의 한치 양보가 없는 것을 의미한다. 바닥권에서는 매수신호, 고가권에서는 매도신호로 해석한다.

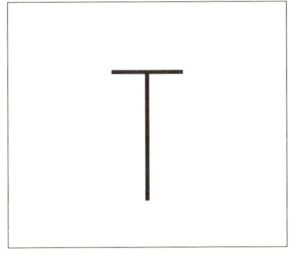

잠자리형

일명 드래곤플라이 도지형으로써 장중 출현한 매도세를 강한 매수세가 이겨낸 패턴. 바닥권이나 상승 초기에는 추가 상승이 높은 신호로 해석하지만 고가권에서는 매도신호로 해석해 주의가 필요하다.

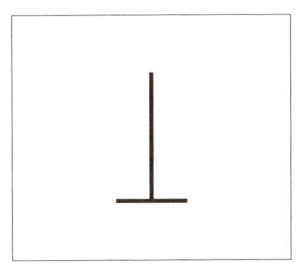

비석형

잠자리형과 반대로 비석이라는 단어처럼 강한 매도신호로 해석한다. 매도세가 장중 매수세를 강하게 눌러버린 패턴으로 고가권에서는 매도신호, 바닥권이나 투매권에서는 거래량에 따라 매수신호로 해석하기도 한다.

캔들의 기본 패턴

캔들은 하루 동안의 주가를 [시초가·고가·저가·종가] 이렇게 4가지 가격 변동을 기준으로 몸통과 꼬리의 형태로 차트에 나타내게 됩니다. 이러한 캔들이 2개 이상 연결되면 다음과 같이 3가지의 기본 패턴으로 나뉠 수 있습니다. 첫째는 '상승전환형 패턴'으로 매수세가 매도세를 이겨내면서 주가상승 신호를, 둘째는 '하락전환형 패턴'으로 매도세의 힘이 강해 주가하락 신호를, 셋째는 '지속형 패턴'으로 기존의 주가 추세를 이어나가는 신호 역할을 합니다.

■ **상승 전환 패턴**

상승장악형
전일 음봉을 당일 양봉이 완전히 감싸 안은 패턴. 전일 매도세를 당일 매수세가 압도해버리는 모양으로 바닥권에서는 강력한 상승반전 신호를 알리며, 거래량이 수반될수록 상승 확률은 매우 높다.

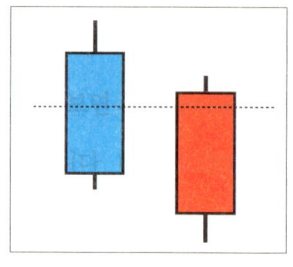

관통형
전일 종가 밑에서 당일 시초가가 형성되고, 이어서 전일 음봉의 50% 이상을 당일 양봉으로 관통한 패턴. 상승반전형으로 바닥권에서 관통형 패턴이 출현하면 강력한 신규 매수세 유입을 말하기 때문에 매수관점으로 접근이 유효하다.

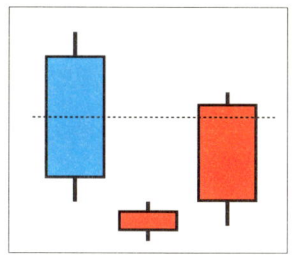

샛별형

첫 번째 장대음봉, 두 번째 갭하락성 단봉, 마지막 세 번째 양봉이 첫 번째 음봉의 50% 이상에서 종가가 형성된 패턴. 바닥권에서 강력한 상승반전 신호로 해석한다.

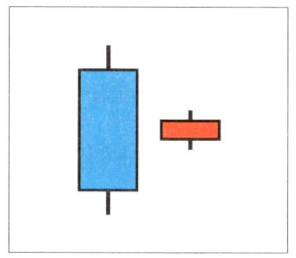

상승잉태형

전일 장대음봉 안에서 당일 몸통이 작은 양봉이 웅크리고 있는 패턴. 전일 강한 매도세에 당일 반발 매수세가 유입된 형상으로 꼬리와 몸통이 작을수록 확률이 높다.

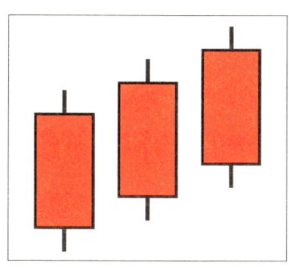

적삼병

연속된 3개의 양봉으로 시초가와 종가가 모두 이전 캔들 위에서 형성되는 패턴. 바닥권에서는 대표적으로 강력한 상승추세를 알리지만, 고가권에서는 단기 고점을 알리는 신호로 해석한다.

■ **하락 전환 패턴**

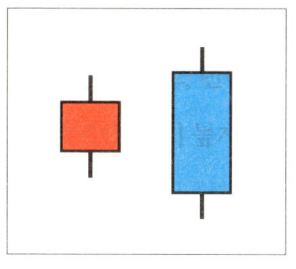

하락장악형

전일의 양봉을 당일 음봉이 완전히 덮어쓰는 패턴으로 강력한 하락추세를 예고한다. 음봉의 몸통이 길수록, 거래량이 수반될수록 하락 확률이 매우 높다.

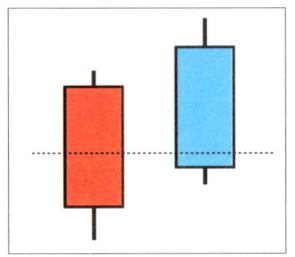

흑운형

관통형과 반대로 전일 양봉의 50% 이하에서 당일 음봉의 종가가 형성된 패턴. 신뢰도는 높지 않으나 하락추세를 예고하는 패턴이기 때문에 주의할 필요가 있다.

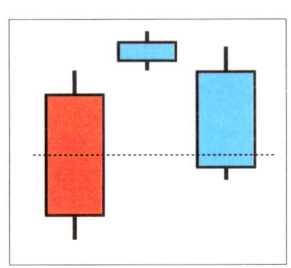

석별형

샛별형과 반대로 세 번째 음봉의 종가가 첫 번째 양봉의 50% 이하 부근에서 형성되는 패턴. 첫 번째 양봉에서 출현한 매수세가 실종되거나 차익매물 출현으로 하락을 예고한다.

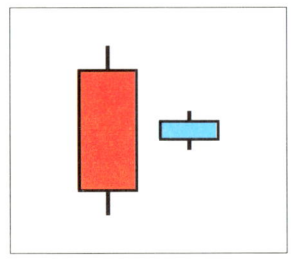

하락잉태형

전일 양봉 안에서 당일 음봉이 웅크리고 있는 형상으로 매도세 출현을 알린다. 신뢰도는 매우 낮으나 다음날 갭 하락에 주의할 필요가 있는 패턴에 속한다.

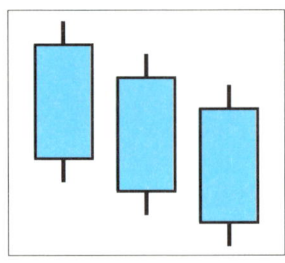

흑삼병

연속된 3개의 음봉으로 시초가와 종가가 모두 이전 캔들 아래에서 형성되는 대표적인 하락형 패턴. 고가권에서는 강력한 매도신호, 바닥권에서는 거래량에 따라 추가 하락 또는 단기 반등 속임수 패턴으로 해석할 수 있다.

■ 지속형 패턴

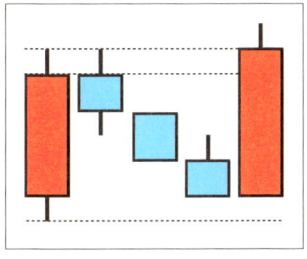

상승지속형

첫 번째 양봉 안에 3개의 음봉이 포함된 상태에서 네 번째 양봉이 첫 번째 양봉을 뚫고 올라온 패턴. 상승 추세 중 3일에 걸쳐 매물 소화 과정을 거친 것으로 판단할 수 있으며, 첫 번째 양봉의 저가를 이탈하지 않는 것을 원칙으로 한다.

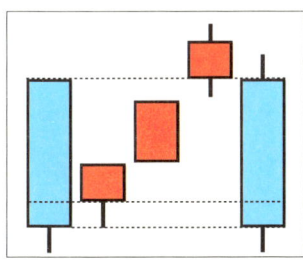

하락지속형

첫 번째 음봉 안에 3개의 양봉이 나타나고, 이어 네 번째 음봉이 첫 번째 음봉을 하향이탈한 패턴. 하락추세 중 단타성 매수세가 출현했지만 곧이어 매물벽에 막혀 추가적인 상승이 어려운 것으로 해석한다.

캔들의 몸통과 꼬리

캔들은 당일(일봉)의 주가 변화를 봉 형태로 나타내 투자자들이 쉽게 주가의 흐름을 파악하도록 해줍니다. 캔들의 몸통은 당일 시초가와 종가를 나타내고, 캔들의 아래꼬리는 당일 최저가를, 캔들의 위꼬리는 당일 최고가를 나타냅니다.

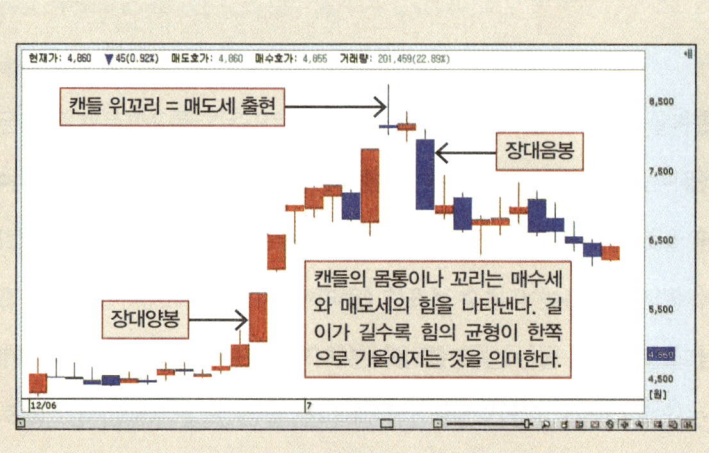

캔들의 몸통과 꼬리 길이는 매수세와 매도세의 힘을 나타냅니다. 캔들의 몸통 길이나 아래꼬리 및 위꼬리 길이가 짧다면 그만큼 주가 변동폭이 작다는 것을 말합니다. 단타매매 입장에서 캔들의 몸통이나 꼬리가 짧은 상태에서는 당일 시세차익을 기대하기 매우 힘듭니다.

왜냐하면 캔들의 몸통이나 꼬리 길이가 짧다는 것은 매수세와 매도세 간의 힘이 균형이 팽팽하다는 것을 의미하기 때문입니다.

반면 캔들의 몸통 길이나 꼬리가 길다면 매수세와 매도세의 힘의 균형이 한쪽으로 급격히 몰리는 것을 의미하기에 주가 변동폭이 매우 커지게 됩니다. 캔들의 몸통 길이는 시초가와 종가를 나타냅니다. 주가가 시초가보다 종가가 높게 끝난다면 매수세의 힘이 매도세보다 강한 것을 의미하기에 캔들의 몸통은 양봉 형태를 띱니다. 반대로 매도세가 강하다면 주가는 시초가보다 종가가 낮게 형성되기 때문에 캔들은 음봉 형태를 띠게 됩니다.

캔들에서 위꼬리가 길면 장중 강한 매도세가 출현한 것을 의미합니다. 캔들의 위꼬리는 장중 최고가와 시초가 혹은 종가 사이의 가격 차이를 의미하는 것으로, 위꼬리가 길면 장중 매도세가 강하게 출현해 주가하락을 유도한 것을 말합니다. 반면 아래꼬리는 매수세의 출현을 의미합니다. 캔들의 아래꼬리가 길면 주가가 장중에 매도세에 밀려 시초가 아래로 내려가다 강한 매수세 출현으로 주가하락을 상승세로 돌려놓았다는 것을 말합니다.

결과적으로 주가는 곧 캔들의 몸통과 꼬리의 위치 변화라 할 수 있습니다. 일봉인 경우 하나의 캔들은 당일 주가 흐름을 나타내고, 이러한 캔들을 여러 개 모아놓은 것이 바로 '캔들차트(봉차트)'입니다. 차트분석은 바로 이러한 캔들의 흐름을 통해서 수급과 추세를 살펴 매매 타이밍을 잡는 방법을 말합니다.

장대양봉, 장대음봉

캔들의 몸통은 시초가와 종가를 나타냅니다. 몸통이 짧은 단봉은 시초가와 종가 사이의 가격 변동이 크지 않지만, 몸통이 긴 장대봉은 시초가와 종가의 가격 변동이 매우 큰 것으로 매수세와 매도세 간의 힘의 균형이 한쪽으로 급격하게 기울어진 것을 말합니다.

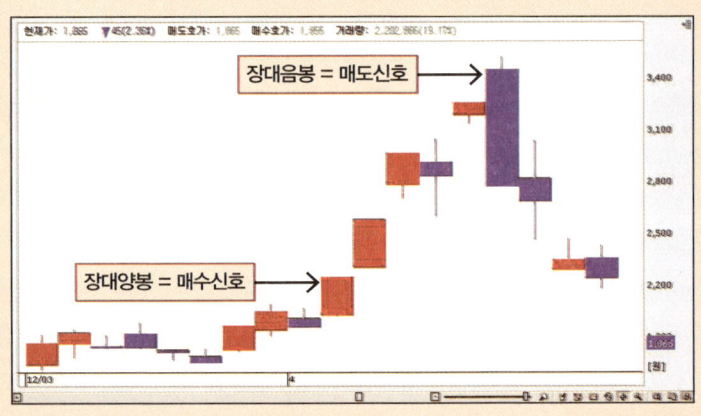

특히 캔들 몸통 길이가 매우 긴 장대양봉이나 장대음봉은 세력의 매우 강한 힘을 보여주는 것으로… 기업의 호재나 악재가 시장에 반영되면서 투자자들이 한쪽으로 급격히 몰리면서 일어나는 현상입니다. 일반적으로 바닥권에서 장대양봉은 상승추세 전환을, 상투권에서 장대음봉은 하락추세 전환을 예고합니다.

지지와 저항의 개념

주가는 상승과 하락의 반복적인 흐름 속에서 횡보의 조정기간을 거치게 됩니다. 뒤에서 자세히 다루겠지만 주가는 3가지의 추세 속에서 움직임을 보입니다. 먼저 주가가 상승하는 흐름을 나타내는 **상승추세**, 주가가 하락하는 흐름을 나타내는 **하락추세**, 그리고 주가가 옆으로 횡보하는 **횡보(보합)추세**가 그것입니다. 주가가 상승하려면 우선 지지대가 필요한데 보통 횡보추세에서 지지선이 형성됩니다.

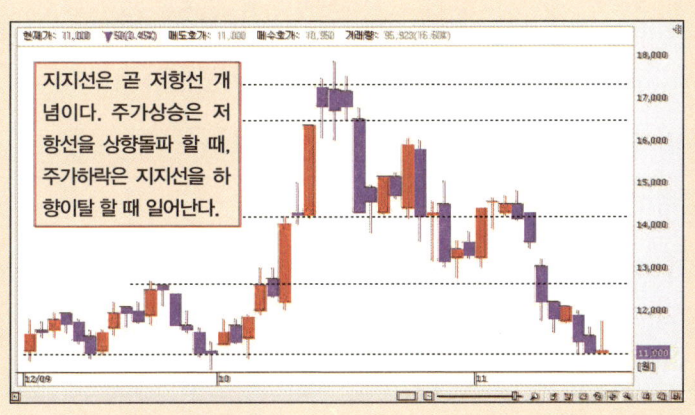

지지선은 한마디로 주가하락을 방지하는 안전망 역할을 합니다. 지지선은 의미가 있는 2개 이상의 캔들의 저점을 평행으로 연결한 선을 말합니다. 주가가 옆으로 연속적으로 움직이면서 횡보추세 속에 놓여있게 되면 주가 변동폭은 크지 않고 일정한 가격권 내에서만 반복적인 흐름을 보입니다. 이때 어느 특정 가격대에 이르면 주가는 더 이상 내려가지 않거나 더 이상 상승하지 않으려 합니다. 이런 상태에서 의미가 있는 2개 이상의 캔들 저점을 평행선으로 연결하면 **지지선**, 고점을 평행선으로 연결하면 **저항선**이 만들어집니다.

  지지선은 캔들의 저점을 연결한 선이기 때문에 '매수세 유입구간'을 의미합니다. 반면 저항선은 캔들의 고점을 연결한 선이기 때문에 '매도세 유입구간'을 의미합니다. 주가가 상승하려면 일단 지지선을 버팀목으로 해서 저항선을 상향돌파 해야만 합니다. 이후 돌파된 저항선은 지지선이 되어 상승추세를 이어나가게 됩니다. 만약 주가가 지지선을 지키지 못하고 하향이탈 하면 주가는 하락하게 됩니다. 이렇게 주가하락이 시작되면 이전에 이탈된 지지선은 이제 저항선으로 바뀌면서 주가상승의 걸림돌로 작용합니다.

지지선(의미있는 저점) 〈=〉 **저항선**(의미있는 고점)

지지선 하향이탈 =〉 **저항선**

저항선 상향돌파 =〉 **지지선**

분봉, 일봉, 주봉, 월봉

차트는 기본적으로 일봉에 맞춰져 있습니다. 하루 동안의 주가 변화를 하나의 캔들로 표시합니다. HTS 주가차트에서는 하루가 아닌 분 단위로 보다 세분화하거나 일주일이나 한 달을 기준으로 주가변화를 살필 수 있게 도움을 줍니다.

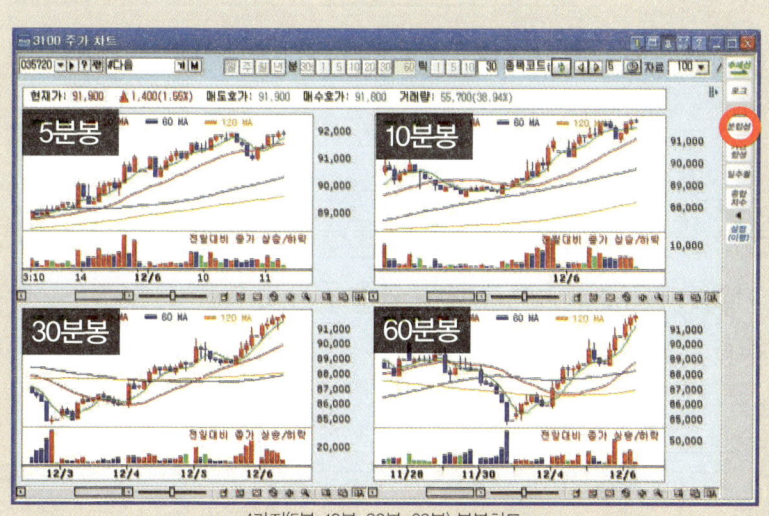

4가지(5분, 10분, 30분, 60분) 분봉차트

분봉차트 설정은 주가차트 상단의 메뉴나 혹은 분합성 메뉴를 통해 투자자가 원하는 기간에 맞게 차트를 설정할 수 있습니다. 분봉차트인 경우 일봉이 아닌 분 단위로 캔들, 이평선, 거래량을 표시해줍니다. 분 단위에 맞게 주가 흐름을 보여주기 때문에 보통 '데이트레이더(Day trader)'라 불리는 단기 투자자들이 선호하는 차트 설정입니다.

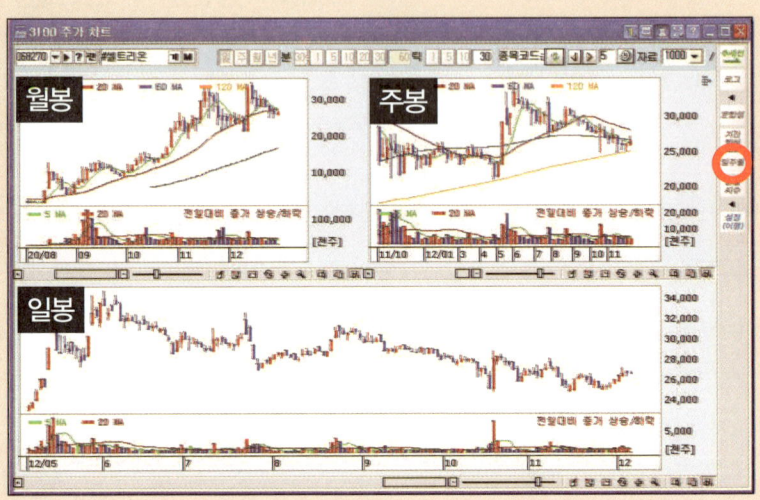

일봉, 주봉, 월봉 주가차트

또한 차트 설정에서는 일봉이 아닌 일주일(주봉)이나 한달(월봉) 단위로 표시가 가능합니다. 주봉차트는 거래일수 5일(일주일) 동안의 주가변화를 하나의 캔들로 표시한 것으로 단기매매보다 스윙투자(2~3일 간격으로 투자)나 중기투자에 적합한 차트입니다. 월봉차트는 거래일수 20일(한달) 동안의 주가변화를 하나의 캔들로 표시한 것으로 주가의 큰 흐름을 살펴볼 수 있다는 점에서 중기나 장기투자에 도움이 되는 차트입니다.

거래량이 차트를 만든다

거래량은 주식 매매량의 총합, 다시 말해 매수량과 매도량의 합을 말합니다. 거래량은 차트에서 아래쪽 막대그래프 형태로 표시되어 거래량 증감 여부를 한 눈에 알아볼 수 있도록 해줍니다. 거래량은 수급의 의미로도 사용됩니다. **수급**은 수요와 공급을 아울러 이르는 말로 거래량이 많다는 것은 곧 수급이 좋다는 의미로 해석합니다.

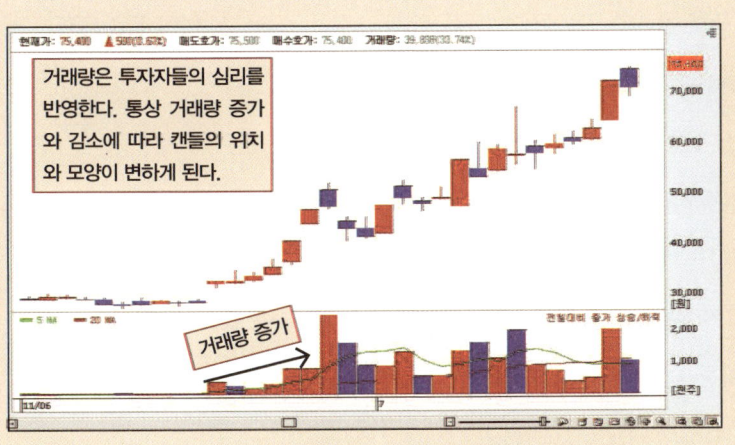

차트분석의 핵심은 매수와 매도자의 수급을 분석해 추세를 살펴 매매 타이밍을 잡는 것입니다. 통상 거래량은 캔들차트와 그 궤도를 같이 합니다. 이를테면 어떤 기업의 주식을 매수하려면 주식을 매도하려는 투자자로부터 주식을 사야 하고, 보유주식을 매도하려면 매수하려는 투자자들이 반드시 존재해야만 합니다. 따라서 거래량이 증가하면 주가 변동성이 커지기 시작하고, 거래량이 감소하면 주가 변동성도 작아지는 것이 일반적입니다.

주가는 수급에 비례한다고 볼 수 있습니다. 주식을 매수하고자 하는 투자자들이 많으면 주가는 상승하고(매수세가 매도세를 압도하기 때문에), 반대로 보유주식을 매도하고자 하는 투자자들이 많으면 주가는 하락합니다.

일반적으로 주가가 상승하려면 거래량이 증가하는 경향을 보입니다. 이유는 매도자는 보유주식을 매도할 때 수익을 얻고자 하고, 매수자는 매도자로부터 사들인 주식을 더 높은 가격에 매도하고자 하는 투자자들의 이익 욕구 때문입니다. 주가가 상승할수록 매도자는 늘어나는데, 이 매도 물량을 매수자가 사들이는 과정에서 거래량이 증가할 수밖에 없는 현상이 벌어지기 때문입니다.

주가하락은 이와 반대로 통상 거래량이 감소합니다. 매도자는 매수자가 보이는 즉시 보유주식을 매도하는데 반해 매수자는 매도세가 안정될 때까지 매수를 일단 보류하려는 경향이 나타나기 때문입니다.

한 가지 주의할 것은… 실전에서 꼭 [거래량 증가 → 주가상승], [거래량 감소 → 주가하락]을 의미하는 것은 결코 아니라는 사실입니다. 거래량은 투자자들의 적극적인 심리를 반영하는 것으로 가격이 아닌 변동성을 의미합니다. 따라서 **[거래량 증가 → 변동성 확대]**, **[거래량 감소 → 변동성 축소]**라 해석하는 것이 올바른 수급분석 방법입니다.

상승추세에서의 거래량 변화

일반적으로 주가가 지속적으로 상승하는 상승추세에서는 보통 거래량이 증가하게 됩니다. 주가상승은 저점과 고점을 차례로 높이는 과정입니다. 저점 매수자는 주가상승으로 인한 단기 수익의 유혹을 대부분 견디지 못하고 매도하게 되는데, 이 단기 매도 물량을 신규 매수세가 받아 주어야 하기 때문에 거래량이 증가하게 됩니다.

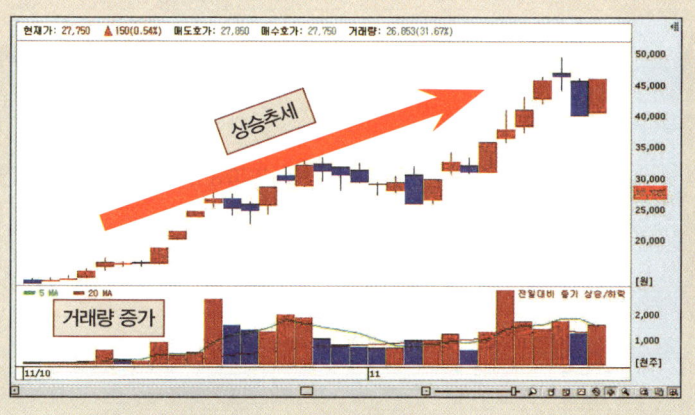

수요와 공급의 법칙에서 가격의 상승은 공급 부족 보다는 대체로 수요가 증가할 때 일어납니다. 주식도 매수하고자 하는 투자자들이 많을 때 가격이 상승합니다. 매수세가 매도세를 힘으로 이기는 과정에서 거래량이 증가하게 되고, 이후 더 이상의 거래량 증가가 뒷받침되지 않으면 공급이 증가하는 환경이 조성됩니다.

하락추세에서의 거래량 변화

상승추세와 달리 주가가 지속적으로 하락하는 하락추세에서는 보통 거래량이 감소하는 경향을 보입니다. 거래량은 수요와 공급의 에너지를 말합니다. 주가하락은 저점과 고점이 차례로 낮아지는 과정을 말합니다. 저점이 낮아진다는 것은 가격 하락을 의미하고, 가격이 하락했는데 매수세가 유입되지 않는다면 거래량이 감소하는 원리입니다.

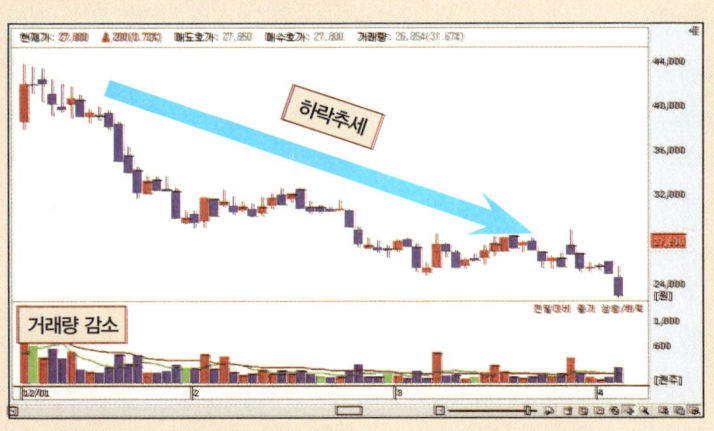

예를 들어 마트(시장)에서 특정 상품(주식)의 가격이 하락했는데 소비자(매수세)가 계속 외면한다면 해당 상품의 가격은 더 떨어지거나 아니면 진열대에서 제외되는 이치입니다. 대부분 상품 가격이 하락하면 싼 맛에 지갑을 여는 것이 일반 소비자들의 심리입니다. 지갑을 열지 않는다는 것은 제품 가격이 아직 비싸다고 느끼거나 제품에 어떤 문제가 발생했거나 둘 중 하나입니다. 제품에 대한 문제는 타기업의 유사제품이 더 좋아 보여 기존에 사용하던 제품을 외면하거나 심지어 해당 제품이 소비자의 건강을 해치는 유해물질 함유 소식으로 폐지되는 경우일 것입니다.

가격이 싸졌는데 소비자가 찾지 않는다면 가격을 더 내리거나 아니면 마트에 진열된 제품을 회수해 폐기처분 하는 수밖에 없습니다. 주가하락도 마찬가지입니다. 해당 회사의 가치가 터무니없이 고평가 되어 주가가 너무 비싸 보이거나 아니면 회사에 어떤 악재가 생겨 기존 투자자들이 투매를 감행해 탈출하려 하는 것입니다. 그 때문에 주가가 지속적으로 하락하는 하락추세에서는 대체로 거래량이 감소하는 경향을 보입니다.

주가하락이 멈추는 시기는 거래량 감소 추세가 진정되면서 차례로 낮아지는 저점과 고점이 일단 안정되기 시작하는 시점입니다. 가격이 더 이상 내려갈 것 같지 않은 상황, 회사의 악재가 시장에 대부분 반영된 상황, 소비자가 이정도 가격이면 지갑을 열 마음이 생기는 시점에서 주가는 바닥을 치고 이후에 상승 전환을 모색하게 됩니다.

물량매집 대량거래

거래량은 매수와 매도의 합을 나타내는 것으로 보통 유통주식수에 맞게 종목별로 평균 거래량이 일정한 경향이 있습니다. '유통주식수'는 총주식수에서 대주주 지분 및 특수관계인 지분을 뺀 시장에서 실거래가 가능한 주식수를 말하며, 유통주식수가 많다면 특정 거래일수에 맞게 평균 거래량도 많은 편입니다.

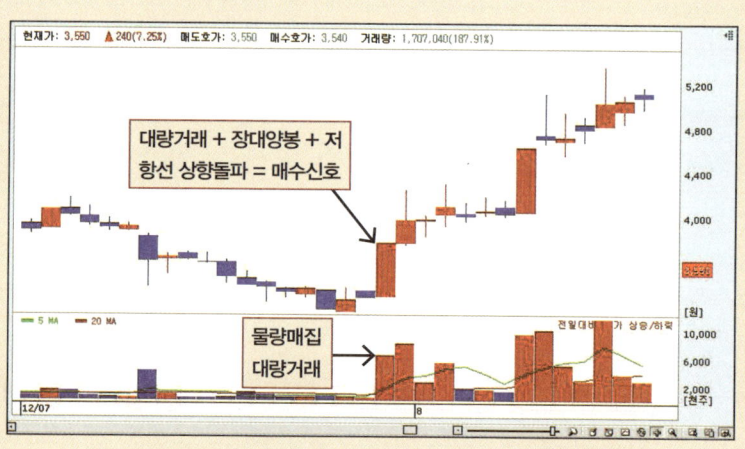

대량거래는 특정 거래일수(통상 20일 정도)의 평균 거래량 대비 500% 이상의 폭발적 거래량 증가를 의미합니다. 이런 대량거래는 보통 기업에 호재나 악재가 크게 반영될 때 일어나며, 세력의 물량매집 대량거래와 물량털기 대량거래로 나눌 수 있습니다.

물량매집 대량거래는 세력이 해당 기업의 주식을 미리 매집하지 못한 상태에서 기업의 호재를 등에 업고 '자전거래(동일인이 여러 계좌를 이용해 대량거래를 일으키거나, 동일계좌에서 동일가격으로 대량의 매수·매도 주문을 내어 대량거래를 체결시키는 거래방법)'를 동반시키면서 개인투자자들의 보유물량을 매집하고자 하는 목적에서 일어납니다.

기업에 큰 호재가 숨어 있다면 보통 세력들은 호재가 시장에 발표되기 이전부터 물량매집 수순을 거치게 됩니다.

정보의 비대칭성(정보의 비효율성) 때문에의 기업의 중요한 정보는 미리 유출되게 마련이고, 따라서 세력은 정보공개 이전 몇 개월에 걸쳐 물량을 매집한 다음 대형호재 공시와 함께 주가를 급등시키는 절차를 밟는 것이 일반적입니다.

그러나 예상치 못한 기업의 돌발호재가 출현한 경우 세력은 대량거래를 일으켜 장중 변동성을 최대한 키운 상태에서 개인들의 물량을 매집하게 됩니다. 따라서 물량매집 목적의 대량거래는 주가가 대량거래 시점의 저점을 이탈하지 않고, 이후 저점과 고점을 차례로 높이면서 주가상승을 이끌어내는 특징이 있습니다.

물량털기 대량거래

대량거래는 투자자들의 관심을 한눈에 끄는 매력이 있습니다. 기업의 악재든 호재든 우선은 폭발적 거래량 증가 때문에 단기 성향이 매우 짙은 데이트레이더나 중장기 투자자들의 관심을 받기 때문입니다. 물량매집 대량거래와 달리 **물량털기 대량거래**는 세력이 보유한 물량을 개인들에게 매도할 목적으로 거래량을 폭발시킨 경우입니다.

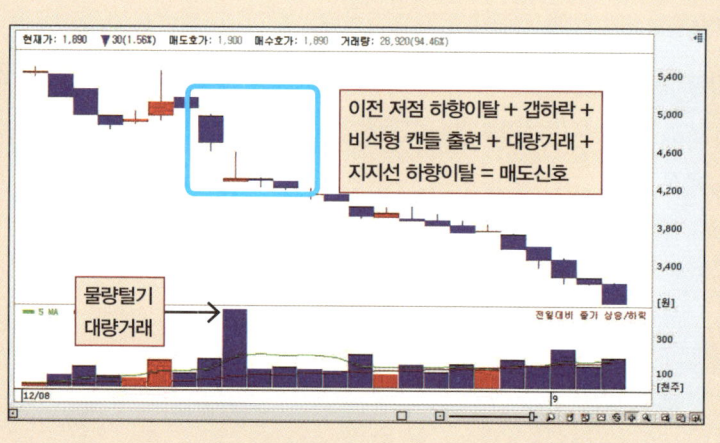

물량털기 대량거래는 주가가 상투권이든 바닥권이든 일단 대량거래 시점의 저점을 지지하느냐 못하느냐가 중요합니다. 주가가 이전 저점을 하향이탈 한다면 대량거래가 발생한 가격대가 곧 최대 저항대로 바뀌게 됩니다. 세력의 속임수라 자위하기에 앞서 일단은 위험관리가 필수입니다.

거래량에 대한 일반적 오해와 진실

주식격언 중에 "수급은 모든 재료에 우선한다"라는 말이 있습니다. 무슨 말일까요? 대다수의 개인투자자들은 시장의 수급을 보지 않은 채 오로지 재료(기업의 호재와 악재)만 보고 주식을 매매하는 경향이 많습니다. 그 때문에 대부분 실패를 맛보는 것입니다. 제아무리 재료가 좋은들 수급이 뒷받침 안 된다면 기업에 어떠한 호재가 나온들 주가는 하락하게 되어 있습니다. 반대로 수급이 받쳐준다면 어떤 악재가 나와도 주가는 오히려 상승을 시도합니다. 이것이 바로 수급은 모든 재료에 우선한다는 의미입니다.

여기서 말하는 **수급**이란 수요와 공급에 따른 에너지, 즉 '거래량'을 의미합니다. 거래량 중에서도 '매수세'를 일컫는 말이기도 합니다.

일반적으로 바닥권에서는 거래량이 증가하는 것이 좋고, 상투권에서 거래량이 증가하는 것은 나쁘다고 알고 있습니다. 그리고 거래량이 주가의 수급을 결정짓는 매우 중요한 역할을 한다고 인식하고 있습니다. 과연 그 이유가 무엇일까요? 그 이유는 바로 거래량이 곧 '매수세'를 의미하기 때문입니다. 그렇다면 왜 거래량이 매수세를 의미할까요? 매도세를 의미하지는 않을까요. 대량거래는 매수세도 많지만 매도세도 그만큼 많기 때문이 아닐까요. 주가가 단기 고점이라도 보유주식을 매도할 투자자들이 적다면 주가하락은 없지 않을까요. 그런데 왜 매수세만을 강조하는 것일까요?

주식은 수학공식처럼 암기한다고 되는 것이 아닙니다. 주식에서 어떤 현상이 발생하면 그 이유가 있을 것이고, 그 원리를 이해해야만 비로소 주식시장에서 살아남게 됩니다. 주식에서 원리를 이해하지 못한 기계식 투자는 100% 실패할 수밖에 없습니다.

주가는 거래량이 결정한다고 했습니다. 단순하게 생각해서 거래량이 많다는 것은 주식을 매수하는 투자자와 보유주식을 매도하는 투자자들이 많다는 것을 의미합니다. 주식은 언제나 현금화가 가능한, 곧 환금성이 매우 뛰어난 대표적인 투자상품입니다. 그런데 주식을 보유한 투자자는 반드시 자신이 보유한 주식을 누군가에게 매도해야만 현금화가 가능하다는 단점을 안고 있습니다. 투자자들은 주식을 왜 매수할까요? 바로 매수가보다 높은 가격에 매도하고자 주식을 매수하는 것입니다. 그 가격 차이를 이용해 돈을 벌고자 하는 것일 뿐 그 이상도 그 이하도 아닙니다.

일단 매수한 주식을 매도하려면 반드시 매수세가 나타나 주어야만 합니다. 매수할 투자자가 없는데 어떻게 보유주식을 매도하겠습니까. 손바닥도 서로 마주쳐야만 소리가 나듯이 거래는 필히 상대방이 존재해야만 성립합니다. 바로 이런 이유 때문에 거래량이 증가한다는 것은 곧 매수세가 많아진다는 것을 의미합니다. 주식은 누군가 매수를 해야만 매도할 수 있기 때문입니다.

개인투자자들이 가장 오해하기 쉬운 부분이 바로 여기에 있습니다. **거래량이 없는 상태는 주식을 매도하고자 하는 투자자가 없다는 것이 아니라, 매수하고자 하는 투자자가 없다는 것**을 말합니다. 거꾸로 해석하지 않도록 합니다. 결론적으로 **거래량이 증가한다는 것은 곧 매수세가 많아졌다는 것**을 뜻합니다.

상투권(고가권=천정권)에서 거래량이 많다는 것 또한 일맥상통한 의미로 해석해야 합니다. 일단 고가권이기 때문에 저가에서 매수한 주식 보유자는 수익실현 차원에서 너도나도 매도하고자 할 것입니다. 그런데 매수할 투자자가 지극히 적다면 당연히 주가는 거래량 없이 하한가로 곤두박질치지만, 비록 고가권이라 하더라도 보다 높은 가격에 팔 수 있다는 실낱같은 그 희망 하나 때문에 신규 매수세가 많이 나타날수록 상투권에서 거래량이 많아지는 것입니다.

이렇게 주식을 고가권에서 매수한 투자자가 많은 상태에서, 또 다른 매수주체가 나타나지 않으면 어떻게 될까요? 팔 사람은 많은데 살 사람이 많지 않다면 어떻게 될까요? 수요와 공급의 법칙에서 수요량은 줄고 공급량은 늘어나는 경우입니다. 자연히 가격은 하락할 수밖에 없는 환경이 조성되는 것입니다.

주식을 매수할 투자자가 나타나지 않으면 주식을 보유한 투자자는 심리적으로 매우 불안해집니다. 다행이 낮은 가격이라도 주식을 매수할 투자자가 나타납니다. 이때 여러분은 어떻게 하시겠습니까? 당연히 낮은 가격이라도 팔고 싶은 욕구를 느낄 것입니다. 바로 이처럼 낮은 가격에 거래가 이루어지기 때문에 주가는 하락하는 것입니다.

혹자는 그렇다면 보유주식을 매도하지 않는다면 주가하락은 없을 것 아닌가? 하고 반문할 수도 있습니다. 맞는 말입니다. 그러나 **보유한 주식은 언젠가는 반드시 매도해야만 하는 운명**을 안고 있습니다.

예를 들어 주가 상투권에서 주식을 매수한 투자자가 엄청나게 많은 상태라고 가정해 보기 바랍니다. 저점 매수자는 이미 고점 매수자에서 보유주식을 모두 팔아 수익을 실현한 상태입니다. 이때 고점 매수자는 심리가 매우 불안해집니다. 누군가 더 높은 가격에 자신이 산 주식을 매수해주어야 하는데, 그 누군가가 더 이상 나타나지 않기 때문입니다. 그러면 자연히 매수세가 보이는 즉시 보유주식을 매도할 수밖에 없는 상황이 연출되는 것입니다.

저점 매수자인 경우 보유주식을 전부 매도하지 않았다면 상투징후가 보이기 시작하면 낮은 가격이라도 남은 주식을 모두 매도할 것이고, 고점에서 추격매수한 투자자들은 불안한 심리를 견디지 못하고 손절매를 한답시고 덩달아 매도할 것이고, 어쨌든 낮은 가격이라도 매수할 투자자가 나타나면 더 낮은 가격이라도 보유주식을 매도하고자 하는 심리가 커질 수밖에 없습니다. 이때가 바로 '대상투'를 찍고 주가하락이 시작되는 시점입니다.

이런 과정을 통해 고점에서 거래량이 증가하면서 주가가 하락하면, 매물벽이 두터워지는 것이고, 저항선이 되는 것이며, 그 때문에 통상적으로 고점에서 이전 거래량을 상회하는 거래량 증가가 나타나지 않는 이상 하락추세가 지속되는 것입니다. '거래량이 곧 매수세'이기 때문입니다.

다시 강조하지만, 거래량은 매도세를 말하는 것이 아니라 매수세를 뜻합니다. 주식을 매수할 투자자가 많아 서로 경쟁이 붙어 너도나도 높은 가격에 주식을 매수해야만 주가는 상승합니다. **낮은 가격에 주식을 산다고 주가가 상승하는 것이 아니라, 누군가 높은 가격에 주식을 매수해 주어야 주가가 상승하는 것**입니다.

상승하던 주가는 그동안 높은 가격에 매수한 투자자가 많기 때문에 주식 보유자는 심리적으로 불안을 느끼게 되고, 이 때문에 낮은 가격이라도 매수세가 나타나는 즉시 주식을 매도하면 주가는 그때서야 상승을 멈추고 상투를 찍고 하락하는 것입니다.

▶ 수급 = 거래량 = 매수세
… 그러나 반드시 주가상승을 의미하는 것은 아니다

▶ 거래량 = 매물대 = 지지선 or 저항선
… 돌파하면 지지하고, 이탈되면 저항한다

> ▶ **거래량 증가 = 매수세 증가 = 변동성 확대**
> … 수요와 공급은 가격을 결정한다

주식투자는 주식시세의 차익을 노리는 것. → 시세차익을 얻으려면 주식을 매수해야 한다. → 주식을 매수하려면 누군가 주식을 매도해야만 한다. → 이렇게 매수한 주식은 반드시 누군가에게 매도를 통해서만 현금화가 가능하다.

수급이 좋아진다. → 거래량이 증가한다. → 거래량은 매수세를 의미한다. → 거래량은 [매물대 = 지지선 = 저항선] 역할을 한다. → 거래량이 증가해서 매물을 돌파하면 지지하고, 이탈되면 저항한다.

결과적으로 **거래량 증가는 매수세 유입에 힘입어 주가 변동성이 확대된다는 것**을 뜻합니다. 따라서 거래량 증가가 주가상승으로 이어지려면 매수세가 유입된 가격대를 지지선으로 해서 저점과 고점을 차례로 높이면 됩니다. 이와 반대로 매수세가 유입된 가격대가 저항선으로 바뀐다면 주가하락을 암시하는 것입니다.

거래량 증감 여부의 키포인트

거래량은 매수세의 힘을 나타냅니다. 그러나 개인투자자가 주(主)가 되는 매수세인지, 세력이 주(主)가 되는 매수세인지가 중요한 키포인트입니다. 세력이 개입되는 거래량은 바닥권에 거래량 증가 비율과 함께 짧고 강하게 상승하는 특성이 있습니다. 만약 거래량 증가 비율과 시간이 오히려 길면 길수록 어떻게 될까요? 바로 개인투자자가 대거 몰려오는 환경이 만들어지게 됩니다. 따라서 강한 세력이 주도하는 주식은 거래량을 줄이며 강하게 급등하는 특징을 보입니다.

반면 소수의 특정 세력이 아닌 불특정다수 투자자들이 세력인 경우에는 완만한 거래량 증가세에 맞춰 완만한 주가상승을 유도해냅니다. 작전주나 테마주인 경우 거래량 폭증과 주가급등과 주가급락이 반복해서 진행되지만, 대형우량주나 가치주인 경우에는 거래량 증감추세가 완만하게 진행되면서 주가도 완만한 상승과 하락곡선을 그리게 됩니다.

주가 변화에 따른 거래량 증감 여부에 대해 간략히 설명하면 다음과 같습니다.

▶ 바닥권 거래량 횡보

: 바닥권에서는 사자는 투자자와 팔자는 투자자가 자취를 감춘 거래량 공백 상태입니다. 거래량이 크게 감소하거나 혹은 증가하지 않고 지속적으로 횡보세를 거듭한다는 것은 매수세가 유입되지 않는다는 것을 뜻하기 때문에 당분간 매력이 없는 주식입니다. 거래량이 증가할 시점까지는 관망입니다.

▶ 바닥권 거래량 감소

: 바닥권에서 거래량이 감소한다는 것은 아예 매수세가 종적을 감춘 것을 말합니다. 주가가 더 이상 떨어지지 않은 상태라면 조만간 거래량 바닥이 탄생할 가능성이 크고, 주가가 떨어지면서 동시에 거래량이 감소한다면 세력의 인위적인 주가 누르기일 가능성도 있지만 그보다는 추가 하락 가능성도 열어두어야 합니다. 이전 주식 보유자의 실망매물이 출회될 공산이 크기 때문입니다.

▶ 바닥권 거래량 증가

: 바닥권 거래량 증가는 거래량 최저점(바다)을 기록한 후 평균 거래량의 3배 이상 거래량 급증 현상이 나타날 때를 말합니다. 자취를 감추었던 매수세가 등장했다는 데에 큰 의미가 있다 하겠습니다. 이 매수세가 단타 세력이든 혹은 강한 세력이든 일단 상승반전을 시도하게 됩니다. 일반적으로 강한 세력이라면 거래량 바닥시점에서 거래량 증가 후 큰 거래량 없이 주가를 끌어올립니다. 약한 세력이라면 일시적으로 주가가 상승반전하면서 거래량이 폭증한 이후 다시 주가는 하락세로 돌변합니다.

▶ 바닥권 급락 중 거래량 증가

: 더 이상 떨어질 것 같지 않던 바닥권에서 급락을 하며 거래량이 증가합니다. 해당 기업에 특별한 악재가 없는 한, 세력의 의도적인 작전일 수도 있지만, 어쨌든 투자자들의 일시적인 불안심리로 수급이 깨진 현상을 말합니다. 세력은 오히려 급락하는 주식을 저점에서 받아먹을 확률이 높습니다. 재무가 우량한 주식이라면 이후 거래량을 줄이며 상승반전을 시도하게 됩니다. 반대로 재무가

불량한 주식이라면 추가적인 폭락 가능성도 열어두어야 합니다. 바닥권 급락주는 단기 지지선이 확보될 때까지 관망하는 것이 좋습니다.

▶ 바닥권 급락 중 거래량 감소

: 바닥권은 강한 하방경직성을 자랑하는 구간을 말합니다. 그런데 거래량이 없이 급락한다는 것은 세력의 인위적인 의도일 가능성과 비인기 주식인 경우 더 이상의 투자 매력이 없다는 두 가지 의미로 해석이 가능합니다. 일단 급락 이전 주가 변화나 거래량 변화가 있었는지가 중요합니다. 종목에 따라 해석의 차이는 있지만 매수보다는 매도관점이며, 급락을 마무리 한 다음 이후 거래량 변화에 따라 매수시점을 저울질 하는 것이 좋습니다.

▶ 상승 중 거래량 증가(하락)

: 수급을 의미하는 거래량은 매수세이자 지지선과 저항선 역할을 합니다. 주가가 바닥권에서 탈피해 상승추세로 전환될 때 소수의 특정 세력에 의해 좌지우지 되지 않는 대형우량주인 경우에는 통상 거래량과 주가 움직임은 함께 동행을 하는 특성을 보입니다. 따라서 주가가 횡보추세에 놓여 있을 때 거래량이 완만하게 증가하면, 주가는 횡보추세를 벗어나 상승추세로 접어들면서 완만한 상승각도를 그리게 됩니다. 다시 말해 소수의 작전세력이 쉽게 개입할 수 있는, 자본금이 매우 적은 중소형주와 달리 불특정다수의 많은 투자자들이 거래할 수 있는 자본금이 큰 대형주인 경우에는 거래량이 곧 차트입니다. 통상 거래량이 증가하면서 저점과 고점을 차례로 높일 때 주가는 상승세를 유지하고(거래량이 증가하면서 지지선이 깨지면 일단 위험관리는 필수), 거래량이 감소하면서 저점과 고점을 차례로 낮추면 주가는 하락세로 진행됩니다.

▶ 급등 중 거래량 증가

: 주가가 장기 횡보세를 마무리한 다음 급등하기 시작하면서 오히려 거래량이 증가하는 경우가 있습니다. 이 경우는 매물소화 측면에서는 바람직해 보이지만, 오히려 급락의 위험은 거래량 없이 급등하는 주식보다 더 큰 것이 일반적입니다. 보통 세력이 연속해서 양봉을 만들어 억지로 끌어올리면서 거래량이 증가하는 경우인데, 개인투자자들이 반복적인 학습효과를 통해 따라오라고 유혹하는 패턴이 다반사입니다. 학습효과에 맛들인 개인들이 대거 매수세에 동참할 때면 세력은 일시에 물량을 내던지곤 합니다. 따라서 급등 중 거래량이 증가하는 종목에서는 최대한 단타로만 접근하는 것이 좋습니다.

▶ 급등 중 거래량 감소

: 세력의 강한 힘을 느끼게 해주는 것이 바로 급등 중 거래량이 감소하는 경우입니다. 이미 물량매집이 완료된 상태이기 때문에 개인들의 매수 참여를 허락하지 않는 경우입니다. 이후 거래량이 터졌을 때는 매도관점입니다.

▶ 상투권 거래량 증가

: 고점에서 거래량 증가는 두 가지 목적이 있습니다. 이전 저가 매수자의 매도 물량을 받으며 추가로 상승하려는 의도에서의 거래량 증가와 일반적으로 고점에서 팔아먹는 거래량 증가입니다. 고점에서 추가적인 상승을 위한 거래량 증가는 대체로 전고점대를 지지하면서 이전 고점을 상향돌파 하는데, 흔히 얘기하는 눌림목이나 고가놀이 패턴이 바로 여기에 해당합니다. 반면에 전고점대를 지지하지 못하는 상태에서(저점과 고점이 차례로 낮아지면서) 거래량이 증가하면 세력이 물량을 던지는 과정으로 해석해 매도 포지션을 취해야 합니다.

▶ 상투권 거래량 감소

: 상투권에서는 대체로 거래량이 증가해야 정석입니다. 왜냐하면 상투권은 그동안 주가를 끌어올렸던 세력이 대량의 물량을 개인들에게 매도하는 시점이기 때문에 거래량이 증가하는 패턴을 보입니다. 그러나 상투권에서 오히려 거래량이 감소한다는 것은 세력이 일단 시장을 개인들에게 맡겨놓는다고 해석하는 편이 좋습니다. 물론 그 이전 상투권 대량거래 시점에 세력이 물량을 털었을 가능성도 염두에 두어야 합니다. 이후 주가가 저점을 지지하는지 아니면 거래량이 다시 급증하는지의 여부에 따라 상승추세를 이어가느냐 아니면 하락추세로 반전되느냐를 판단할 수 있습니다.

▶ 상투권 급락 중 거래량 증가

: 주가가 급등한 이후 상투권을 찍고 급락하면서 거래량이 증가하는 경우는 대부분 그 주식에 대한 미래 기대치가 높다는 것을 말합니다. 기대치가 높으니 급락을 해도 누군가 계속해서 매수를 하는 과정에서 거래량이 증가합니다. 하지만 그 기대치가 허상일 경우에는 첩첩산중으로 매물대가 쌓이는 결과를 가져옵니다. 상투권 급락 중 거래량이 급증한 상태에서 저점과 고점을 차례로 낮춘다면 추가 상승 가능성은 희박한 편입니다. 따라서 단기 100% 이상 고점을 찍고 급락하는 주식이라면 거래량이 증가 여부에 관계없이 일단 빠져나오는 것이 좋습니다. 이후 저점 지지와 기간조정을 확인한 다음 그때 매수해도 늦지 않습니다.

▶ 상투권 급락 중 거래량 감소

: 이미 상투권에서 대량거래와 함께 음봉이 출현한 상태라면 자연히 상투를 찍고 급락하면서 거래량은 감소하게 됩니다. 고점을 이미 확인한 상태이기 때문

에 신규 매수세가 유입되지 않은 상태로 지속적인 투매성 매물로 거래량이 감소하는 것입니다.

거래량 바닥은 주가 바닥

거래량은 매수와 매도물량의 합, 거래량이 증가한다는 것은 매수세와 매도세의 대규모 충돌 현상으로 가격 변동성이 매우 커지게 되고, 거래량이 감소한다는 것은 매수세가 자취를 감추면서 가격 변동성이 작아지는 것을 의미합니다. 이에 따라 통상 주가 바닥은 거래량이 바닥인 상태에서 탄생하는 경우가 많습니다.

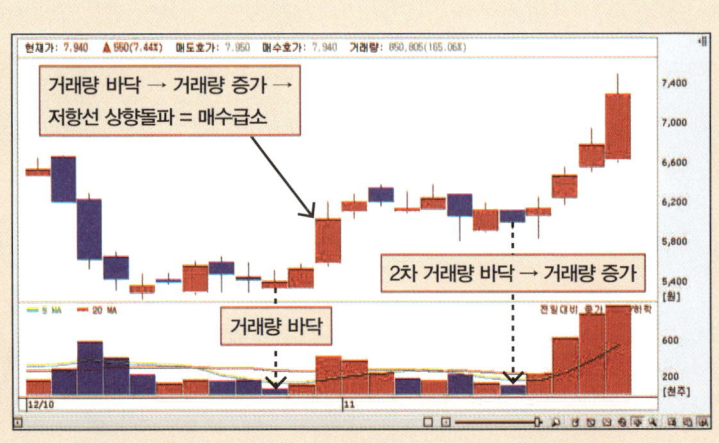

거래량이 일단 감소하면 주가는 상승보다는 옆으로 횡보하거나 하락으로 방향을 잡게 됩니다. 거래량이 곧 매수세를 의미하기 때문입니다. 다시 말해 거래량 바닥은 매수세가 완전히 자취를 감춘 상태를 말합니다.

매수세가 없다면 매도세는 항상 존재하기에(보유주식은 반드시 매도를 통해서만 현금화가 가능하기 때문에) 주가는 보통 하락세를 이어가게 됩니다. 이후 매도세의 힘이 약해질 때면 주가는 하락을 멈추고 옆으로 횡보하게 됩니다. 매수세가 자취를 감춘 상태에서 매도세마저 자취를 감춘다는 것은 투자자들이 더 이상 손해를 보며 보유주식을 매도할 마음이 없다는 것을 뜻합니다. 거래량 바닥은 이처럼 매수물량과 매도물량의 합이 최저인 경우를 말하며, 통상 이 시점이 단기 주가 바닥을 알리게 됩니다.

거래량 바닥의 기준은 일반적으로 거래일수 20일 기간 중 거래량이 최저치로 떨어진 때를 기준으로 합니다. 때론 단기적으로 10일, 중기적으로는 30일이나 40일 기간 중 거래량 최저점을 기준으로 삼기도 합니다.

거래량 바닥은 곧 '매수세 공백'… 매수세가 없는 상태에서 주가하락이 멈춘다면 이후 거래량 증가 시점에서는 대부분 주가는 상승전환을 시도하게 됩니다. 왜냐하면 거래량 증가는 곧 매수세 유입을 말하고, 매수세가 유입되면서 저점과 고점을 차례로 높인다면 주가는 단기 바닥을 치면서 상승으로 방향을 잡으려 하기 때문입니다.

거래량을 통한 매수급소

거래량을 기준으로 매수와 매도 타이밍을 잡을 때 주의사항이 있습니다. 그것은 주식의 가격을 나타내는 캔들(봉)의 지지와 저항입니다. 거래량이 매수세를 의미한다고 무조건 거래량이 증가하는 시점을 매수 타이밍으로 잡아서는 절대 안 됩니다. 거래량이 증가하는 데도 주가의 저점이 하향이탈 한다면 이는 곧 매물대가 두터워지는 결과를 가져오게 됩니다. 이 경우 이전 거래량 증가 시점은 곧 강한 저항선으로 작용하게 됩니다.

주가상승의 최대 걸림돌은 바로 '매물대'입니다. 매수세가 많이 유입된 가격대를 지지하면서 저점과 고점을 차례로 높일 때가 매수관점이지… 저점과 고점을 차례로 낮추면서 거래량이 증가하는 시점은 일단 매도관점이며, 대기 매수세는 관망으로 접근해야만 합니다.

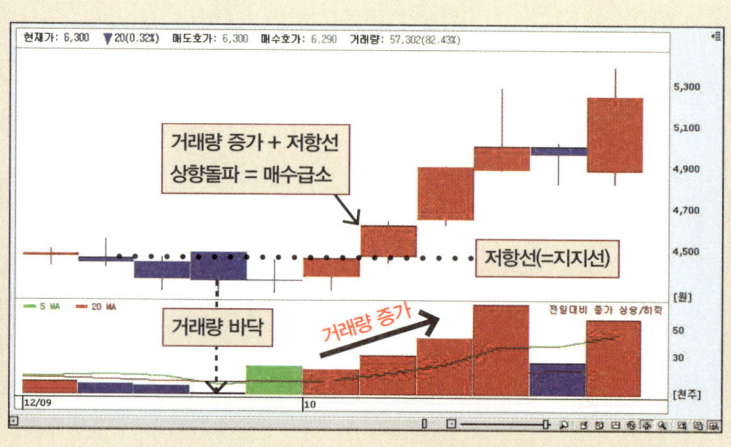

거래량을 통한 매도급소

거래량은 홀로 분석의 대상이 되지 못합니다. 거래량과 함께 캔들의 위치와 모양을 함께 분석해야만 매매 타이밍을 잡을 수 있습니다. 거래량을 중점으로 매도신호를 포착할 때는 우선 현 주가의 위치가 바닥권인지 상투권인지 판별하는 것이 중요합니다. 여기서 말하는 **바닥권**은 최소한 주가가 며칠 동안이라도 옆으로 횡보하는 추세를 보인 상태를 말합니다. **상투권**이란 단기적으로 주가상승이나 급등이 이루어진 상태를 말합니다.

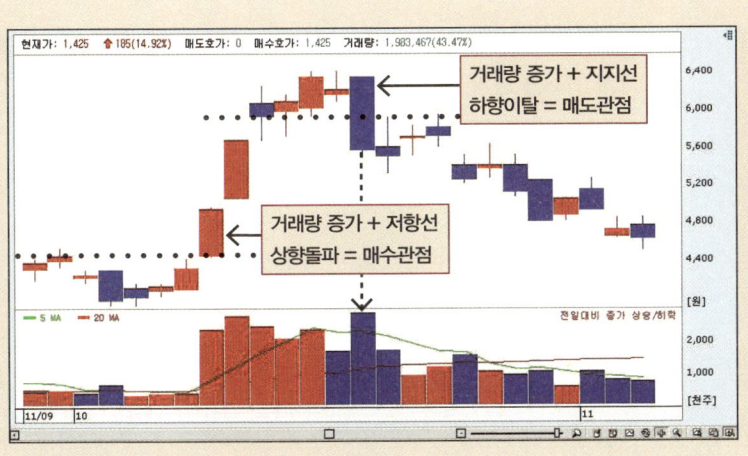

단기적 주가상승은 항상 이전 저점에 매수한 투자자들의 수익실현 매물이 존재하게 마련입니다. 상투권에서 거래량이 증가하면서 이전 지지선을 하향이탈하는 모습이 나온다면 일단 위험관리를 해야만 합니다. 설령 실전에서 추가적인 상승이 이루어진다 하더라도 거래량 증가에 따른 이전 저점 하향이탈은 고점에서의 매물이 두터워지는 결과로 이어지기 때문에 리스크 관리는 필수입니다.

> 상투권 거래량 증가 + 이전 저점(지지선) 하향이탈 = **매도관점**

주가가 단기 바닥권이라도 안심해서도 안 됩니다. 하락추세가 마무리되면서 주가가 옆으로 횡보하는 구간에서도 거래량이 증가하면서 지지선 하향이탈 모습을 보인다면 일단 손절매를 통한 위험관리에 들어가야만 합니다. 왜냐하면 바닥권에서의 거래량 모두가 지지대가 아닌 이제는 매물대가 되어 강력한 저항선 역할을 하기 때문입니다.

> 바닥권 거래량 증가 + 지지선 하향이탈 = **매도관점 및 관망**

만약 바닥권에서 거래량이 없는 상태에서 전 저점을 하향이탈 하는 모습이 나온다면? 세력의 인위적인 주가 누르기나 시장 분위기 침체에 따른 개인투자자들의 일시적 투매 현상으로 생각해 볼 수도 있으나, 일단은 지지선이 깨진 만큼 위험관리는 필수입니다. 부도나 횡령, 대주주 주식담보 반대매매와 같은 예상치 못한 악재가 출현할 수도 있기 때문입니다. 그러나 재무가 우량한 기업에 한해 기업가치가 현저히 저평가된 상태라면 시장 분위기를 살피면서 분할매수로 대응은 가능합니다.

소외주의 특징은 거래량이 없다는 것

시장에서 **소외주**란 투자자들이 외면하는 주식을 말합니다. 투자자들의 관심에서 멀어졌기 때문에 소외주들은 거래량이 매우 적은 공통된 특징을 보입니다. 거래량이 없다보니 가격 변동성도 크지 않아 대부분 옆으로 기나긴 횡보세를 이어나가게 됩니다.

제아무리 재무가 우량한 기업이라도, 유사 기업에 비해 저평가된 상태라도, 기술력이 있고 성장성이 뛰어난 듯 보여도 투자자들이 외면하는 주식은 투자메리트가 떨어질 수밖에 없습니다. 그래서 제아무리 가치분석을 잘해도 실전투자에서 수익을 얻기 힘들다고 하는 것입니다.

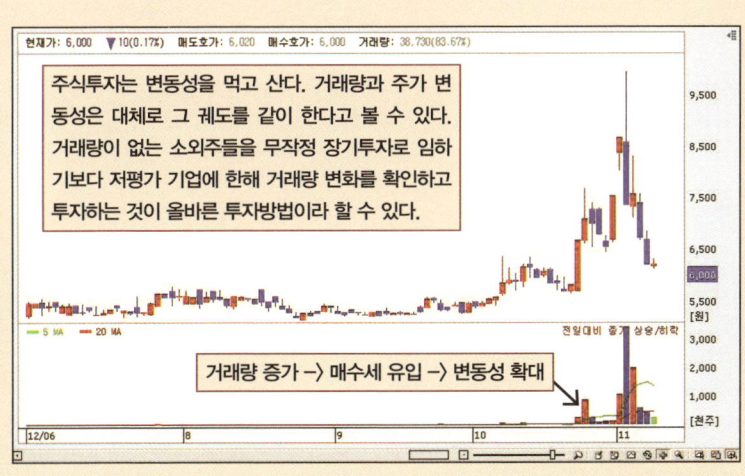

가치분석과 함께 차트분석을 소홀히 할 수 없는 이유가 여기에 있습니다. 제아무리 기업가치가 저평가되었다 해도 투자자들이 매수해 주지 않으면 주가는 오르지 않습니다. 주식이 상승하려면 투자자들이 현 주가보다 높은 가격에 주식을 매수해 주어야만 합니다. 낮은 가격에 주식을 산다고 주가는 오르지 않습니다.

현 주가보다 높은 가격에 주식을 매수하는 과정…

매수세가 유입되는 과정…

수급이 좋아지는 과정… 바로 거래량이 증가하는 시점을 말합니다.

저평가된 소외주를 매수한다면 최소한 크게 잃을 확률은 없습니다. 대부분의 저평가 소외주들이 옆으로 횡보를 하기 때문입니다. 하지만 그만큼 수익을 내기 힘든 구조를 안고 있습니다. 거래량이 없기 때문이고, 다시 말해 주가 변동성이 작기 때문입니다.

가치가 저평가된 기업의 주식은 언젠가는 오르겠지만… 그 가치라는 것이 과연 제대로 산정된 것인지… 그 언제라는 기약이 몇 달이 아닌 몇 년에 걸쳐 지루한 시간을 보낸다면 이 또한 성공투자라 할 수 없습니다. 보통 돈의 가치는 시간에 따라 떨어지게 마련입니다. 투자수익이 물가상승률도 못 따라간다면, 은행이자 수익에도 못 미친다면 과연 소외주에 대한 장기투자란 것이 성공투자가 될 수 있을까 하는 의문이 듭니다.

이평선 개념

　이평선(이동평균선)은 일정한 거래기간 동안 이루어진 주가의 연속적인 변화과정을 특정한 주가 평균값을 내어 차트에 곡선으로 표시한 것을 말합니다. 이평선은 캔들이나 거래량과 달리 주가의 연속적인 흐름을 파악할 수 있으며, 이를 통해 향후 주가의 흐름을 예측하는 데 가장 큰 역할을 합니다.

　이평선은 특정 거래일에 대한 평균주가를 의미합니다. 일반적으로 주가는 이평선을 따라 움직이는 특성이 있습니다. 단기적으로 주가는 5일선을 따라 움직이며, 20일선을 중심으로 상승과 하락추세를 반복하는 경향이 있습니다.

이평선 설정

차트상에서 이평선은 차트설정 항목에서 사용자 임의로 설정할 수 있으며… 기본적인 이평선은 5일, 20일, 60일, 120일선으로 세팅되어 있습니다. 그 외에도 주가 산출 기간에 따라 240일, 300일, 600일선 등으로 설정이 가능합니다.

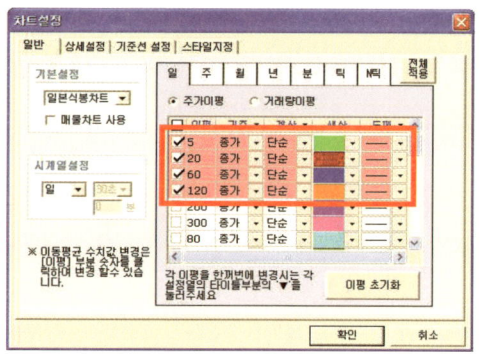

절대적인 기준은 아니지만 단기적 지표로는 3, 5, 10, 20일선… 중기적 지표로는 20, 40, 60일선… 그리고 장기적 지표로는 60, 120, 240, 300일선을 중요시합니다. 실전에서 가장 많이 활용하는 이평선으로는 5일, 20일, 60일선이 있으며, 특히 5일선과 20일선은 중요한 의미를 가지는데, 5일선은 거래일수 5일(일주일) 동안의 평균주가를 나타내며 투자자들의 '단기심리'를 반영하고, 20일선은 거래일수 20일(한달) 동안의 평균주가로 '세력선' 역할을 하기 때문입니다.

그랜빌의 법칙

그랜빌의 법칙이란 미국의 유명한 주가 분석사인 '죠셉 그랜빌(J.E.Granville)'이 제시한 투자법칙으로, 주가는 이평선에서 멀어지면 다시 가까워지려는 성질을 이용해 만든 주식매매의 8가지 투자전략을 말합니다. 그랜빌의 법칙은 주로 단기추세인 20일선 이평선을 기준으로 하기 때문에 장기보다는 중기나 단기투자에 유용한 방법입니다.

■ 그랜빌의 매수신호

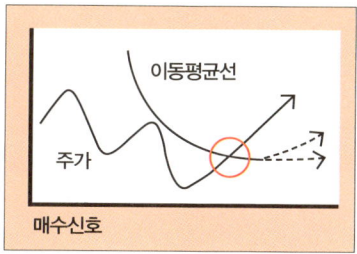

① 이평선이 하락세에서 벗어나 횡보나 상승하는 상황에서 주가가 이평선을 상향돌파 할 때에는 매수신호.

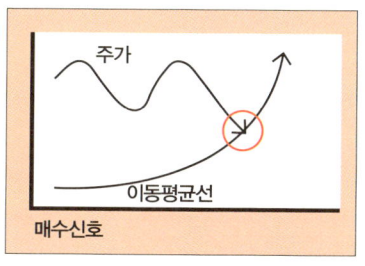

② 주가는 큰 폭의 상승이 없는 상태에서 하락하면서 상승 중인 이평선에 접근하는 경우 일단 매수신호로 해석한다. 이평선이 상승추세이기 때문에 주가하락은 일시적인 경우가 많다.

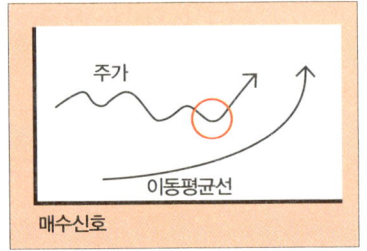

③ 상승세인 이평선을 향해 하락하던 주가가 하향이탈 하지 않고 다시 상승할 때는 매수신호. 주가는 하락하고 있으나 이평선이 지지선 역할을 하고 있다는 증거로 해석한다.

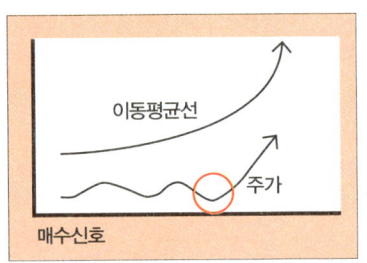

④ 상승세인 이평선보다 주가가 너무 낮은 상태에서 이평선 쪽으로 주가가 근접할 때는 매수신호. 이것은 이평선에서 멀어진 주가는 다시 이평선 근처로 다가선다는 성향을 나타낸다.

■ 그랜빌의 매도신호

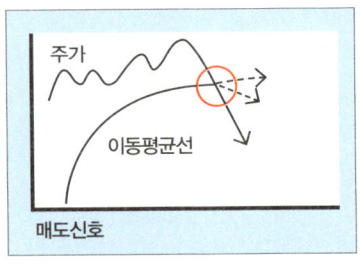

① 이평선이 상승한 상태에서 주가가 한때 출렁인 다음 이평선 아래로 뚫고 내려가면 강력한 매도신호.

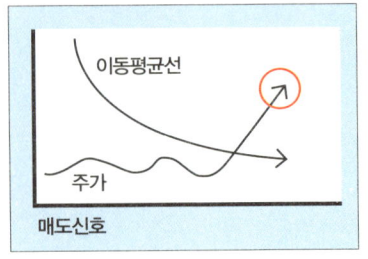

② 하락추세인 이평선에서 주가가 일시적으로 이동평균 위로 돌파할 경우에는 매도신호. 이평선이 하향 곡선을 그리고 있기에 여전히 추세는 하락세이기 때문.

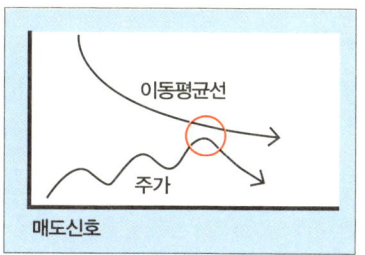

③ 주가가 하락추세인 이평선보다 크게 동떨어진 상태에서 이평선 근처까지 상승했으나, 이평선을 미치지 못하면서 다시 하락할 경우에는 매도신호.

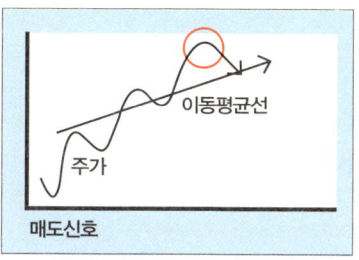

④ 이평선이 상승하고 있는 경우라도 주가가 이평선으로부터 크게 동떨어진 경우, 주가가 이평선을 향해 하락할 가능성이 높기 때문에 매도신호.

정배열, 골든크로스(Golden Cross)

정배열은 장기(120일선) 중기(60일선) 이평선 위에 단기 이평선(20일선, 5일선)이 차례로 올라와 있는 상태를 말합니다. 이때 장기 이평선은 강력한 지지선 역할을 하며, 중장기적으로 큰 폭의 상승이 가능한 이평선 배열입니다.

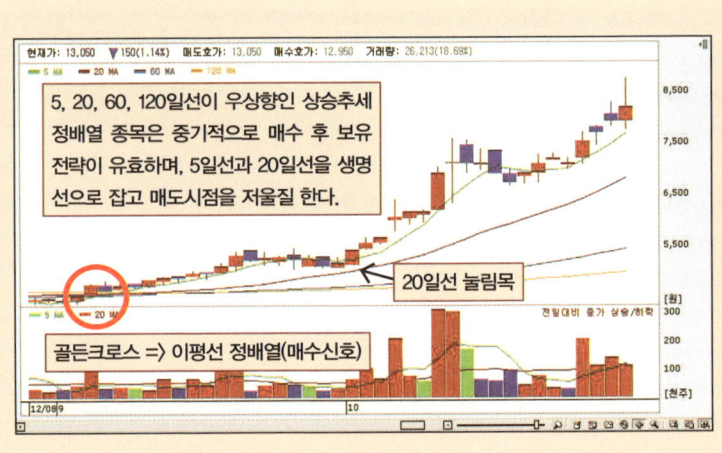

정배열 매수시점은 골든크로스와 함께 일어나는 경우가 많습니다. **골든크로스** (Golden Cross)는 단기 이평선이 중장기 이평선과 교차하면서 위로 뚫고 올라오는 시점을 말합니다. 특히 바닥권에서의 골든크로스는 조정권이나 장기 하락세를 마무리하고 본격적인 상승추세로 전환되는 키포인트 역할을 합니다.

역배열, 데드크로스(Dead Cross)

데드크로스(Dead Cross)는 죽음의 십자가를 말합니다. 골든크로스와 정반대 개념으로 단기 이평선이 중장기 이평선 아래로 뚫고 내려가는 시점을 말합니다. 고점에서 데드크로스 출현은 매우 강력한 매도신호로 해석하며, 정배열이나 횡보추세에 놓인 상태에서 단기 데드크로스가 연출되면 역배열로 전환되어 추세 하락이 지속되는 특징이 있습니다.

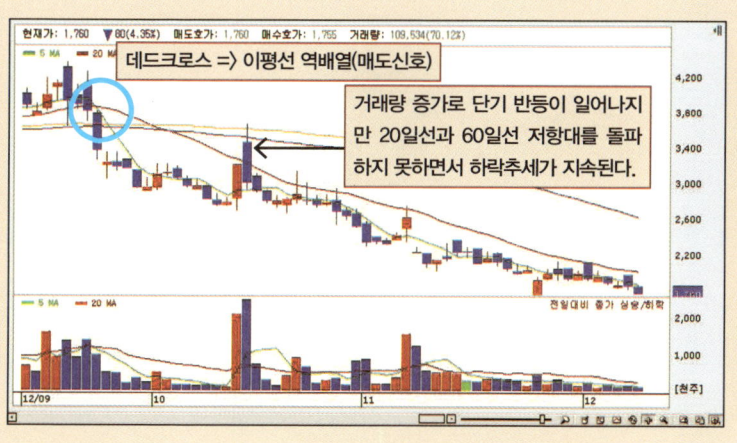

역배열은 정배열과 달리 모든 이평선들이 저항선 역할을 합니다. 따라서 역배열 종목은 지속적으로 주가가 하락하는 성향이 크기 때문에 되도록이면 매매를 자제하는 것이 좋습니다.

이평선 지지와 저항

주가는 특정 가격대에서 지지하거나 저항을 받게 됩니다. 이러한 지지선이나 저항선은 캔들을 기점으로 의미가 있는 2개 이상의 저점이나 고점을 평행선으로 연결해 설정하게 됩니다. 한편으론 이평선이 지지선과 저항선 역할을 하게 되는데, 이평선은 곧 특정 거래일수에 대한 주가의 평균가격(평균주가)을 나타내기 때문입니다.

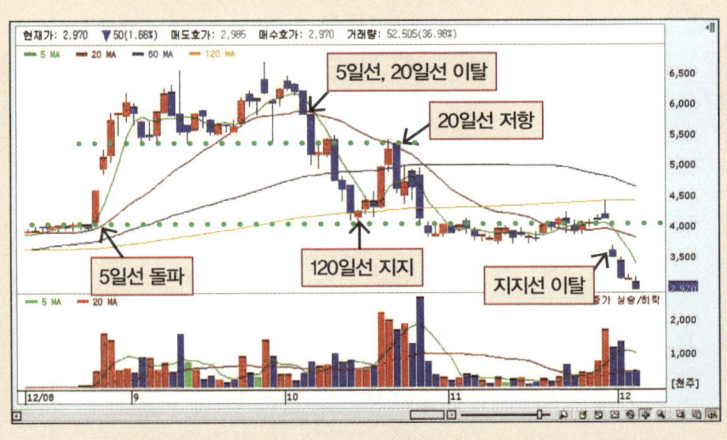

주가는 특정 거래일수의 평균주가 밑으로 하락하지 않으려 하고 평균주가 위로는 상승하지 않으려는 특성이 있습니다. 바로 손실을 기피하며, 수익을 좇으려는 투자심리 때문입니다. 따라서 주가가 이평선을 돌파할 때는 '매수관점' 이탈할 때는 '매도관점'으로 대응합니다.

이평선 매수신호

이평선을 기준으로 하는 매매방법은 일단 이평선을 '지지선'과 '저항선' 개념으로 접근합니다. 주가가 단기 이평선 위로 상향돌파(저항선 돌파), 혹은 완만한 각도의 우상향인 단기 이평선을 지지하면서 저점과 고점을 조금씩 높이는 경우 매수관점으로 접근합니다. 이평선은 세력의 평균단가를 의미하기 때문에 단기 이평선(3일선 혹은 5일선) 위에 주가가 위치하면 그만큼 단기 투자심리가 안정되는 효과를 얻게 됩니다.

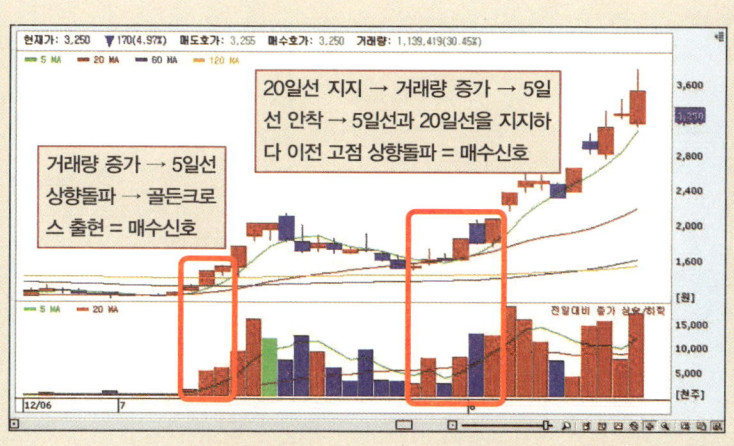

주가는 항상 캔들의 위치나 방향 및 이평선과 함께 거래량을 파악해야만 합니다. 주가를 결정하는 가장 중요한 요소는 수요와 공급을 의미하는 수급, 즉 '거래량'이기 때문입니다.

Part 4_ 기술적 분석 **223**

이평선 매도신호

이평선은 세력선이자 수급선, 다시 말해 주가가 이평선 위에 있으면 **지지선**, 이평선 아래에 있으면 **저항선** 역할을 합니다. 주가가 단기 상승한 경우 기본적으로 5일선을 하향이탈 하는 경우에는 매도관점입니다. 또한 횡보추세나 하락추세일 때에도 주가가 이평선 아래로 하향이탈 할 때도 매도신호로 해석합니다.

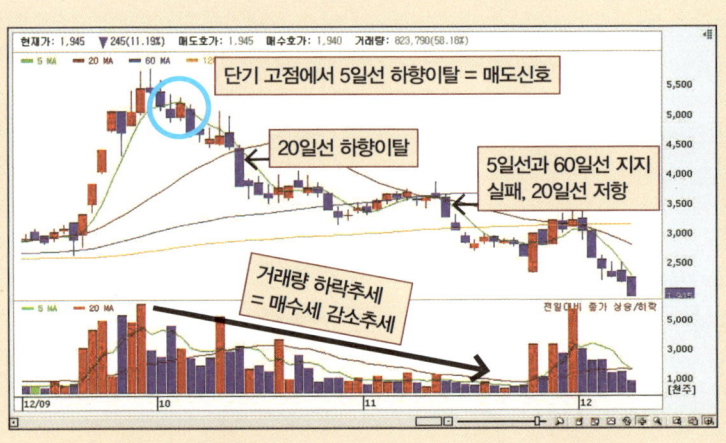

이평선을 기준으로 매도신호를 잡을 때는 주가가 단기 급등한 상투권은 물론 횡보추세나 하락추세일 경우라도 리스크 관리를 잘해야만 합니다. 특히 주가가 5일선이나 20일선을 하향이탈 하는 경우 거래량이 적어도(거래량이 증가한다면 더 위험) 일단 세력의 평균단가 밑으로 주가가 하락하는 만큼 각별한 주의가 필요합니다.

이평선은 투자심리의 기준

이평선은 특정 거래일수에 대한 평균주가를 선 형태를 표시한 것입니다. 따라서 5일선은 거래일수 5일(일주일) 동안의 평균주가를 말하고, 20일선은 거래일수 20일(한달) 동안의 평균주가를 말합니다. 이를테면 5일선은 일주일 동안의 평균주가를 말하고, 이것은 해당 종목을 일주일 동안 투자자들이 거래한 평균단가를 의미합니다.

> 이평선 = 특정 거래일수의 평균주가 = 세력의 평균단가

통상 주가가 이평선 위로 올라간다면 단기적 투자심리가 안정되는 반면에 주가가 이평선 아래로 내려가면 투자심리가 극도로 위축되어 심한 공포심마저 가져오게 됩니다.

예를 들어 5일선 위에 주가가 올라가면 5일 동안의 거래한 투자자들의 평균단가 위로 주가상승이 이루어진 것을 말합니다. 5일 동안 거래한 투자자 입장에서 대다수가 수익을 본 상태라면 투자심리가 안정되면서 익절매(수익확정)나 보유관점으로 대응하게 됩니다. 이때 주식 보유자가 많고 신규 매수세가 지속적으로 유입된다면 주가는 추가적으로 상승하게 됩니다.

하지만 주가가 5일선 아래로 내려가게 된다면 5일 동안 거래한 투자자 대부분이 손실을 보는 상태로 돌변하게 됩니다. 투자손실은 일단 심리를 위축시키게 됩니다. 수익을 생각하는 것이 아니라 손실을 어디까지 견딜 수 있느냐에 머리

가 지끈거리게 됩니다.

주식을 매수한 가격대 보다 주가가 더 떨어진다는 것은 투자자가 생각하는 기업가치가 고평가된 상태이거나, 기업에 개인들이 모르는 어떤 악재가 발생했거나, 아니면 급격한 시장 분위기에 편승한 개인들의 일시적 투매현상일 것입니다.

문제는 이평선 아래에 내려가 있는 주가가 빠른 시간 안에 이평선을 회복하지 못하고 계속 저항을 받으면서 내려가는 경우입니다. 계속 이평선을 저항받으면서 주가 하락폭이 커지게 되면 그동안 거래일수에 대한 가격대가 모두 매물대가 됩니다. '매물대'는 저항대이자 매도심리를 부추기는 가격대입니다.

손실폭이 시간이 지날수록 커지기 시작하면 투자자는 마침내 '손절매(손실확정)'를 감행할 것인지 아니면 떨어진 주가가 회복될 때까지 시간과의 싸움을 벌일 것인지를 놓고 갈등하게 됩니다. 주가하락이 가속화될수록 투자심리는 불안감을 넘어 극도의 공포감을 불러와 마지막에는 바닥에서 투매하는 현상까지 나타나게 됩니다.

> 이평선 = 매물대 = 지지선 = 저항선 = 단기 투자심리선

이평선과 주가의 위치가 중요한 이유가 여기에 있습니다. 주가가 단기이평선(5일선), 중기이평선(20일선), 장기이평선(60일선, 120일선)의 위에 위치하면 투자심리가 안정된 상태를 의미하고, 이평선 아래에 위치하면 투자심리가 불안한 상태를 의미합니다. 결과적으로 이평선은 곧 투자심리를 반영하는 것이고, 때문에 지지선이자 저항선 역할을 하는 것입니다.

5일 변곡점은 매수신호

 차트분석을 통한 매수시점은 수급이 호전되면서(거래량이 증가하면서) 주가의 저점과 고점을 차례로 높이는 타이밍을 잡는 것이라 할 수 있습니다. 주가가 상승으로 전환되는 시점, 평균주가 곡선이 우상향으로 방향을 트는 시점… 이러한 주가 곡선의 변환시점을 **변곡점**이라 부르며, '5일 변곡점'은 5일 동안의 평균주가를 나타내는 곡선이 우상향으로 방향을 잡는 시점으로 대표적인 매수신호로 해석합니다.

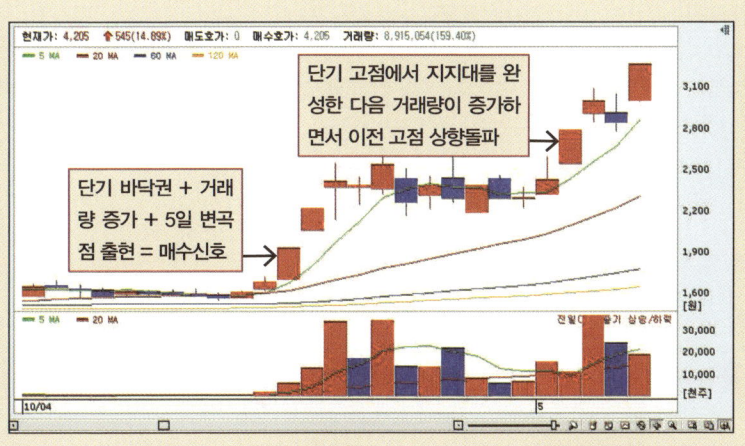

 5일 변곡점은 우선 주가가 단기적으로 안정된 바닥권 상태에서 거래량 증가와 함께 출현해야 확률이 높습니다. 투자자들이 해당 기업의 주식을 매수하는 과정에서 거래량이 증가하고 저점과 고점이 높아지면서 5일선 위로 주가가 상승전환을 시도하기 때문입니다.

실전에서 5일선 매매 주의사항

이론상 **5일 변곡점 매매**는 차트를 활용한 대표적인 매수신호입니다. 하지만 실전에서 5일 변곡점만 노리고 매수했을 경우 성공확률이 생각보다 큰 편이 아닙니다. 가장 큰 이유는 종목을 완전히 무시한 상태로 단순히 차트만을 보고 공략하는 경우입니다. 제아무리 차트분석을 중요시해도 최소한의 기본적인 기업분석은 필수입니다. 기업이 어떤 사업을 벌이는지, 매출과 영업이익은 흑자를 기록하고 있는지, PER(주가수익비율)에 비해 너무 고평가된 상태인지 등은 최소한 살피는 자세가 필요합니다.

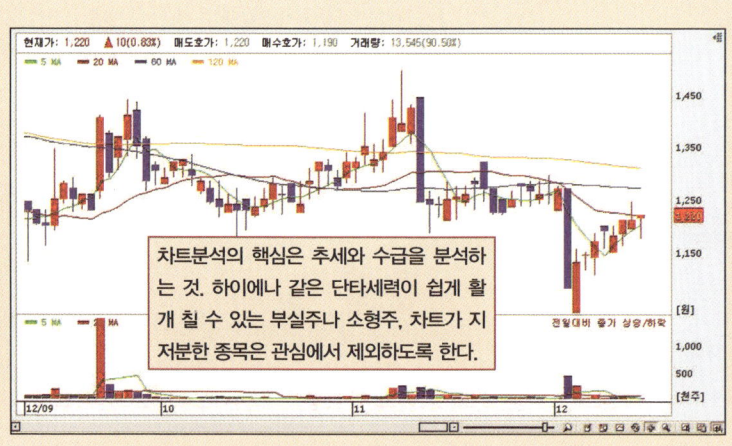

또한 5일 변곡점 매매는 자본금이 적은 코스닥의 중소형주인 경우 단타세력의 미끼가 되곤 합니다. 회사 규모가 작고, 자본금이 적고, 유통물량도 적으며,

따라서 평소 거래량도 적은 중소형주인 경우에는 단타세력이 임의로 차트를 보기 좋게 만든 다음 한순간 자전거래를 동반해 주가를 끌어올리면서 뒤따라 들어오는 개인투자자들에게 단기 매집한 물량을 떠넘기는 패턴이 비일비재합니다.

가치와 차트 중에서 너무 한쪽으로만 편식해서는 양육강식의 치열한 주식시장에서 절대 살아남지 못합니다. 차트분석의 목적은 주가의 추세와 수급의 상태를 분석해 변곡점을 노려 투자수익을 올리는 데 있습니다. 전문가 수준의 기업분석까지는 못해도 최소한의 기업분석을 통해 수급의 흐름을 읽어내고 대응하는 자세가 필요합니다.

실전에서 5일 변곡점 매매를 할 때는 기본적으로 자본금이 큰 대형우량주 중심으로 하되, 코스닥인 경우 실적우량주… 또한 주가차트가 비교적 예쁘게 그리는 종목 위주로 매매하도록 합니다. 차트를 통해 매매할 때 다음에 나열하는 종목들은 필히 주의하도록 합니다.

- 자본금이 적은 중소형주
- 유통물량이 매우 적은 소외주
- 부실주(재무악화), 관리주(관리대상), 동전주(1천원 미만)
- 단기 급등 테마주
- 차트가 너무 지저분한 종목(세력관리가 안 되는 종목)
- 대주주 지분이 10% 미만인 경우

…이들 종목들은 차트분석 자체에 큰 의미가 없기 때문에 투자대상에서 제외하는 것이 좋습니다.

20일선은 세력선

　5일선을 '심리선'이라고 한다면, 20일선은 '수급선'이자 **세력선**입니다. 주가는 통상 단기적으로는 5일선을 따라 상승과 하락을 반복하지만, 보다 큰 추세 흐름은 20일선 중심으로 상승추세와 하락추세 반복하는 경향을 보입니다. 20일선은 거래일수 한달(20일)간 거래된 평균주가를 나타냅니다. 때문에 단기가 아닌 중기관점에서 접근한 투자자들이 많고, 이들이 곧 주가의 추세를 결정하는 중심세력이기에 20일선이 세력선이고 그만큼 강한 지지선이자 저항선 역할을 합니다.

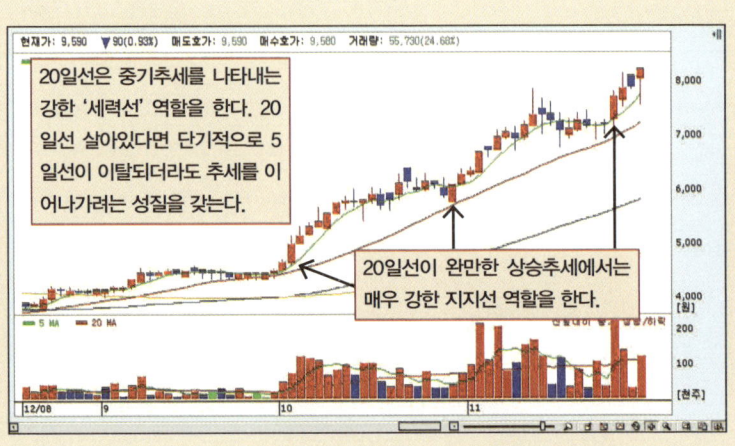

　차트를 통해 종목을 선정할 경우 가급적 20일선이 살아있는 종목을 노리도록 합니다. 최소한 20일선 하락세는 피하며, 횡보나 완만한 상승 각도를 유지할수록 20일선은 강한 지지선 역할을 합니다.

20일선 눌림목의 묘미

차트에서 20일선이 세력선이라 불리는 대표적 증거는 단기 급등주에서 찾을 수 있습니다. 보통 주가가 단기간에 급등하게 되면 이전 저점 매수자들의 차익 매물에 밀려 단기에 하락하게 됩니다. 이때 주가는 뒤따라오는 20일선을 기점으로 단기 하락세가 멈추면서 신규 매수세가 유입되며, 이 20일선을 지지하고 이후 거래량이 증가하면서 이전 고점을 상향돌파 하는 시도를 보이게 됩니다.

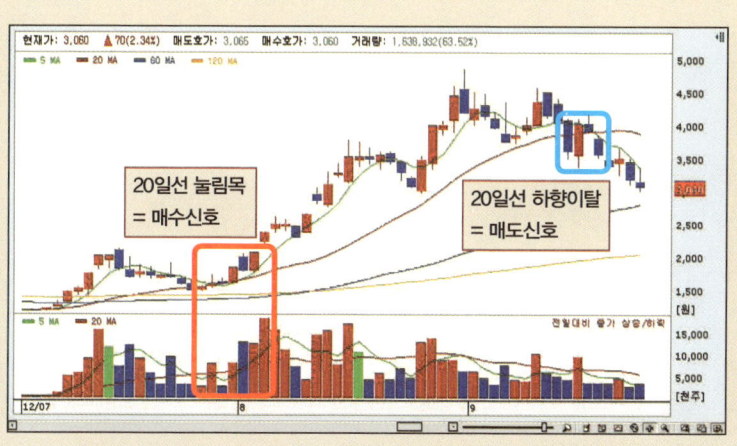

단기 급등한 주식이 1차로 하락한 다음 20일선을 지지로 2차 급등이 진행되는 경우 세력이 주가를 일단 누른다 해서 **눌림목**이라 부릅니다. 통상 눌림목은 세력선이라 불리는 20일선을 기준으로 진행되며, 곧 20일선이 세력선으로 불리는 이유이기도 합니다.

주가와 이평선의 괴리, 이격도(괴리율)

주가는 상승과 하락을 반복하면서 이평선으로부터 멀어지면 다시 이평선으로 되돌아오려는 성질이 있습니다. 주가의 '귀소본능'이라 말할 수 있습니다. 주가가 이평선으로부터 너무 높아지면 '괴리(주가와 이평선과의 거리)'가 커지면서 다시 이평선으로 하향하고, 반대로 이평선으로부터 밑으로 너무 떨어지면 이평선으로 다시 가까이하려는 특성을 말합니다. 이러한 주가와 이평선과의 괴리를 측정해 지표화한 것을 **이격도**(괴리율)라 부릅니다.

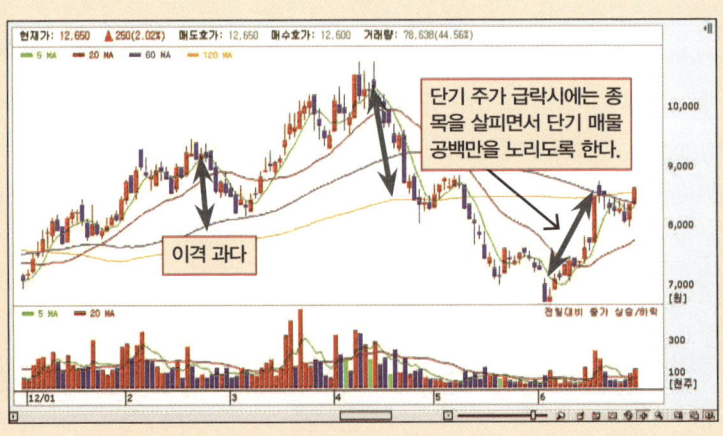

이격도를 활용할 때는 통상 60일선을 기준으로 하며, 이격도가 크면 주가의 방향이 60일 이평선 쪽으로 향한다는 원리하에 매수와 매도 타이밍을 잡습니다.

예를 들어 이격도가 크다는 것은 주가가 60일선(단기적으로 20일선)으로부터 위쪽이나 아래쪽으로 크게 동떨어진 상태를 말합니다. 위쪽으로 이격도가 커지면 주가가 단기 급등한 것을 말하고, 이것은 다시 이전 저점에서 매수한 투자자들이 수익실현 욕구가 커진다는 뜻입니다. 따라서 매도매물이 출현되고 단기 과열된 주가가 냉각되면서 이전 지지대 역할을 했던 60일선까지 하락하는 원리입니다.

이와 반대로 60일선 밑으로 주가가 과도하게 급락하게 되면 우선 매물공백이 생기게 됩니다. 매물은 주식 거래의 양과 같습니다. 매수자와 매도자가 활발히 거래된 가격대가 매물대가 되고, 이것은 곧 강력한 지지선이자 저항선 역할을 하게 됩니다. 이에 따라 주가가 단기 급락하게 되면 이평선과 주가 사이의 이격도가 커지게 되고, 이것은 곧 이전에 집중된 매물대(이를테면 60일선 거래량 구간)에서 거래를 한 대다수의 투자자들이 손실을 보고 있다는 얘기가 됩니다. 손실폭이 과도하게 커지면 대다수 투자자들은 손절보다는 보유, 여유가 있다면 추가매수를 감행하고, 한편으론 매물공백에 따른 단타성 신규 매수세가 유입되면서 주가를 반등시키는 요인으로 작용합니다.

참고로 단기적인 주가 급락에 따른 이격도가 커진 경우 주의할 것은… 시장 분위기 침체에 따른 개인들의 일시적인 투매현상인지 아니면 해당 기업에 숨은 악재가 있는지를 잘 판단해야만 합니다. 따라서 이격도 매매시에는 되도록 부실주나 소형주는 피하고, 재무가 우량한 종목군에 한해서 단기적으로 매물공백만을 노리도록 합니다.

주가의 방향, 추세

추세란 '주가가 움직여 나아가는 방향'이라고 정의할 수 있습니다. 주식시장에서 주가는 일직선상으로 움직이기보다는 보통 지그재그 형태로 움직이며 상승과 하락을 반복합니다. 이러한 주가 움직임은 차트상에서 고점과 저점을 형성하게 되며, 이 고점과 저점이 움직이는 방향을 **추세**라 부릅니다. 추세는 상승과 하락 그리고 횡보(보합)로 분류하며, 각 추세 방향에 따라 주가 흐름이 지속되는 특성이 있습니다.

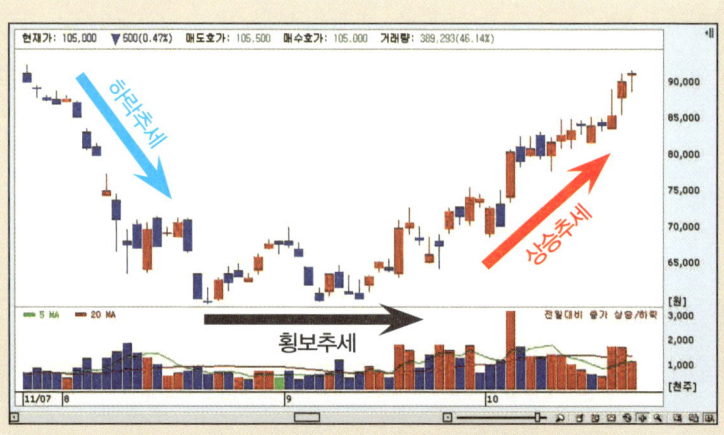

상승추세는 주가가 지속적으로 상승하려는 경향을(상승장세), 하락추세는 주가가 지속적으로 하락하려는 경향을(하락장세), 횡보추세는 주가가 평행으로 횡보하려는 경향을 뜻합니다(조정장세).

추세선과 추세대

추세선은 차트상에서 추세의 방향을 알기 쉽게 표시하기 위해 선을 그어놓은 것을 말합니다. 기본적으로 상승추세선, 하락추세선, 횡보추세선으로 나눕니다. 먼저 **상승추세선**은 매수세가 매도세보다 지속적으로 강할 때 일어나는 상승곡선으로 캔들에서 의미있는 저점을 서로 연결하면 됩니다. **하락추세선**은 매도세가 지속적으로 출현하면서 주가하락을 부추기면서 생겨나는 하락곡선으로 의미있는 고점을 서로 연결한 선을 말합니다. 마지막으로 **횡보추세선**은 매수세와 매도세의 팽팽한 힘겨루기 구간을 나타내며, 큰 가격변동 없이 주가는 옆으로 횡보하기 때문에 '보합(평행)추세선' 으로도 불립니다.

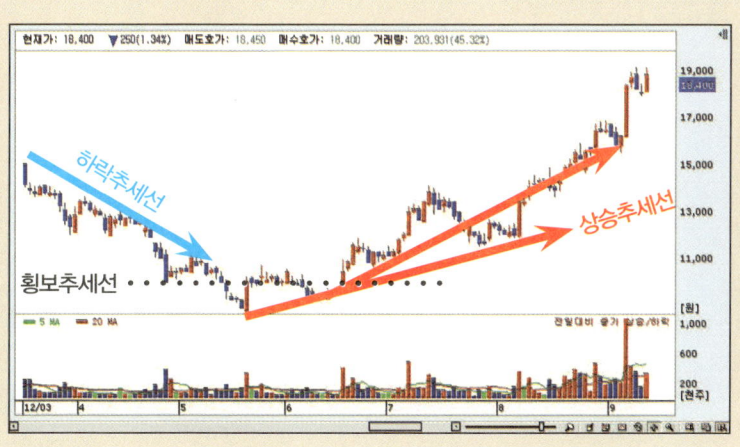

추세선은 차트에서 의미있는 2개 이상의 저점이나 고점을 직선으로 연결한 선을 말합니다. 그러나 한쪽 방향만을 나타내기 때문에 추세선만으로 주가의 변동성을 예측하기에는 다소 무리가 따르는 편입니다. 그래서 추세선의 저점과 저점, 혹은 고점과 고점 사이의 평행한 2개의 추세선을 따로 그어 추세 내에서의 주가 변동성을 파악할 수 있는데 이러한 추세선상을 **추세대**라 부릅니다.

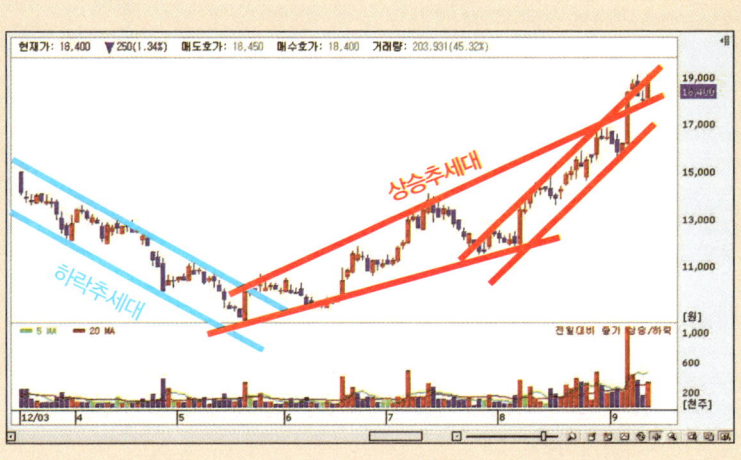

주가의 추세는 통상 동일선상의 추세선 내에서 움직이는 경향이 많습니다. 다시 말해 주가는 추세대 내에서 변동성을 지닌 채 기존 추세를 연장하려는 특성이 있습니다. 따라서 추세선을 활용해 매매신호를 포착하는 경우 주가가 하락추세를 벗어나 횡보추세선을 상향돌파 할 때, 그리고 상승추세대 내에서 아래쪽 상승추세선을 지지할 때 매수관점으로 접근합니다.

추세선을 이용한 매수신호

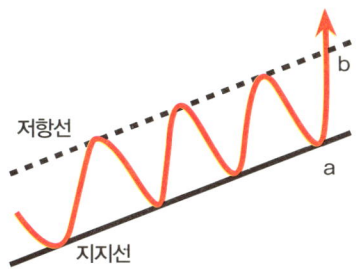

① 상승추세에서

상승 지지선 a지점과 상승 저항선을 상향돌파 하는 b지점이 매수신호

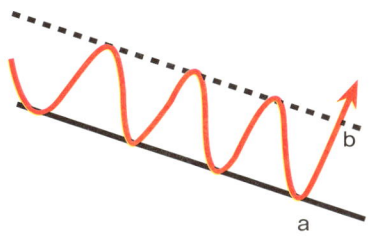

② 하락추세에서

지지선 a지점이 매수신호, 그러나 b지점은 하락추세가 강한 경우 추가하락 가능성이 높기 때문에 b지점은 일단 관망 관점

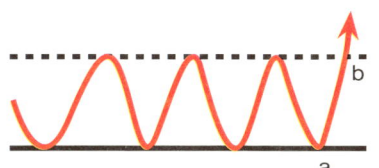

③ 횡보추세에서

박스권에서는 저점 지지선인 a지점과 박스권을 상향돌파 하는 b지점이 매수신호

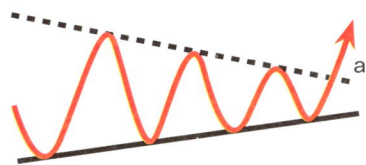

④ 삼각밀집추세에서

고점과 저점이 한 곳으로 모이는 쐐기형 패턴에서는 고점 추세선을 상향돌파 하는 a지점이 매수신호

추세선을 이용한 매도신호

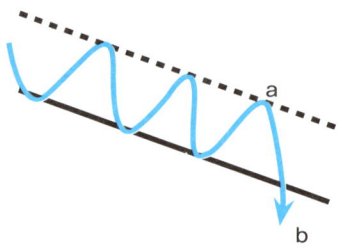

① 하락추세에서

고점 저항선인 a지점과 저점 지지선이 무너지는 b지점이 매도신호

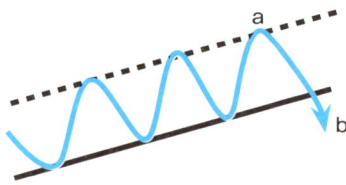

② 상승추세에서

고점 저항선인 a지점과 저점 추세선을 하향이탈 하는 b지점이 매도신호

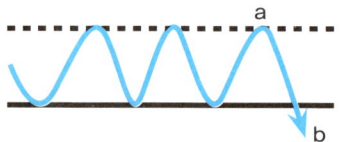

③ 횡보추세에서

박스권의 고점대인 a지점과 박스권을 하향이탈 하는 b지점이 매도신호

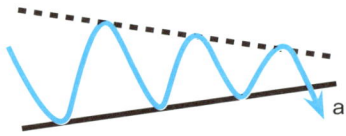

④ 삼각밀집추세에서

삼각형 패턴으로도 불리는 쐐기형에서는 일단 한쪽 방향을 잡으면 강한 추세를 형성하는 것이 일반적. 따라서 저점 추세선을 하향이탈 하면 강한 매도신호

추세선은 지지선이자 저항선

추세는 한번 진행되면 추세가 깨지기 전까지는 기존 추세를 유지하려는 특성이 있습니다. 이러한 추세를 반전시키려면 어떤 극적인 모멘텀(Momentum)이 필요하게 됩니다. 이를테면 실적이 적자에서 흑자로 돌아서면서 경영성과가 좋아지는 경우, 신기술이나 신약 개발에 따른 투자자들의 관심을 사로잡는 경우, 나아가 미국 금융위기나 유럽 재정위기를 양적완화 등과 같은 국가적 차원에서 위기 극복 노력을 보이는 경우 기존 하락추세를 상승추세로 전환시키는 계기가 됩니다. 주가차트에서 추세는 캔들에서 의미가 있는 2개 이상의 저점과 저점, 혹은 고점과 고점을 직선으로 연결해 주가 흐름을 읽어내는데 도움을 줍니다. 추세는 한쪽 방향의 추세선과 2개의 같은 방향의 추세선을 연장한 추세대를 통해 주가의 추세와 변동성을 예측하게 해주며, 이평선과 마찬가지로 지지선이자 저항선 역할을 합니다.

> **캔들의 저점이나 고점의 평행선 = 지지선 or 저항선**
> **이평선 = 지지선 or 저항선**
> **추세선 = 지지선 or 저항선**

지지선과 저항선은 서로 상반된 개념입니다. 지지선이 깨지면 저항선이 되어 상승에 걸림돌이 되고, 저항선이 돌파되면 지지선이 되어 상승에 버팀목 역할을 하게 됩니다.

패턴분석의 개념

'패턴(Pattern)'이라는 어휘의 의미는 일정한 모양이나 형태를 말합니다. 차트분석에서 패턴을 활용한다는 것은 주가의 추세가 변화될 때 나타나는 여러 주가 변동 모형을 미리 정형화해 놓고, 실제 주가의 움직임을 각 패턴에 맞추어 봄으로써 앞으로의 주가 방향을 미리 예상하는 것을 말합니다.

차트분석은 가치분석과 마찬가지로 과거 투자자들의 매매형태를 분석해 향후 주가를 예측하고자 할 때 사용하는 도구입니다. 투자자들의 매매형태는 항상 똑같을 수는 없지만 때론 유사한 형태를 띠게 됩니다. **패턴분석**은 이처럼 과거 유사한 주가 모형을 정형화한 다음 현재 주가 흐름과 비교분석해 향후 주가 방향을 분석하는 방법입니다.

주가 패턴은 크게 상승형, 하락형, 지속형 패턴으로 나닙니다. '상승형 패턴'은 주가가 바닥을 확인하고 상승하는 과정에서 나타나는 주가 형태를, '하락형 패턴'은 주가가 상투를 치고 하락하는 형태를, '지속형 패턴'은 기존 추세를 이어나가려는 형태를 나타냅니다.

■ 상승형 패턴 ■

V자형(외바닥), W자형(이중바닥), 삼중바닥형, U자형, N자형, 역L자형

■ 하락형 패턴 ■

역V자형(외봉), M자형(쌍봉), 삼봉형, 헤드앤쇼울더, 역U자형

■ 지속형 패턴 ■

상승삼각형, 하락삼각형, 대칭삼각형, 확대형, 깃발형, 박스형

상승형 패턴

▶ V자형(외바닥) 패턴

　상승형 패턴은 주가가 바닥을 딛고 상승추세로 나아갈 때 공통된 특정 패턴을 그리는 예가 많기 때문에 이들 패턴을 토대로 현재 주가의 흐름을 읽어내는데 도움을 주고자 하는 목적에서 탄생된 차트분석의 한 분야에 속합니다.

　주식투자는 주가바닥을 확인한 상태에서 매수관점으로 접근할 때 확률이 높은 법입니다. 주가바닥은 주가하락이 마무리되는 시점을 의미하며, 차트상에서 저점과 고점을 높이는 모양새를 통해 확인이 가능합니다. 물론 섣불리 바닥을 예측하기는 힘듭니다. 바닥은 항상 지나고 나서야 확인할 수 있기 때문입니다.

▶ **W자형(이중바닥) 패턴**

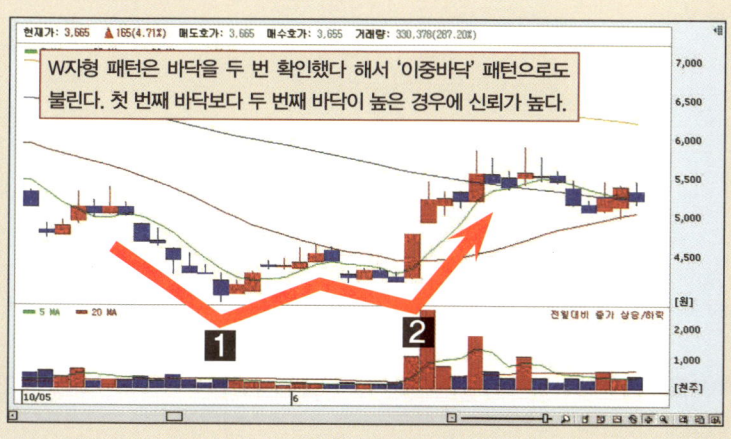

▶ **삼중바닥형 패턴**

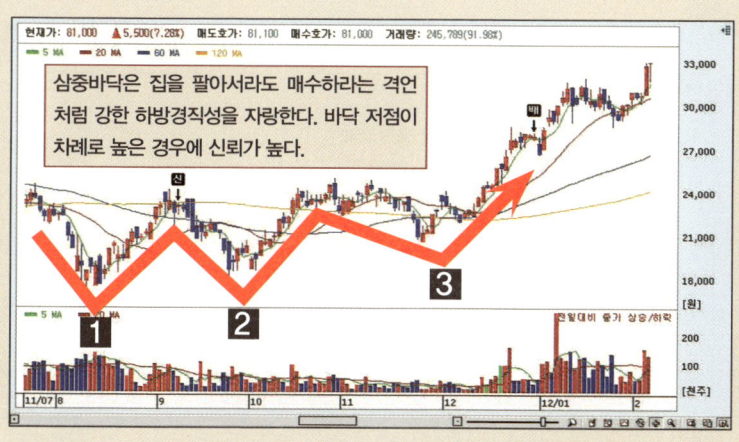

Part 4_ 기술적 분석   243

▶ U자형(원형바닥) 패턴

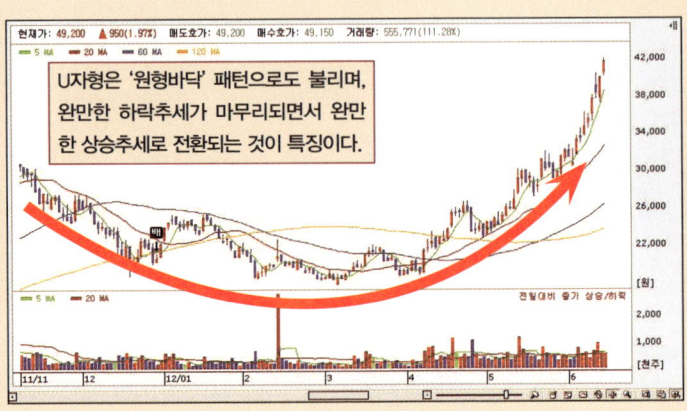

▶ N자형 패턴

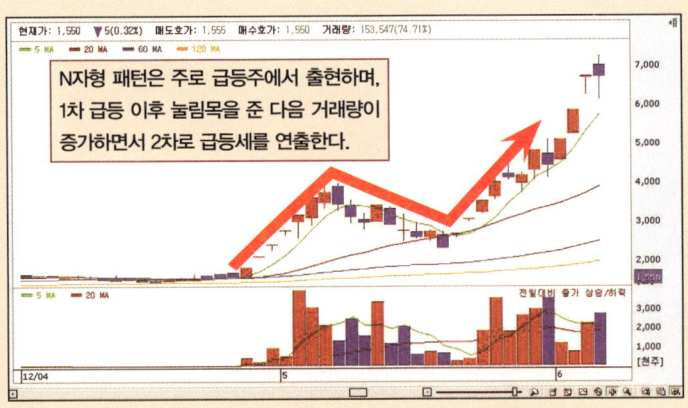

▶ 역L자형 패턴

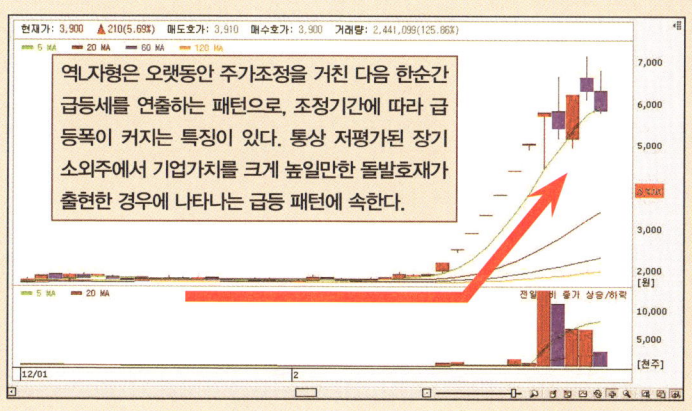

바닥은 항상 지나야 알 수 있습니다. 실전에서 바닥을 예측해 미리 주식을 매수할 것이 아니라 우선 바닥을 확인한 이후에 이전 바닥을 지지선으로 설정하고 이후 분할매수로 접근하는 자세가 필요합니다.

또한 주가가 이전 바닥을 하향이탈 하는 경우에는 반드시 손절매 등의 리스크 관리를 해야만 합니다. 재무가 우량하고 기업가치가 저평가된 상태라면 일정부분 손절가를 정하고 때에 따라 중기투자로 전략을 수정할 수도 있지만… 재무가 부실한 중소형주인 경우에는 예상치 못한 돌발악재가 출현할 수 있기 때문에 투자에 신중을 기하기 바랍니다.

하락형 패턴

▶ 역V자형(외봉) 패턴

  상승형 패턴은 주가가 바닥을 확인하고 상승하는 과정에서 유사한 형태를 정형화한 것이라면, 하락형 패턴은 주가가 고점을 확인하고 하락하는 과정에서 유사한 형태를 정형화한 것입니다.

  주식시장에서 주가의 최고 고점을 표현할 때 흔히 '상투', '천정'이라는 용어를 사용합니다. 이를테면 [고가권=상투권=천정권] 모두 같은 의미입니다. 일단 주가가 상투권에 접어들면 매수세가 자취를 감추면서 매도세가 강해져 주가하락을 부채질하게 됩니다. 따라서 일단 상투권에서는 보유자는 매도관점, 매수자는 관망하는 자세가 필요합니다.

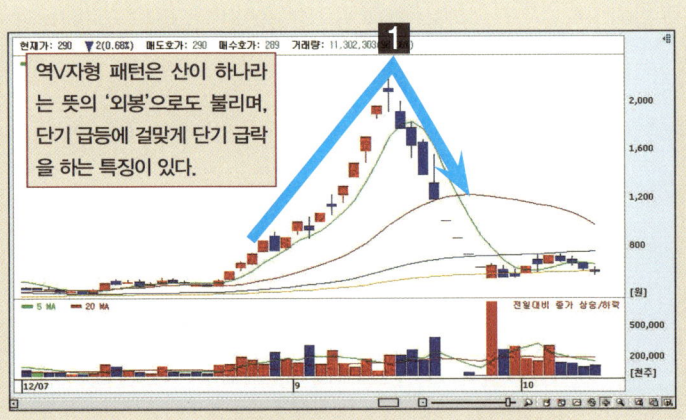

▶ M자형(쌍봉) 패턴

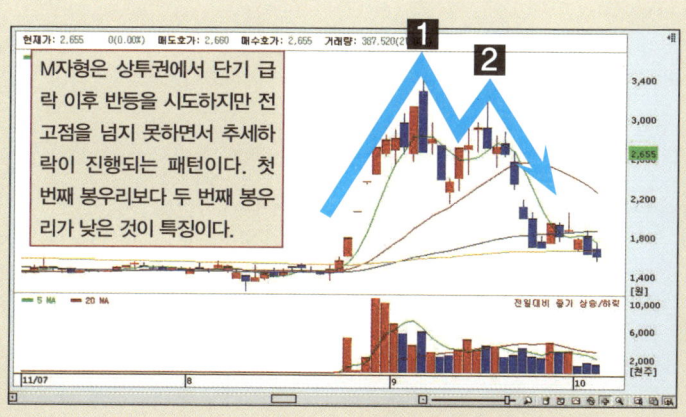

▶ 삼중천정형(삼봉) 패턴

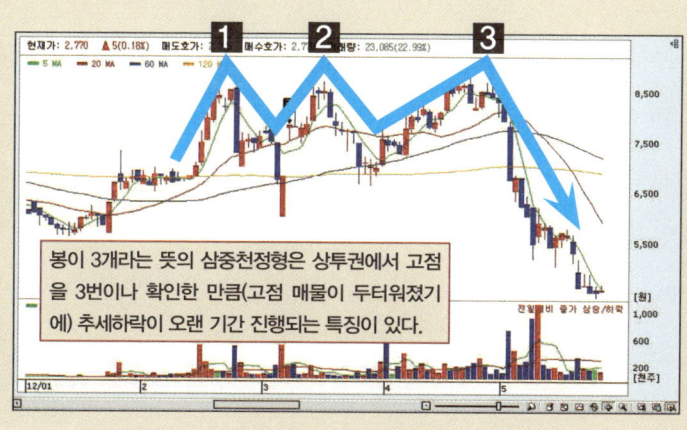

▶ 헤드앤쇼울더(Head & Shoulder) 패턴

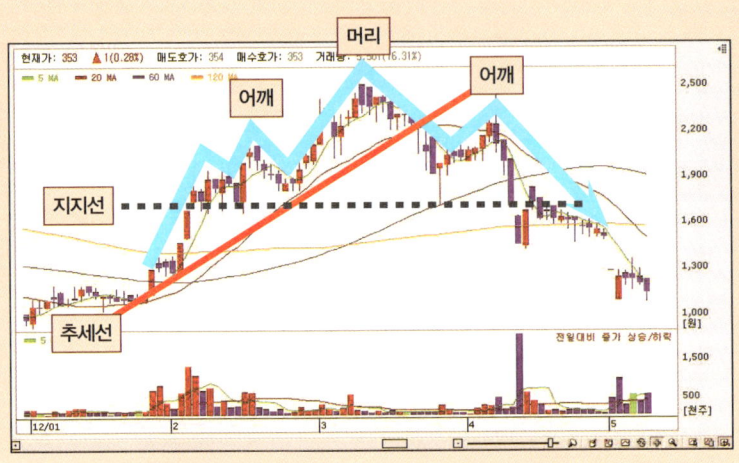

　헤드앤쇼울더(Head & Shoulder) 패턴은 삼중천정형(삼봉형)과 마찬가지로 고점에서 3개의 봉우리를 형성하면서 주가하락이 진행되는 패턴입니다. 삼중천정형과 동일한 패턴으로 인식되며, 차이점이라면 삼중천정형은 고점에서 동일한 가격대 부분에서 주가가 상투를 틀지만, 헤드앤쇼울더 패턴은 주가 최고점인 가운데 '머리(Head)'와 양쪽 '어깨(Shoulder)' 부분으로 구성됩니다. 또한 왼쪽 어깨는 거래량이 증가하며 상승하지만 오른쪽 어깨는 거래량이 감소하면서 하락하는 것이 특징입니다.

　헤드앤쇼울더 패턴을 거꾸로 뒤집으면 '역헤드앤쇼울더 패턴'이 되며… '삼중바닥'을 의미하는 것으로 바닥권에서 강한 상승신호로 해석합니다.

▶ 역U자형(원형천정) 패턴

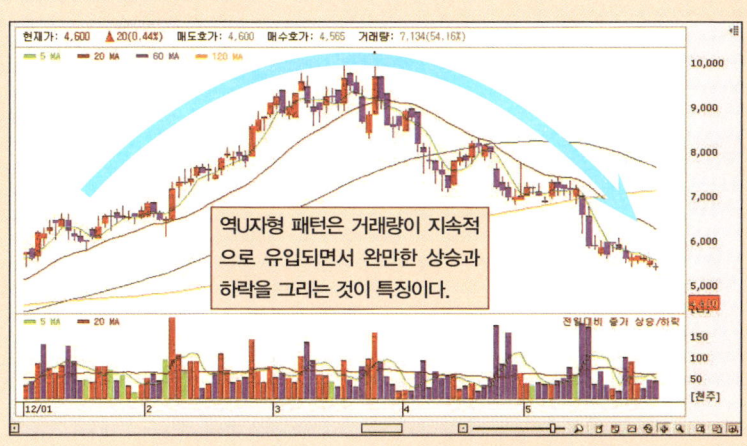

　역U자형 패턴은 '원형천정형'으로도 불리며, 완만하게 상승하던 주가가 상투권을 지나 완만하게 하락하는 것이 특징입니다. 통상 거래량이 지속적으로 유입되면서 완만한 상승과 완만한 하락이 진행되는데, 보통 유통물량이 풍부하고 거래량이 활발한 대형주나 재무구조가 양호한 중형주 위주로 형성되는 패턴입니다.

　주가는 동일한 패턴을 마치 거울을 보는 것처럼 거꾸로 반복하는 습성이 있습니다. 상승이 있으면 하락이 있고, 급등이 있으면 급락이 있는 이치입니다. 마찬가지로 역U자형 패턴을 거꾸로 뒤집으면 U자형, 다시 말해 바닥권에서 완만하게 상승곡선을 그리는 '원형바닥형 패턴'이 됩니다.

지속형 패턴

▶ 상승삼각형 패턴

'지속형 패턴'은 기존의 추세를 이어나가려는 성질을 갖고 있습니다. 대표적으로 삼각형 패턴과 박스형 패턴으로 나뉘며, 상승추세 중에 나타나는 확대형 패턴과 깃발형 패턴이 있습니다.

지속형 패턴에서 중요한 것은 기존 추세가 전환되는 시점에서 주가의 방향이 상승으로 턴 하느냐 아니면 하락으로 턴 하느냐가 핵심입니다. 예를 들어 상승추세를 암시하는 상승삼각형 패턴인 경우 주가의 고점 추세선과 저점 추세선이 만나는 오른쪽 삼각형 꼭지점 부근에서 주가의 방향이 보통 상승으로 잡게 되는데, 실전에서 간혹 반대방향으로 움직이는 경우도 있기 때문에 각별한 주의가 필요합니다.

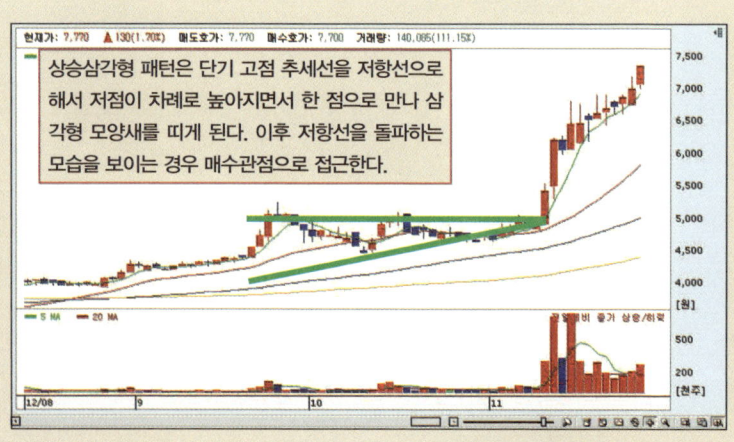

▶ 하락삼각형 패턴

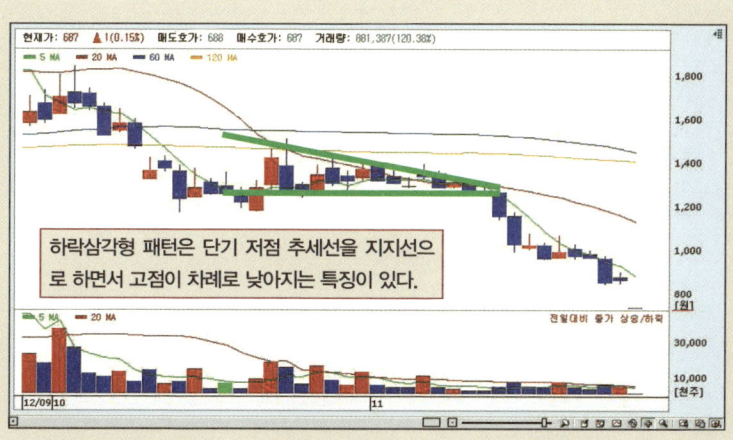

▶ 대칭삼각형 패턴

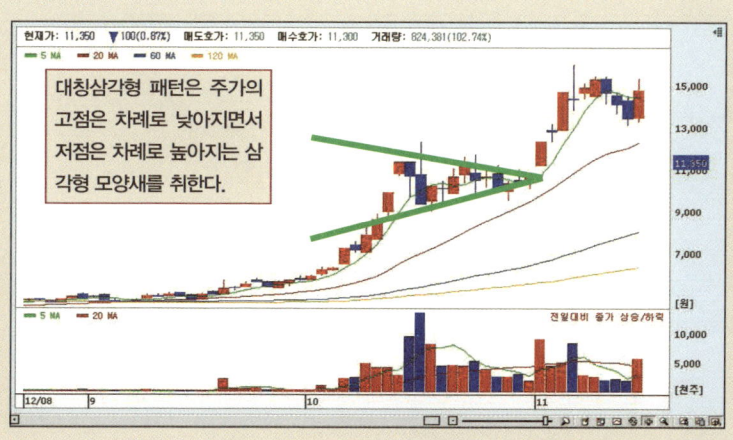

▶ 확대형 패턴

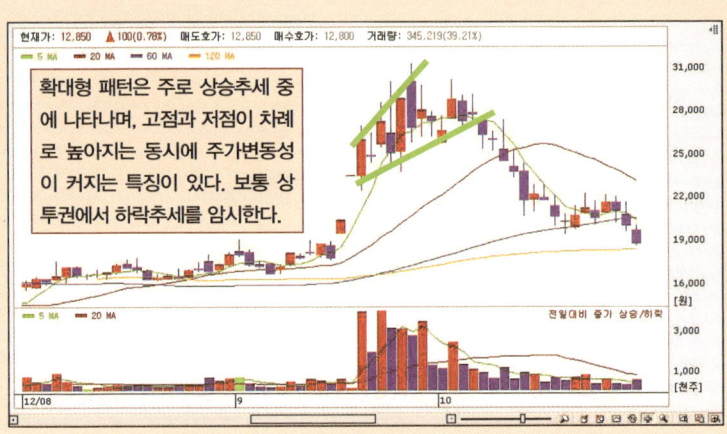

▶ 깃발형 패턴

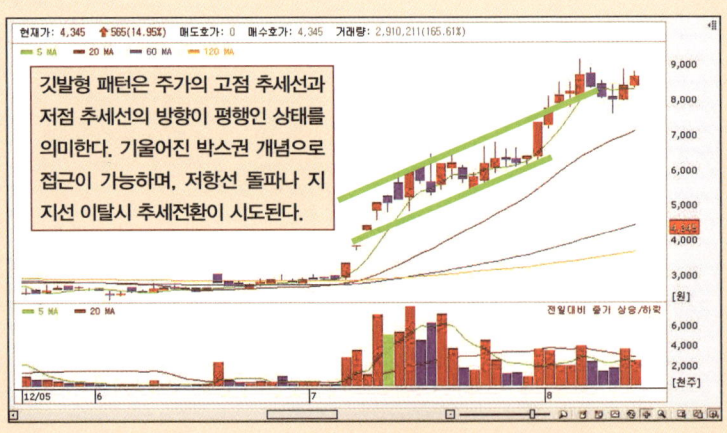

▶ **박스형(직사각형) 패턴**

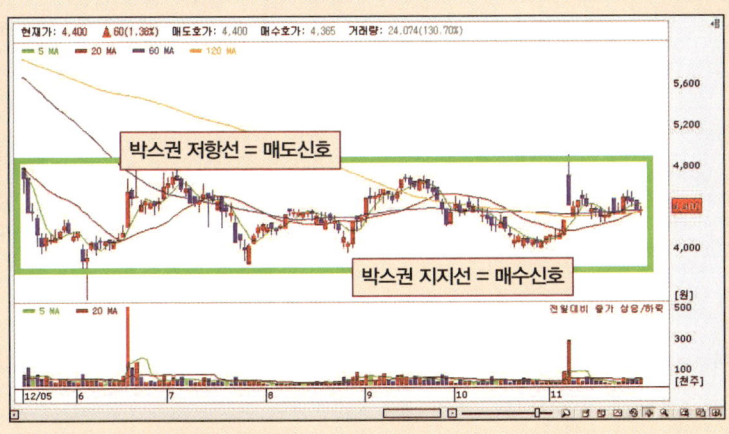

　박스형 패턴은 주가의 조정구간을 나타내는 것으로 주가의 고점을 서로 연결한 저항선과 저점을 서로 연결한 지지선 사이에서 움직일 때 주로 나타납니다. 패턴의 모양이 직사각형 형태를 띠며, 매수세와 매도세가 서로 균형을 이루면서 박스권을 형성하는 특징이 있습니다.

　주가 흐름이 박스형 패턴을 보인다면 주가는 통상 횡보추세선상에 놓여 있게 됩니다. 박스권 횡보구간 안에서는 고점의 저항선 부근이 매도관점이며, 저점의 지지선 부근이 매수관점입니다. 상승형이나 하락형 패턴과 달리 안정된 박스 형태의 구간 내에서 상승과 흐름을 반복하는 만큼 단기 투자자들에게 유리한 매매환경을 조성하기도 합니다. 본격적인 추세전환 시점은 [박스권 상향돌파시 → 상승추세], [박스권 하향이탈시 → 하락추세]로 진행됩니다.

보조지표의 개념

차트는 기본적으로 [캔들 + 거래량 + 이평선] 이렇게 3개의 지표를 토대로 기업의 현재가치를 나타냅니다. 하지만 차트분석에서는 이런 3대 지표 이외에도 변동성 지표, 추세 지표, 모멘텀 지표, 시장강도 지표, 가격 지표, 거래량 지표 등 수 많은 지표들을 활용할 수 있도록 해줍니다. 이러한 지표들은 캔들, 거래량, 이평선 지표를 보조한다는 의미에서 **보조지표**라 부릅니다.

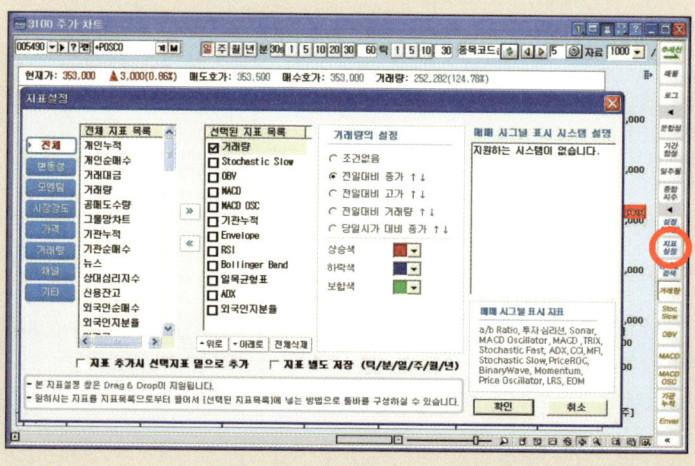

보조지표는 HTS 차트에서 '지표설정' 항목을 통해 개별적인 보조지표를 추가하거나 삭제할 수 있도록 해주며, 다음 장에서 설명하는 보조지표들은 실전에서 많이 활용되는 만큼 참조하도록 합니다.

이평선 추세 지표, MACD

　MACD 지표는 장·단기 이평선의 차이 즉, 두 이편선 간의 좁아지는 것(수렴)과 넓어지는 것(발산)을 활용해 매매시점을 찾도록 해줍니다. 기본적으로 MACD선이 Signal선을 상향돌파 할 때 매수관점, 하향이탈 할 때는 매도관점으로 매매 포지션을 취합니다. 그 외에 비교적 안전한 방법으로는 MACD선이 기준선(O점)을 상향돌파 할 때 매수시점, 하향이탈 할 때는(이때는 다소 매도시기를 놓치는 경우가 많다) 매도시점으로 잡습니다.

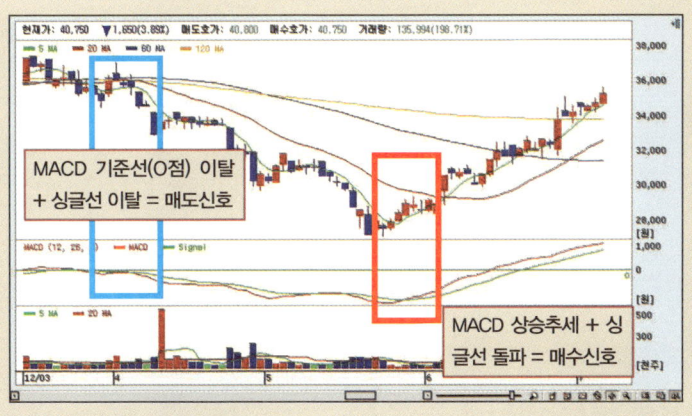

　보조지표는 주가 움직임보다 다소 후행한다는 단점이 있습니다. 특히 매수시점보다는 매도시점이 한발 늦게 표시되기 때문에 단기 상투권에서는 유의하도록 합니다.

거래량 지표, OBV

OBV 지표는 가격 변화에 대한 거래량을 관련시킨 대표적인 모멘텀 지표로 거래량은 주가에 선행하는 것을 전제로 그랜빌에 의해 고안되었습니다. OBV 지표는 특히 시장이 매집상태인지 아니면 분산상태인지를 파악하는데 매우 유용하게 활용됩니다. OBV는 주가가 상승한 날의 거래량에서 하락한 날의 거래량을 차감하는 방식으로 표시합니다. 예를 들어 주가가 상승한 날의 거래량이 많고 하락한 날의 거래량이 적으면 OBV 지표가 상승하는 원리입니다.

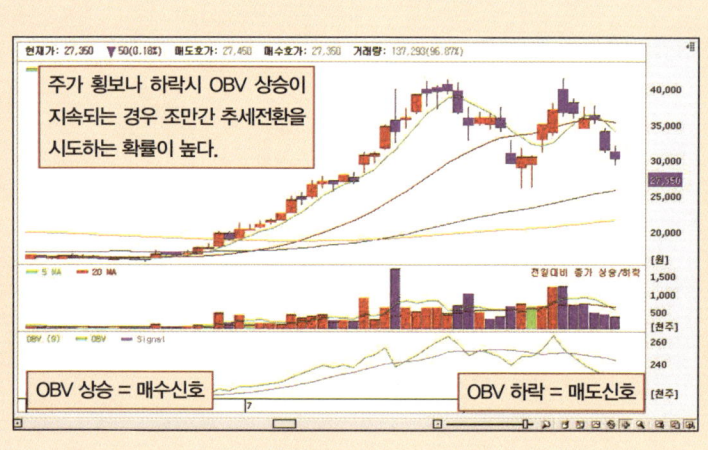

주가가 상승추세에서는 통상 거래량이 증가해 OBV 고점이 이전보다 높아지며, 하락추세에서는 거래량이 감소하면서 OBV 저점이 낮아지는 것이 특징입니다.

투자심리 지표, 스토캐스틱(Stochastic)

스토캐스틱(Stochastic)은 투자심리를 가장 잘 나타내는 보조지표로, 백분율 %K와 %D를 이용하여 가격변동을 예측할 때 사용됩니다. 일반적으로 %K의 값이 80 이상일 때 과매수(과열권) 상태로 매도신호, %K의 값이 20 미만일 때는 과매도(침체권) 상태로 매수신호로 해석합니다. 그리고 과매도 상태에서 %K선이 %D선을 상향돌파 할 때는 매수, 과매수 상태에서 하향이탈 할 때는 매도시점입니다.

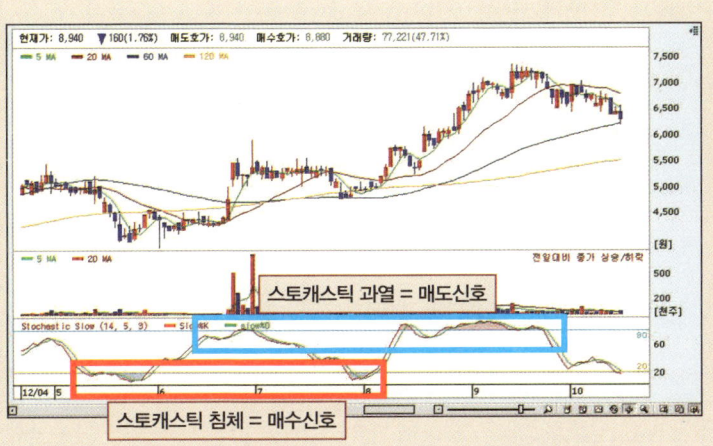

스토캐스틱은 매수세가 강화되면 지표가 과열권을 나타내기에 상승추세보다는 횡보추세에서 확률이 높은 편에 속합니다. 매도세가 강화되는 하락추세에서는 스토캐스틱에 너무 의존하지 말고 최소한 바닥을 확인하는 자세가 필요합니다.

추세강도 지표, RSI

차트분석에서 가장 어려운 것은 추세가 전환되는 시점을 예측하는 것입니다. 과도한 하락추세에서는 손절매가 아닌 매수관점으로 접근하고, 과도한 상승추세에서는 매도관점으로 접근해야 하는데, 이러한 추세국면을 예측할 때 **RSI** 지표가 활용됩니다. RSI는 현재의 주가추세가 얼마나 강한 상승추세인지 혹은 하락추세인지를 백분율로 나타내며, 보통 70% 이상은 강세 30% 이하는 약세로 판단합니다.

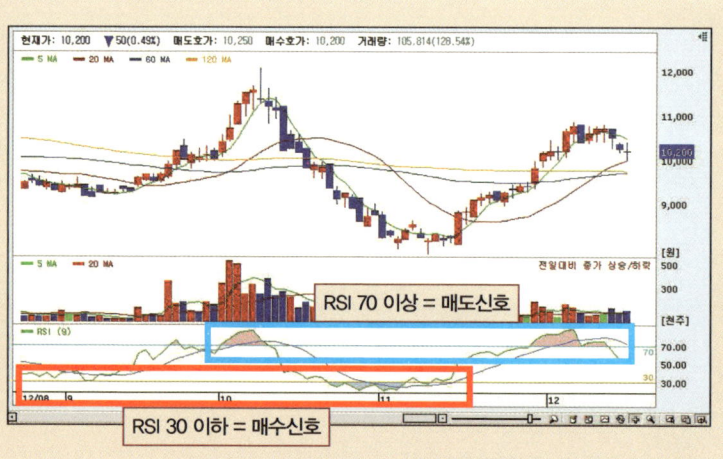

RSI 70 이상은 과열권의 과매수 상태를 나타내기에 매도관점으로 접근하며, RSI 30 이하는 침체권의 과매도 상태를 나타내기에 저점을 확인하면서 매수관점으로 접근합니다.

변동성 지표, 볼린저밴드(Bollinger Bands)

볼린저밴드(Bollinger Bands)는 일정한 기간 동안 주가의 변동성을 측정할 때 사용되는 지표로 '중심추세선/상한밴드선/하한밴드선' 이렇게 3가지 밴드로 구성되어 있습니다. 볼린저밴드의 상한선은 '저항선' 역할을, 하한선은 '지지선' 역할을 합니다. 그리고 볼린저밴드의 폭이 좁아지는 수렴구간에서는 주가의 변동폭이 작아지고, 주가의 변동폭이 커지는 시점부터 볼린저밴드의 폭도 넓어지는 특성이 있습니다. 주가가 볼린저밴드의 중심추세선을 상향돌파 하면 매수시점, 하향이탈 하면 매도시점으로 잡습니다.

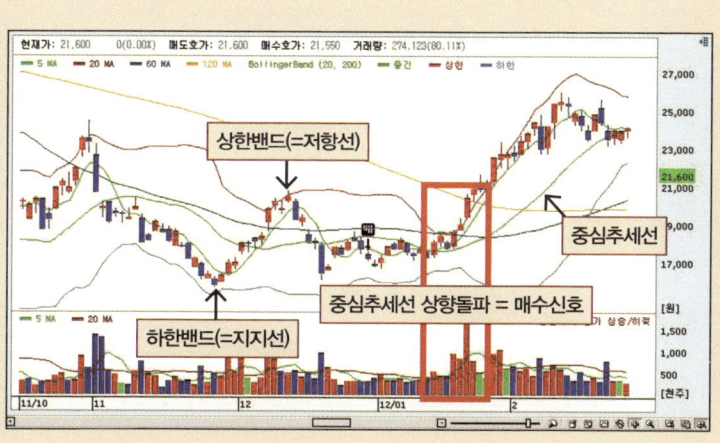

일반적으로 주가 추세전환이 임박하는 시점에서는 볼린저밴드 폭이 좁아지는 특성이 있습니다. 따라서 밴드 폭이 좁아진 시점에서 거래량 증가와 함께 저점과 고점을 높인다면 매수관점입니다.

이격도 지표, 엔벨로프(Envelop)

엔벨로프(Envelop)는 볼린저밴드와 같이 주가 변동성을 측정하는 지표입니다. 이평선을 기준으로 일정한 간격만큼 밴드를 설정해 이 밴드 내에서 상한밴드를 저항선으로, 하한밴드를 지지선으로 여겨 매매포지션을 취합니다. 실전에서 이 평선을 기준으로 상향돌파시 매수, 하향이탈시 매도하는 이평선 매매를 할 때 잦은 뇌동매매로 손실을 보게 되는 경우가 많습니다. 이러한 이평선 매매의 단점을 극복하고자 특정 이평선을 기준으로 상·하한밴드를 설정해 매매 유연성을 높이고자 고안된 지표입니다.

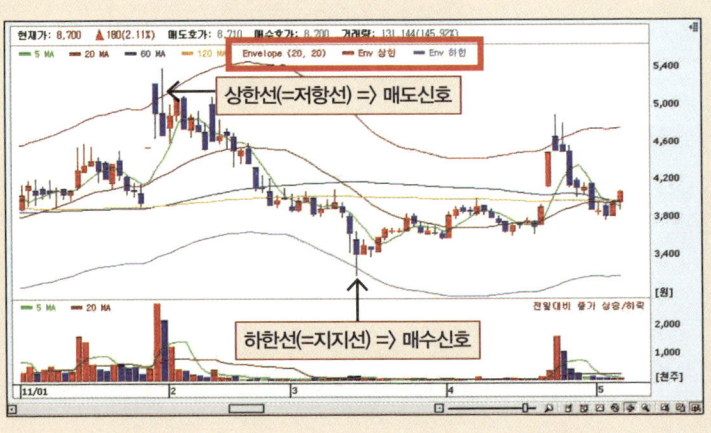

엔벨로프 수치가 (20, 20)이라는 것은 20선을 20간격으로 상·하한선을 설정한다는 의미로, 수치를 줄이는 만큼 밴드폭이 좁아집니다.

가격과 시간의 지표, 일목균형표

일목균형표는 일본에서 개발된 지표로 개인투자자가 접근하기에는 좀 복잡한 지표에 해당됩니다. 쉽게 설명해 추세의 변곡점을 예측하는 이론으로 선행스팬과 후행스팬을 포함해 총 5개의 선으로 구성되어 있으며, 크게 기준선과 구름대를 매매의 기준으로 삼습니다. 선행스팬1과 선행스팬2 사이를 '구름대'라고 부르며, 이 구름대를 돌파하는 시점에 따라 추세의 방향이 결정된다는 것이 기본 핵심입니다.

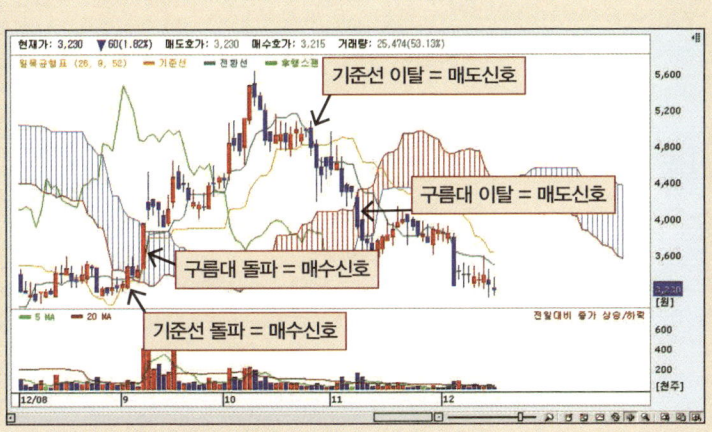

■ **일목균형표를 활용한 매매신호** ■

❶ 전환선이 기준선 위에 위치하면 매수관점
❷ 기준선이 봉차트 아래에 위치하면 지지선 역할
❸ 후생스팬이 26일 전 주가를 돌파하고 기준선 방향이 위쪽이면 상승추세
❹ 봉차트가 구름대를 상향돌파 하면 상승국면

가격대별거래 지표, 매물대

매물대란 거래량 집중적으로 이루어진 구간을 의미합니다. 따라서 거래량이 많은 가격대가 주(主) 매물대가 됩니다. 일반적으로 매물대는 강한 지지선이자 강한 저항선 역할을 하게 됩니다. 이에 따라 주가가 매물대를 상향돌파 할 경우에는 매수관점, 하향이탈 할 경우에는 매도관점으로 대응합니다.

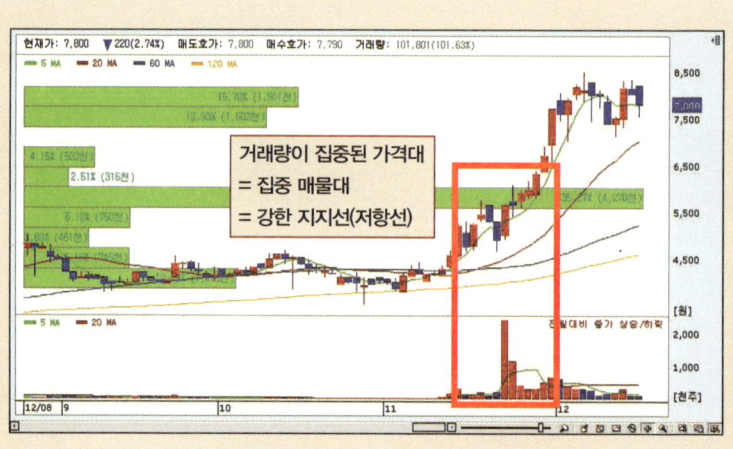

실전 매매시 매물대를 활용할 때는 크게 두 가지로 나눌 수 있습니다. ❶일정한 박스권(조정구간)에서 일시적인 수급 부족으로 거래량 없이 단기 급락이 발생했을 때 매물공백을 노리는 경우(예: V자형 패턴)와 ❷충분한 기간조정 이후 매물대를 상향돌파 할 때가 매수급소에 해당합니다.

차트를 활용한 매수와 매도의 맥(脈)

지금까지 차트분석의 대략적인 항목들인 캔들, 거래량, 이평선을 비롯해 추세, 패턴, 보조지표까지 살펴봤습니다. 이러한 요소들이 하나하나 어울려 차트를 만들게 되고, 이 차트를 통해 기업가치를 투자자들에게 알리게 됩니다. 이를 모두 종합해 본다면 차트분석이란 곧 '추세분석'과 '수급분석'으로 요약할 수 있습니다.

추세분석이란 주가의 방향을 나타내며, 하락추세가 아닌 횡보추세나 상승추세에서 주식을 매수하거나 보유해 투자수익을 올리는 분석방법입니다. **수급분석**이란 수요와 공급, 즉 거래량 분석을 통해 투자심리를 파악 과열권에서는 매도관점으로 침체권을 벗어나 안정권에서는 매수관점으로 접근해 투자수익을 올리는 분석방법입니다.

1. 주가바닥을 확인하라!

- 거래량 바닥점을 찾아라! (매도물량이 소진된 상태를 말합니다. 이 상태에서 자취를 감췄던 매수세가 조금만 유입된다면 상승확률이 높아집니다.)
- MACD, OBV, 스토캐스틱 지표 등을 활용! (거래량 지표와 그밖에 보조지표를 활용해 매수 포지션을 잡습니다.)
- 이중바닥, 삼중바닥 확인! (거래량 바닥만으로는 주가바닥을 확인하기 힘듭니다. 이전 저점을 지지하는지, 또한 저점과 고점을 차례로 높이는지 여부를 반드시 확인하도록 합니다.)

− 캔들을 거꾸로 뒤집어서 쌍봉(삼봉)이 발생하는 종목! (고점을 두들겨서 돌파 못하면 주가는 내려갑니다. 이것을 반대로 해석하면 밑에서 두세 번 두들기면 올라갈 가능성이 커집니다.)

2. 추세전환을 포착하라!

− 최소 장기간 하락추세 마무리 단계를 확인! (하락추세 저항선 상향돌파, 횡보추세대 지지 여부를 확인합니다.)
− 바닥을 다진 후 이평선 수렴! (최소한 120일선 저점 확인, 이후 60일선과 20일선 순으로 저점 지지 여부를 확인합니다.)
− 이평선 상승추세전환 확인!
− 거래량 증감 여부 확인!

3. 변곡점을 노려라!

− 20일선은 세력선이자 수급선, 5일선은 심리선… 20일선이 완만한 상승추세 속에서 거래량이 증가하는 종목이라면, 일단 수급과 심리가 호전된 상태를 의미하기 때문에 그만큼 상승확률이 높습니다.
− 20일선이 상승추세가 아니라도 최소한 가파른 하락추세를 마무리 하는 모습을 보여야 합니다. 또한 비록 단기 역배열 상태라 하더라도, 거래량이 증가하면서 5일선이 살아나는 종목이라면 저점을 확인해가며 매수관점으로 접근이 가능합니다.
− 5일 변곡점을 노릴 경우에는 저점과 고점을 차례로 높이는 주식일수록 상승확률이 높습니다.

…지금까지의 내용을 간략히 종합해보면 통상적으로 주가가 하락추세를 마무리한 다음 횡보추세나 혹은 상승추세 초기에 1차 거래량 바닥을 다진 후 거래량이 증가하면서 2차로 주가가 5일선 위에 올라앉는 시점에 주식을 매수하는 것이 투자수익을 올릴 확률이 높다는 결론이 나옵니다. 이것은 차트분석의 핵심을 단 한 문장으로 요약한 말입니다.

물론 여기에는 전제조건이 있습니다. 이를테면 차트분석이 제대로 힘을 발휘하지 못하는 종목들은 가급적 매매를 자제해야 한다는 사실입니다.

요약하자면 기업의 성장성이 정체된 기업, 연속 적자에 높은 부채비율 등 재무상태가 부실한 기업, 자본금이 적고 유통물량이 부족한 기업, 타인에 대한 채무보증이 많은 기업, 부실 계열사를 많이 소유한 기업, 계열사간 지금보증이 많은 기업, 증자나 사채발행이 잦은 기업, 대주주 지분이 너무 낮은 기업, 실체는 없고 장밋빛 뉴스만 도배하는 기업, 우선주, 관리종목, 투자위험(경고)종목 등의 경우에는 차트분석 자체가 무의미한 편입니다. 하이에나 같은 작전세력들이 적은 자본을 들여 단타성 개인들을 유혹하는 패턴이 비일비재하기 때문입니다.

따라서 차트분석을 통해 매매를 할 때는 부실주나 자본금이 매우 적은 중소형주는 가급적 매매를 자제하도록 하며, 재무가 우량하거나 성장성이 뛰어난 기업이라도 분산투자를 통해 리스크를 줄이는 투자습관이 필요합니다.

차트분석의 빛과 그림자

차트분석의 핵심은 **수급분석을 통한 추세매매**라 할 수 있습니다. 제아무리 재무구조가 우량하고 자산이 풍부하고 성장성이 월등한 기업이라도 투자자들이 관심을 보이지 않는다면 주가는 결코 상승하지 못합니다. '투자'란 현재가치가 아닌 미래가치를 담보로 하는 것이고, '거래'란 수요와 공급의 법칙에 좌우되며, 따라서 투자수익을 올리기 위해서는 수요가 넘치는 타이밍을 노려 매수하고 공급이 넘치는 시점에서 매도해 시세차익을 얻는 것이라 할 수 있습니다.

수급은 거래량이며, 거래량은 주식의 가격을 좌우합니다. 수급분석을 통해 주가흐름을 살피며, 주가흐름의 연속성인 추세를 통해 매매 타이밍을 잡는 것이야 말로 차트분석의 핵심입니다.

차트분석의 장점은 무엇보다 투자자들의 매매심리가 고스란히 차트에 녹아있기 때문에 주가의 위치(추세)와 수급(거래량)을 한눈에 파악할 수 있다는 점입니다.

반면 차트분석의 단점은 한마디로 '후행성'을 들 수 있습니다. 대체로 차트에서 가장 중요하게 여기는 거래량은 주가에 선행하는 편이지만 그 외 지표들은 대부분 후행성을 갖습니다. 주가바닥은 일단 지나고 봐야 확인이 가능하듯 차트분석의 최대 단점이 바로 과거의 이미 지난 지표를 토대로 미래를 예상한다는 점입니다. 그밖에 차트분석의 단점을 간략히 나열하면 다음과 같습니다.

- 차트는 기업의 가치를 제대로 반영하지 못한다.
- 가치와 무관하게 투자심리에만 좌우되는 경향이 많다.
- 대주주의 경영능력, 재무상태, 업종현황 등을 파악할 수 없다.
- 동일한 차트라도 투자자들마다 해석이 달라진다.
- 급격한 시황변동에 너무 민감하게 반응한다.
- 단기매매에 치중되면서 뇌동매매로 이어지기 쉽다.
- 부실주나 유통물량이 적은 중소형주는 차트의 신뢰도가 낮다.
- 자본금이 적은 중소형주에서는 작전세력의 트릭이 많다.
- 차트분석은 강세장에서는 확률이 높고, 하락장에서는 확률이 낮다.
- 과거는 되풀이되지만 항상 똑같은 것은 아니다.

"한 손엔 재무제표 다른 한 손엔 차트!"

주식투자에서 중요한 두 가지 도구를 말합니다. 제아무리 기업가치가 우량하고 저평가된 상태라도 수급이 없다면 투자수익을 얻기 힘들고, 제아무리 추세와 수급을 분석한다 해도 기업의 내재가치를 완전히 무시할 수 없다는 측면에서 가치분석이나 차트분석을 무시하고서는 제대로 된 투자수익을 올릴 수 없다는 뜻입니다.

가치분석의 단점은 차트분석으로 보완하고, 차트분석의 단점은 가치분석으로 보완하면서 투자자 나름대로 자신만의 투자기준을 세우는 것만이 약육강식의 치열한 주식시장에서 살아남는 유일한 비결일 것입니다.

PART 5

실전투자 지침서

투자행위의 동기유발, 이윤추구

주식시장은 유가증권시장에 상장된 주식회사의 주식을 거래하는 시장입니다. 주식회사는 기업이 자본금을 밑천으로 주식을 발행한 회사로 한 나라의 경제를 떠받치는 중추적 역할을 합니다. 경제는 인간의 생활에 필요한 재화나 용역을 생산·분배·소비하는 모든 활동을 말합니다. 경제활동은 성장을 지향하는 자본주의 체제에서 이루어지며, 자본주의는 이윤추구를 목적으로 하는 자본 중심의 경제체제입니다.

자본주의에서 [자본=화폐=돈]은 인간이 생존을 하기 위한 거래 수단입니다. 돈은 보통 상품이나 서비스를 거래하는 매개체 역할을 하지만, 어떤 행위에 대한 대가성 지불, 재산증식의 저장, 가치를 나타내는 평가기준의 역할도 수행합니다.

또한 돈은 인간의 행동을 촉발시키는 동기부여를 제공합니다. 자본주의에서 살아남기 위해서는 돈이 필요하고, 돈이 필요하니 일을 해야 하고, 일을 하려면 땀을 흘려야 하기 때문입니다.

돈은 결코 정체하는 법이 없습니다. 항상 먹잇감을 찾아 활발히 움직입니다. 돈은 수익이 나는 곳이라면 물불을 가리지 않습니다. 돈은 이자를 낳고 이자는 더 나은 이자를 위해 무한 팽창합니다.

이윤추구… 인간 생존의 목적, 기업의 목적, 경제의 목적, 자본의 목적, …돈의 목적인 것입니다.

선물과 옵션 그리고 ELW

　주식투자는 주식시장에서 상장된 기업의 주식을 매매해 투자수익을 올리는 데 목적이 있습니다. 주식매매를 통한 투자수익은 보유주식의 평가손에 따라 달라집니다. 주가가 하락한다면서 평가손실이 발생하고, 추가적인 손실을 회피하고자 보유주식을 매도하면 손실이 확정됩니다. 반대로 주가가 상승한다면 평가이익이 발생하고, 매도를 통해 주가상승으로 인한 시세차익만큼 수익을 확정짓게 됩니다. 따라서 투자자들이 주식투자로 수익을 얻으려면 주가상승이 이루어져야만 하고, 주가상승은 기업가치 상승이고, 기업가치 상승은 경제가 성장한다는 것을 의미하게 됩니다.

　자본주의는 성장을 지향합니다. 따라서 아주 큰 틀에서 본다면 지금까지의 자본주의는 분명 성장을 지속하고 있는 것은 사실입니다. 하지만 그 성장의 이면에는 이루 헤아릴 수 없는 많은 기업의 피와 눈물이 감춰진 것 또한 사실입니다.

　자본주의 경제는 장기적으로는 성장을 지향하지만 끊임없이 경기의 상승(호황)과 하락(불황)이라는 순환적 변동을 반복하게 됩니다. 이러한 경기순환기를 거치면서 침체기에는 수많은 기업들이 도산하고, 회복기에는 새로운 기업들이 탄생하며, 활황기에는 기업들이 높은 수익의 성장을 구가하고, 후퇴기에 이르러 기업들의 수익성이 나빠지면서 도태의 길을 걷기 시작합니다.

　경기활황기에는 기업들의 실적이 좋아져 주식시장이 강세를 보이게 됩니다. 반면 경기침체기에는 기업들의 실적이 나빠져 주식시장이 약세를 보이게 됩니다. 강세장에서는 주식을 보유한 대부분의 투자자들이 주가상승으로 인한 투자

수익을 올리게 되지만, 약세장에서는 반대로 주식을 보유한 투자자들이 큰 손해를 보게 됩니다. 이때 개인투자자들에 비해 막대한 자금을 운영하는 외국인이나 기관들 입장에서는 보유주식을 모두 매도할 수 없는 아이러니가 발생합니다. 약세장에서 투자심리가 극도로 악화되면 매도심리는 강화되고, 매수세는 자취를 감추게 되면서 적은 거래량으로도 큰 폭의 주가급락으로 이어져 막대한 투자평가손을 입기 때문입니다.

인간의 행동은 돈에 좌우되며, 돈은 이윤추구를 목적으로 움직입니다. 인간은 하나의 상품을 개발할 때마다 위험을 회피하고자 또하나의 상품을 개발해내는 비상함이 있습니다. 그것은 주가지수에 반대되는 개념에 투자하는 '선물·옵션'이라는 파생상품입니다.

■ 헤지(Hedge) 기능의 파생상품

파생상품(Derivatives)이란 기초자산이 되는 상품을 대상으로 가격 변동을 거래하는 금융상품을 말합니다. 파생상품의 기초자산에는 원자재·곡물·채권·통화·주식 등이 있으며, 이들 기초자산을 대상으로 미래에 가격이 오를지 내릴지를 놓고 거래하는 금융상품입니다.

파생상품은 자산이나 부채의 가격 변동의 위험으로부터 회피하려는 목적에서 도입되었습니다. 예를 들어 주식시장이 급격하게 하락하는 경우 보유주식이 많은 외국인이나 기관은 보유물량을 시장에 모두 매도할 수 없게 되어 지수하락에 따른 평가손을 고스란히 감당해야만 합니다. 이때 외국인이나 기관은 선물시장에서 '선물매도'를 통해 지수하락에 따른 평가손을 어느 정도 만회할 수가 있습니다. 이렇게 기초자산이나 상품의 가격변동이나 위험으로부터 회피하고자 하는 거래를 **헤지거래**(Hedge Trading)라고 합니다.

주식시장에서 헤지 기능을 하는 대표적인 파생상품에는 선물과 옵션, 그리고 주식워런트증권이라 불리는 ELW가 있습니다. 먼저 선물거래와 현물거래의 간단한 의미부터 살펴보겠습니다.

선물(先物)**거래**는 특정 상품을 어느 시점에 어떤 가격으로 거래하는 것을 말합니다. 예를 들어 김치공장에서 김장철에 대비해 미리 대량의 배추를 구입하고자 합니다. 하지만 배추는 모종을 심은 이후 70일 정도의 시일이 지나야 수확이 가능합니다. 이때 김치공장에서 배추 생산자에게 3개월 후 1포기 당 1,000원원에 구매하겠다고 계약을 맺습니다. 그동안 배추 가격이 흉년으로 1,500원이 되든 풍년으로 500원이 되든 김치공장은 약속한 시일에 포기당 1,000원에 구매하는 것이 바로 선물거래입니다. 참고로 선물거래는 곡물, 귀금속, 천연자원 등을 거래하는 '상품선물거래'와 금리, 통화, 주가지수 등을 거래하는 '금융선물거래'로 나뉩니다.

선물거래와 반대 개념의 **현물**(現物)**거래**는 현재시점에서 특정 상품을 거래하는 것을 말합니다. 그래서 주식투자가 곧 현물투자로 불리기도 합니다.

■ KOSPI200 주가지수 선물거래

선물시장에서의 **선물매매**는 속된 말도 방향성 맞추기 게임입니다. 지수가 오를 것인지 내릴 것인지의 방향성만 예측하면 됩니다.

우선 선물은 파생상품이기에 기초자산 성격의 담보가 되는 대상이 필요합니다. 주가지수 선물거래는 'KOSPI200' 지수를 매매대상으로 합니다. 코스피(KOSPI)200 지수는 증권시장에 상장된 종목 중 업종대표 우량주 200개 종목으로 구성되며, 완벽히 일치하지는 않지만 종합주가지수(KOSPI)와 거의 동일한 흐름을 보입니다.

선물거래 종목은 결제일 기준으로 3월 결제 지수선물, 6월 결제 지수선물, 9월 결제 지수선물, 12월 결제 지수선물 이렇게 4가지 종류가 있습니다.

선물거래를 하기 위해서는 개시증거금(기본예탁금) 명목으로 최소 1,500만 원이 필요하며, 선물매매를 하기 위해서는 위탁증거금 명목으로 선물 1계약 가격의 15% 이상의 현금이 필요합니다.

선물거래 단위는 선물 1계약으로 [KOSPI200 지수 × 50만 원]입니다. 예를 들어 선물 1계약을 매매하기 위해서는 KOSPI200 지수가격이 250이라면 (250 × 50 × 1계약) = 12,500만 원이 필요합니다.

그러나 선물거래는 현물(주식)거래와 달리 레버리지 비율이 약 6.7배(증거금 15%)나 적용되는 특성이 있습니다. 따라서 KOSPI200 지수가 250일 때 선물 1계약을 매매하기 위해서는 12,500만 원이 필요하지만 증거금이 15%이기 때문에(250 × 50 × 1계약 × 15%) = 1,875만 원만 있으면 선물매매를 할 수 있게 됩니다. 일반 현물투자 증거금이 40%대임을 감안하면 그만큼 선물투자는 현물투자에 비해 위험성이 상대적으로 크다는 것을 의미합니다.

선물매매는 기본적으로 지수가 상승할 것으로 예측되면 '선물매수', 지수가 하락할 것으로 예상되면 '선물매도' 포지션을 매입합니다.

선물계약의 만기일은 분기별로 3월, 6월, 9월, 12월 두 번째 목요일입니다. 만기일에는 모든 선물계약이 결재가 되기 때문에 되도록 만기 이전에 청산하도록 하며, 만기일이 되면 선물·옵션 투자자들의 희비가 극명하게 엇갈립니다.

■ KOSPI200 옵션거래

옵션(Option)거래는 선물의 위험성을 헤지 차원에서 만들어낸 파생상품으로 기초자산인 KOSPI200 지수를 특정 시기(만기일)에 미리 지정된 가격(행사가격)에 매입(콜옵션) 또는 매도(풋옵션) 할 수 있는 권리를 프리미엄을 주고 사고파는 거래입니다.

거래단위는 [옵션가격 × 10만 원]이며, 거래종류는 기본적으로 콜옵션 매수(매도), 풋옵션 매수(매도) 이렇게 4가지가 있습니다.

① **콜옵션 매수** : 지수 상승이 예상될 때
② **콜옵션 매도** : 지수 하락이 예상될 때나 지수가 상승하지 못한다고 예상될 때
③ **풋옵션 매수** : 지수 하락이 예상될 때
④ **풋옵션 매도** : 지수 상승이 예상되거나 지수가 하락하지 않는다고 예상될 때

> 지수 상승이 예상되면 => 콜옵션 매수, 풋옵션 매도
> 지수 하락이 예상되면 => 콜옵션 매도, 풋옵션 매수

예를 들어 KOSPI200 지수가 현재 250이고 옵션가격 1포인트에 10만 원인 경우 KOSPI200 지수를 2,500만 원에 살 수 있는 콜옵션을 50만 원에 샀다고 가정합니다. 만기일에 KOSPI200 지수가 300이 되면 기초자산 가치는 3,000만 원으로 오르지만 옵션 행사가격인 2,500만 원에 구입할 수 있습니다. 이 경우 콜옵션 매수자는 권리를 행사하거나 되팔아서 수익을 얻게 됩니다. 반대로 KOSPI200 지수가 200으로 떨어져 자산가치가 2,000만 원으로 하락한다면 프리미엄(옵션가격 50만 원)만 손해를 보고 권리를 포기하면 됩니다.

옵션계약의 만기일은 매달 두 번째 목요일입니다.

참고로 3개월 단위의 선물계약 만기일과 매달 청산하는 옵션계약 만기일이 겹치는 날(1년에 4번으로 3월, 6월, 9월, 12월의 두 번째 목요일)을 **더블워칭데이**(Double Witching Day)라 부릅니다.

또한 주가지수선물, 주가지수옵션, 개별주식옵션 등 3개 파생상품 만기일이 3개월마다 동시에 겹치는 날은 **트리플워칭데이**(Triple Witching Day)라 부릅니다.

3개월에 한 번 만기일이 다가오면 주식시장(KOSPI200)과 연결된 이들 파생상품(선물·옵션) 시장에서 이익을 실현하기 위해 주식을 매매하는 물량이 급격히 증가하거나 감소하게 됩니다. 청산할 물량이 많다면 그만큼 주가 급등 또는 급락할 가능성이 높아집니다.

■ ELW(주식워런트증권)

　인간의 욕심은 끝이 없습니다. 이윤추구를 갈구하는 자본의 욕심은 끝이 없습니다. 인간은 선물과 옵션에 이어 또하나의 괴물 상품인 ELW라는 파생상품을 만들어 냅니다. 현물의 파생상품이 선물이고, 선물의 파생상품이 옵션이라면, 옵션의 파생상품이 워런트(ELW)인 것입니다.

　ELW는 주식워런트증권으로 KOSPI200 주가지수나 개별종목을 대상으로 하며, 미래의 시기에 미리 약속한 가격으로 사거나 팔 수 있는 권리를 가진 증권을 말합니다. 옵션과 같은 개념으로 살 수 있는 권리가 붙은 증권은 '콜워런트', 팔 수 있는 권리가 붙은 증권은 '풋워런트'라 부릅니다.

　옵션과 ELW의 차이점은 파생상품의 기초자산 대상에 있습니다. 옵션은 KOSPI200 지수에 한정되지만 ELW는 KOSPI200 이외에 개별종목도 가능합니다. 개별종목은 시가총액 상위종목으로 선정하고, 주가상승이 예상되면 '콜' 주가하락이 예상되면 '풋'을 매수하면 됩니다.

■ KOSPI200 선물거래제도

상품개요	- 유가증권시장본부에 상장된 주권 200 종목의 시가총액 기준으로 산출된 코스피(KOSPI)200 지수
거래대상	- KOSPI200 지수
거래단위	- KOSPI200 지수 X 50만원
결제월주기	- 3월(H), 6월(M), 9월(U), 12월(Z)
상장결제월수	- 1년 이내에 4개 결제월
가격표시방법	- KOSPI200의 지수(소수점 둘째 자리까지 표시)
호가단위(1틱)	- 0.05 포인트
최소변동금액	- 25,000원(50만원 X 0.05)
거래시간	- 월~금요일 : 09:00 ~ 15:15 　최종거래일 : 09:00 ~ 14:50
최종거래일	- 각 결제월의 두 번째 목요일 　(공휴일인 경우 순차적으로 앞당김)
최종결제일	- 최종거래일의 다음 거래일
최종결제방법	- 현금결제
가격제한폭	- 기준가격의 10% 상승(하락)
단일가거래	- 단일가격거래 주문시간 · 개장시 : 08:30 ~ 09:00 · 거래 중 단시 : 거래 재개 후 10분간 · 거래 종료시 : 15:05 ~ 15:15 - 거래 우선 순위 : 가격, 시간, 수량 - 주문의 취소/변경의 제한 : 단일가격거래 주문시간 종료 전 1분간은 주문의 변경/취소를 제한
필요적 거래중단	- 거래가 가장 활발한 종목의 선물가격이 기준가(전일 정산가) 대비 5% 이상 변동하고 이론가 대비 괴리율이 3% 이상인 상태가 1분간 계속된 경우 5분간 거래중단 - 현물시장이 10% 이상 하락하여 현물시장의 거래가 중단된 경우 20분간 거래중단
증거금	- 기본예탁금 : 1,500만원 - 개시증거금 : 위탁금액의 15%(5% 이상은 현금) - 유지증거금 : 10%

마진콜(Margin Call)

주식시장과 마찬가지로 선물·옵션시장에서도 매일 활발한 거래가 이뤄지고 있습니다. 투자심리가 변하고, 지수가 변하며, 선물의 가격도 수시로 출렁입니다. 이러한 가격변동은 현물과 선물 투자자에게 수익과 손실이라는 결과물을 안겨주게 됩니다.

거래소는 당일의 장이 끝난 후 그 날의 종가를 기준으로 선물지수를 발표합니다. 이 가격을 기준으로 선물 거래자들의 미청산계약에 대한 잠정이익과 손실을 주고받게 됩니다. 이를 가리켜 **일일정산**이라고 합니다. 선물을 매수한 다음 지수가 상승하면 일일정산을 통해 선물계좌로 이익금이 들어오고, 지수가 하락해 손해를 보면 손실금액 만큼 선물계좌에서 인출당하게 됩니다. 문제는 이러한 일일정산이 증거금에 영향을 미친다는 데에 있습니다.

일일정산 결과 기초자산(KOSPI200)이 증거금 밑으로 하락하면 선물 투자자는 추가로 증거금을 납부하거나 강제로 청산해야만 합니다. 증거금 부족 현상이 나타나면 거래소는 계약불이행의 위험을 미연에 방지하고자 선물 투자자에게 전화를 걸어 추가 증거금 납부를 요구하게 됩니다. 이것을 **마진콜**(Margin Call)이라고 합니다. 만약 투자자가 이를 무시한다면 반대매매를 통해 강제로 선물계약을 청산시킵니다.

선물·옵션투자는 현물투자에 비해 훨씬 중독성이 강한 마약과 같습니다. 상승이냐 하락이냐 방향성만 예측하면 되기 때문입니다. 또한 높은 레버리지를 활용할 수 있다는 측면에서 적은 투자금으로도 몇 배의 수익을 얻을 수 있습니다. 이 얼마나 달콤한 유혹입니까. 많은 시간을 할애해 가며 머리 아픈 경제분석, 산업분석, 기업분석, 차트분석을 비롯해 각종 뉴스와 투자정보를 살필 필요도 없이 그저 동전 던지기처럼 앞면이냐 뒷면이냐 그것만 맞추면 되니 말입니다. 바로 여기에 함정이 숨어 있습니다.

> ① 100% 제로섬 게임이다.
> ② 만기일이 있기 때문에 반드시 청산되어야 한다.
> ③ 레버리지가 높은 만큼 리스크 관리가 어렵다.
> ④ 방향을 한 번 잘못 맞추면 손실은 기하급수적으로 누적된다.
> ⑤ 현물투자에 비해 중독성이 3배 이상 강하다.

흔히 주식투자를 합법적 도박이라고 합니다. 정부에서 공식적으로 인정한 도박판인 셈입니다. 그런 면에서 주식투자(=현물투자)는 고스톱이나 포커 게임과 같을 것입니다. 반면 파생투자(=선물·옵션투자)는 동전던지기와 같은 홀짝게임이자 '섯다' 게임일 것입니다. 현물투자가 3명에서 7장의 패를 가지고 승부하는 고스톱이나 7장의 카드로 승부하는 7포커라면, 선물투자는 단 2장의 패를 놓고 승부를 겨루는 '섯다' 게임과 같습니다.

세븐(7)포커는 처음 3장의 패 중 2장을 안 보이게 뒤집은 다음 1장을 상대에서 보여주고 계속 공개된 패를 돌리면서 최종적으로 7장 째 히든패를 가지고 상대방과 승부를 벌입니다. 공개된 4장의 패를 보면서 중간에 패가 안 좋으면 히든을 받기 이전에 죽을 수도 있고, 상대방이 내 패를 보고 일찍 포기할 수도 있습니다. 반면 섯다 게임은 단 2장만으로 승부를 벌이는 그야말로 피말리는 홀짝

게임과 같습니다. 섯다 게임은 포커와 달리 단 2장의 패를 받고 상대의 패는 모르는 상태에서 승부를 거는 게임입니다. 오로지 상대방의 과도한 몸짓과 눈짓만을 분석해 승부를 내야만 합니다.

예를 들어 외국인, 기관, 개인 이렇게 3명에서 섯다 게임을 한다고 가정합니다. 3명 중 1명은 패를 돌리고 나머지 2명이 쌍방 간 게임에 참여합니다. 패를 돌리는 역할은 개인이 할 수 없기 때문에(지수를 움직일 만한 힘이 없기 때문에) 외국인이나 기관이 대신합니다. 게임에 참여한 개인의 상대는 막대한 자본을 굴리는 외국인이나 기관입니다. 또한 패를 돌리는 이도 외국인과 기관이 서로 번갈아 자리를 바꾸며 게임에 참가합니다. 과연 이길 수 있을까요?

선물지수는 곧 KOSPI200 지수이며, 이들 종목들은 자본금이 큰 대표우량주이기 때문에 외국인과 기관의 비중이 절대적으로 많습니다. 무엇보다 주식시장에 상장된 전체 종목 중 가장 영향력이 높은 삼성전자는 KOSPI200 지수의 절반가량의 영향력을 행사합니다. 더욱 놀라운 것은 시가총액 기준으로 2위에서 10위까지 우리나라를 대표하는 대기업들의 시가총액을 모두 합쳐도 1위 삼성전자를 넘지 못한다는 사실입니다.

[2012년 12월 기준으로 우선주를 포함한 삼성전자 시가총액은 약 240조 〉〉〉 2위 현대차(48조)에서부터 포스코(30조) 현대모비스(28조) 기아차(23조) LG화학(22조) 삼성생명(19조) 한국전력(19조) 현대중공업(18조) 10위 신한지주(18조)까지 총 시가총액은 약 225조.]

2012년 12월 코스피(KOSPI) 지수 2000선 기준으로 상장사들의 전체 시가총액은 약 1,150조, 객관적 수치상으로 주당 150만 원에 시가총액 240조에 해당하는 삼성전자가 차지하는 비중은 전체 시장에서 약 20%, 하지만 그 영향력은 이미 1/4을 훌쩍 뛰어넘은 지 오래입니다. 코스피시장에서 차지하는 엄청난 시가총액도 문제지만 1,2차 벤더(Vendor)업체를 제외하고 삼성계열사만 포함해도 (약 340조) 전체 종합지수의 약 1/3에 육박하는 막강한 영향력을 행사하는 것입니다.

삼성전자는 KOSPI200 선물지수 대표종목이며, 2012년 12월 기준으로 외국인 지분율이 무려 50.40%에 육박합니다. 따라서 선물지수를 조작하고자 할 때는 삼성전자만 움직이면 됩니다. 삼성전자 한 종목만 임의로 끌어올리거나 끌어내려도 외국인이나 기관이 원하는 선물지수를 맞춰놓을 수 있다는 논리가 나옵니다.

외국인과 기관, 그들이 바로 섯다 게임의 패를 돌리는 메이저 세력입니다. 자본력도 부족하고 정보력도 뒤지는 개인투자자가 기관과 붙어 섯다 게임을 할 때는 옆에 있던 외국인이 패를 돌립니다. 개인과 외국인이 섯다 게임을 할 때는 옆에 있던 기관이 패를 돌립니다.

섯다(=선물·옵션투자) 게임은 둘 중 하나는 반드시 죽어나갑니다. 반면 어차피 자본도 부족하고 정보도 없고 노하우도 미천한 개인들일지라도 외국인과 기관과 함께 7포커(=현물투자) 게임을 한다면 그래도 승부해 볼만 할 것입니다. 보여지는 상대의 4장의 패와 받아든 3장의 숨겨진 자신의 패를 통해 분석하고 예측하고 대응한다면 그래도 쌍방 간에 벌이는 섯다 게임보다는 이길 확률이 높아질 것입니다.

선물·옵션은 패를 돌리는 이가 절대적으로 유리한 게임입니다. 실전에서 각종 경제지표가 제아무리 나쁘게 나와도 선물지수가 상승하기도 합니다. 또한 모든 경제지표가 좋게 나오고 모든 상황이 주가상승에 우호적이라도 선물지수를 움직이는 외국인이나 기관이 내리겠다고 하면 지수는 하락하는 법입니다.

시장의 호재가 악재로 해석되고, 눈에 보이는 악재는 호재로 둔갑해 버립니다. 이 과정에서 자본을 강탈당하는 이가 바로 필자를 포함해 여러분과 같은 개인투자자들입니다.

뉴스에 종종 주식투자로 생을 마감했다는 기사들이 투자자들의 마음을 안타깝게 할 때가 많습니다. 주식투자로 자살한 이들의 대부분은 미수·신용으로 인한 현물투자 실패보다는 선물·옵션투자로 거액의 투자금을 날린 경우입니다. 선물·옵션은 방향성만 맞추면 된다는 의미에서 접근은 쉽지만 높은 레버리지 효과 때문에 투자 위험성이 상당히 높으며, 현물투자는 주가하락시 시간과의 싸움을 벌일 수가 있지만 선물투자는 만기가 존재하는 특성상 제로섬 게임에 해당합니다. 또한 현물과 달리 선물은 리스크 관리가 제대로 되지 않을 뿐더러 변동성 확대에 따른 투자심리가 한번 무너지면 마진콜로 인해 반대매매를 당하거나 무리한 대출로 인한 채무급증으로 이어지기도 합니다.

주식투자 성공률이 10/100이라면 선물투자 성공률은 1/100로 현물투자에 비해 리스크가 매우 큰 투자상품입니다. 현물에서 기세등등하다 선물에서 박살나는 경우가 부지기수이며, 한 때의 달콤했던 대박의 맛을 잊지 못해 어느새 모든 자산을 메이저에게 상납하는 일이 비일비재합니다. 초보투자자는 절대 선물·옵션투자에 접근하지 않도록 합니다. 돈이 넘쳐 길거리에 돈을 뿌린다는 마인드가 아닌 이상 가급적 거래하지 않도록 하며, 기본 개념만 인지한 상태에서 투자에 참고만 하기 바랍니다.

부채발행 사채발행

이윤추구의 목적에서 설립된 기업은 제품이나 상품, 서비스 등을 소비자에게 판매해 매출을 올리고 이익을 극대화하는 과정에서 규모를 키워나가게 됩니다. 기업을 설립해 사업을 하려면 최소한의 사업 밑천이 필요합니다. 초기에는 2인 이상이 자본을 출자해 사단법인 기업형태인 회사를 차립니다.

회사는 크게 **합명회사**(공동경영), **합자회사**(복합경영), **유한회사**(출자경영), **주식회사**(주주경영)로 나뉩니다. 이 중에서 외부로부터 자본을 유치하기 가장 수월한 회사형태가 바로 '주식회사'입니다. 초기 자본금을 밑천으로 주식을 추가로 발행해 사업자금을 모으는데 가장 편리한 기업형태이기 때문입니다.

주식회사는 상장회사와 비상장회사로 나뉩니다. '상장회사'는 증권거래소에 상장된 회사를 말하고, '비상장회사'는 증권거래소에 상장되지 않은 장외시장에 등록된 회사를 말합니다. 상장회사와 비상장회사의 가장 큰 차이점은 자금조달입니다. 증권거래소에 상장된 주식회사는 이자부담 없이 외국인이나 기관 등의 많은 투자자로부터 대규모 투자금을 조달 할 수 있다는 것이 가장 큰 매력이기 때문입니다.

따라서 이윤추구의 목적에서 설립된 모든 기업의 1단계 목표는 주식회사가 되어 증권시장에 상장되는 것이고, 2단계 목표는 증권시장에서 투자자로부터 많은 사업자금을 끌어 모으는 것이며, 3단계는 투자받은 자금을 활용해 회사를 성장 발전시키는 것입니다.

■ 공모자금 사채발행 유상증자

증권거래소에 상장된 회사는 비싼 이자비용 없이 투자자들로부터 자금조달이 수월한데, 대표적인 자금조달 방법으로 '공개모집(공모)' '사채발행' '유상증자'가 있습니다.

장외에서 거래가 되는 비상장회사이든 아니면 장외거래조차 안 되는 주식회사이든 증권거래소에 상장하려면 일정한 상장조건에 부합되어야 하며, 이런 상장심사절차를 무사히 통과한 주식회사는 공모를 통해 상장의 기쁨을 누리게 됩니다.

공모(Public Offering)는 공개모집의 약자로 소수에 집중되었던 주식을 불특정 다수 투자자들에게 새롭게 주식(신주)을 발행해 청약하는 것을 말합니다. 비상장회사는 주식 분포가 일부 소수에게 집중되어 있기 마련입니다. 많은 투자자로부터의 투자금 유치 환경이 매우 제한되어 있기 때문입니다. 따라서 증권거래소는 기업의 정보를 투명하게 공개시키고, 소수에 집중된 주식을 많은 투자자들에게 고루 분산시켜 공정한 투자환경을 조성하게 합니다. 이때 신규상장기업은 공모를 통해 불특정다수에게 기존의 주식을 새로 발행하게 되고, 투자자들이 청약을 하면 그 공모자금이 회사에 유입되어 사업자금으로 사용하게 됩니다. 이것이 상장회사가 누리는 첫 번째 자본조달 혜택입니다.

두 번째 자본조달 방법으로는 **사채발행**이 그것입니다. 일반 회사인 경우 사업자금이 부족해지면 금융권으로부터 대출을 받거나 대출심사에서 떨어지면 제2금융권이나 사채시장을 통해 고금리로 긴급 자금을 수혈하게 됩니다. 하지만 상장회사는 시중보다 매우 낮은 금리로 사채를 발행해 사업자금을 마련할 수 있으며, 자금 규모 또한 비상장회사와 비교할 수 없을 정도로 큰 액수를 자랑합니다.

상장회사가 외국인이나 기관 혹은 일반 투자자들에게 발행하는 사채는 대표적으로 '전환사채(CB)'와 '신주인수권부사채(BW)'가 있습니다.

전환사채(Convertible Bond)는 회사가 자금이 필요할 때 주식으로 전환할 수 있는 권리를 부여한 사채를 말합니다. 발행방법이나 절차에 따라 사채의 종류가 다르지만 핵심은 전환사채가 주식으로 전환될 때 현 주가와 전환가격 차이에 따라 발행주식수가 큰 차이를 보이는 데에 있습니다.

예를 들어 A라는 회사가 B에게 1년 만기 전환사채를 발행할 때, 만기보장 수익률 5%에 전환가격 1만 원이라 가정해 봅니다. 1년 동안 주가가 1만 원 밑으로 하락해 있다면 B는 만기까지 사채를 보유하고 있다가 회사로부터 5% 이자를 받으면 됩니다. 그런데 1년 동안 주가가 상승해 2만 원이 되면 B는 전환가격 1만 원짜리 사채를 주식으로 전환해 시세차익을 얻게 됩니다. 또한 전환사채 발행시 조건이 붙게 되는데, 이를테면 현 주가 1만 원에 전환가격이 1만 원이지만 주가가 하락해 5천 원이 되면 전환가격도 그만큼 낮게 수정되어 주식 전환시 발행주식수가 증가하게 됩니다.

다시 말해 A라는 회사는 단기에 사채발행 만큼 자금을 수혈 받는 대신 B에게 사채이자를 지급하든가 주식으로 갚아야만 합니다. B는 주가가 내리든 말든 이자를 받든가 주식 전환으로 시세차익을 얻을 수 있습니다.

상장회사는 또한 전환사채 이외에 신주인수권부사채(BW)를 발행해 사업자금을 마련하기도 합니다.

신주인수권부사채(Bond with Warrant)는 회사의 증자발행 신주를 우선적으로 받을 수 있는 권리를 가진 사채를 말합니다. 전환사채는 사채를 주식으로 전환하면 권리가 없어지지만 신주인수권부사채는 사채는 사채대로 효능을 발휘하면서 동시에 신주발행의 권리도 행사할 수 있는 사채를 말합니다.

예를 들어 회사가 BW를 발행하고 추가로 사업자금이 필요해 유상증자를 할 경우 증자에 참여하는 다수의 투자자들보다 조금 유리한 조건으로 신주를 받을 수 있는 권리가 포함된 사채입니다. 회사가 증자를 안 하면 권리행사를 안 하고 이자만 받으면 되고, 증자를 할 경우에도 유리하면(유증가보다 발행가가 현저히 낮아 시세차익이 기대되면) 권리를 행사하고, 불리하면(발행가보다 유증가가 높으면) 신주발행 권리를 행사하지 않으면 됩니다.

■ 사채 = 빚 = 부채

사채는 빚이고 빚은 부채입니다. 언젠가는 갚아야만 합니다. 사채를 발행한 회사는 반드시 채권자에게 돈으로 갚든 주식으로 갚든 빚을 갚아야 합니다. 회사가 발행하는 전환사채(CB)나 신주인수권부사채(BW) 인수권자는 외국인, 기관, 은행, 증권회사, 보험사, 캐피탈, 사금융업체, 개인사채업자 등입니다.

금융업자나 사채업자는 절대 손해 보는 장사를 하지 않습니다. 주가가 상승하든 하락하든 항상 이윤을 남깁니다. 주가가 급등을 하면 사채를 주식으로 전환해 큰 시세차익을 남기고, 주가가 하락하면 사채 행사가를 낮춰 더 많은 권리를 확보하거나 동시에 이자를 계속 받으면 되고, 최악으로 회사가 부도를 맞아 상장폐지가 되도 남은 자산을 청산해 나눠가지면 됩니다.

그렇다면 그들의 이익의 반대급부에 해당되는 손해는 누가 볼까요?
흔히 개인투자자들은 부실주나 관리주, 심지어 상장폐지 대상인 종목을 투자할 때 '청산가치'를 따지곤 합니다. 사업전망도 없고, 매출은 줄고, 이익은 해마다 적자를 벗어나지 못하고, 부채비율도 높고, 쌓아놓은 이익금도 없지만… 보유한 땅이 있고 공장도 있고 건물도 있고 그밖에 매도 가능한 유가증권을 많이 보유하고 있어 최악으로 청산절차를 밟아도 주주들에게 조금은 피해 보상을 해주지 않을까 하는 망상을 갖고 상장폐지 대상 기업의 주식을 장기투자하기도 합니다.

　채권자가 괜히 무서운 것이 아닙니다. 상장회사가 상장폐지 되면 개인투자자들에게 돌아가는 것은 아무 것도 없습니다. 회사가 청산절차를 밟게 되면 청산하고 남는 자산은 우선적으로 채권자들의 몫으로 돌아가게 됩니다. 그렇게 모든 채권자들의 피해를 전부 보상한 다음 그래도 자산이 남으면 그때서야 개인주주들에게 보상을 하게 됩니다.

　회사입장에서는 개인투자자들에게 빚을 진 것(유상증자)과 금융기관이나 사채업자에게 빚은 진 것(사채발행)은 하늘과 땅 차이입니다. 개인투자자들에게 욕을 먹는 것과 채권단으로부터 경매딱지를 받는 것과는 비교가 되지 않습니다.

　주식투자를 할 때, 종목을 선정하고 매매할 때, 기업을 분석하고 차트를 분석할 때 최소한 빚이 많은 기업은 피하기 바랍니다. 빚이 자산이라는 개념은 일부 특권층에서나 통용되는 말입니다. 빚은 언젠가는 반드시 갚아야 할 부채입니다.

　자산대비 부채비율이 높은 기업, 사업 규모에 비해 전환사채(CB)나 신주인수권부사채(BW)를 과도하게 발행한 기업, 잦은 유상증자를 실시하는 기업, 투자자들에게 많은 빚을 지고 있는 기업, 카드 돌려막기와 같이 빚 돌려막기를 하는 기업(유증 → 사채 → 감자 → 유증 → 사채)… 투자에 신중에 신중을 기하기 바랍니다.

유상증자 무상증자

■ 증자의 기본개념

상장회사의 세 번째 자금조달 방법으로 유상증자가 있습니다. 여기서 '증자'란 자본금을 늘리는 것으로 크게 유상증자와 무상증자로 나눕니다. **유상증자**는 쉽게 말해 투자자들에게 돈을 받고 주식을 새로 발행하는 것이고, **무상증자**는 투자자들에게 돈을 받지 않고 무상으로 주식을 나눠주는 것을 말합니다.

> 자본금 = 발행주식수 × 액면가
> 유상(무상)증자 =〉자본금 증가 = 발행주식수 증가 × 액면가

■ 유상증자의 목적

증자(유상증자)의 목적은 자금조달이며, 사용처에 따라 ①시설자금 ②운영자금 ③타법인 취득자금 ④기타자금으로 나눌 수 있습니다. 여기서 중요한 것은 기업이 증자 납입금을 가지고 신사업 진출, 기술도입, 시설증설과 같은 사업운영 전반에 사용하는지 아니면 타법인 출자나 부채상환에 주로 사용하는지를 확인할 필요가 있습니다. 특히 타법인 지분투자나 차입금 상환 비중이 절대적으로 높다면 횡령이나 가장납입 가능성이 높아지는 만큼 투자자들은 주의해야만 합니다.

■ 유상증자의 종류

유상증자는 증자 대상에 따라 일반배정, 주주배정, 제3자배정 이렇게 3가지 종류가 있습니다.

① 일반배정 유상증자

일반배정 유상증자는 일반 불특정다수 투자자에게 공개적으로 증자를 하는 방식을 말합니다. 공모주 청약이 대표적인 일반배정 유증에 해당합니다. 일반배정 증자는 주주배정이나 무상증자와 달리 권리락이 없습니다. 여기서 **권리락**이란 증자를 받을 권리를 말하며, 보통 증자 할인율에 따라 현 주가 대비 일정한 폭의 주가하락이 이루어진다고 해서 '권리락'이라 부릅니다.

일반배정 증자는 권리락이 없는 대신에 현 주가 시세로 증자를 하거나 현 시세보다 조금 높게 혹은 일정금액 할인된 상태에서 신주를 발행하게 됩니다. 통상 일반배정 증자는 10억 미만의 일반소액공모 방식으로 증자를 실시하며, 사채발행이나 주주배정 증자와 달리 금융감독원에 유가증권신고서를 제출할 필요가 없고, 비교적 짧은 기간에 적은 비용으로 자금을 조달할 수 있는 장점이 있습니다.

하지만 투자자 보호 차원에서 일반배정 증자와 같은 소액공모는 일부 부실한 기업들의 자금조달 수단으로 전락할 우려가 크기 때문에 투자자들의 각별한 주의가 필요합니다. 뿐만 아니라 자본잠식에 처한 부실기업들의 일시적 생명연장의 역할을 하거나 유증 대금을 입금한 다음 도로 빼내가는 가장납입도 성행하기 때문에 가급적이면 일반배정 유상증자에는 참여하지 않는 것이 안전한 투자 방법입니다.

② 주주배정 유상증자

주주배정 유상증자는 가장 일반적이고 널리 활용되는 증자방식으로 회사의 주주들을 대상으로 신주인수권을 주고, 주주들로부터 신주를 매입해 자본금(납입자본)을 늘리는 것을 말합니다. 투자자들이 주주배정 유증에 참여하기 위해서는 우선 유증권리를 먼저 얻어야 합니다. 유증권리는 신주를 인수할 권리를 말하며, 권리 획득에 따른 권리락이 발생합니다.

증자에 참여하려면 주주배정 증자를 실시한 기업의 주식을 매수한 상태에서 → 신주배정 기준일까지 보유하면 → 권리락이 발생하고 이때 신주를 매입할 권리가 생깁니다. → 유증권리를 행사하려면 정해진 유증금액 납입일에 맞춰 청약하면 되고, → 청약방법은 신주를 매입할 금액만큼 계좌에 현금을 마련해 놓으면 자동으로 인출, → 신주상장일에 맞춰 자동으로 계좌에 신주가 입고됩니다.

주주배정 유증은 투자자 입장에서 현 시가보다 할인된 금액으로 주식을 매입할 수 있고, 회사 입장에서는 투자자로부터 모은 증자 대금으로 신규 사업을 벌이거나 시설을 확장하거나 부채를 상환함으로써 회사가치를 높일 수 있는 장점이 있습니다. 반면 신주발행에 따른 자본금과 유통주식수가 증가하고, 이에 따라 주식 가치가 희석되는 단점이 있습니다.

③ 제3자배정 유상증자

제3자배정 유상증자는 일반 불특정다수도 아니고 기존 주주를 대상으로 하는 것이 아닌 제3자를 대상으로 하는 증자방식을 말합니다. 여기서 제3자는 대주주나 회사의 임원이 될 수도 있고, 회사와 특별한 관계에 놓여 있는 투자자이거나 외국인, 기관, 기타 사설금융업체나 사채업자가 될 수 있습니다.

뿐만 아니라 제3자배정 증자는 회사의 경영권 교체의 목적이나 인수·합병 및 우회상장의 목적으로도 활용됩니다. 제3자배정 증자의 최대 장점은 권리락 없이 기존 투자자에게 전혀 손해를 끼치지 않고 회사에 자금유치가 가능하며, 동시에 일반배정이나 주주배정과 달리 일정기간(통상1년) 보호예수에 묶여 있기 때문에 신주발행에 따른 물량부담이 거의 없다는 점입니다. 때문에 제3자배정 유증은 시장에서 대부분 호재로 인식되어 단기 주가 급등의 대표적인 명분이 되기도 합니다.

제3자배정 유증에서 특히 주의할 것은… 과거에는 보호예수가 없는 경우 99% 사채자금이었습니다. 현재는 규제 강화로 최소 6개월간 보호예수에 묶이게 됩니다. 그럼에도 제3자배정 유증방식은 자본잠식에 빠졌거나 부도 징후가 나타나는 등 한계상황에 처한 기업들이 주식시장에서 선택할 수 있는 최후의 수단이기도 합니다. 기업이 부실하다 보니 회사채 발행이나 주주배정 및 일반공모가 쉽지 않습니다. 이에 따라 부실한 기업은 사채업자를 끌어들여 제3자배정 유상증자를 참여케 하고, 자본잠식에서 벗어났다는 서류만 작성한 다음 납입자본을 다시 사채업자에게 되돌려 주는 가장납입도 서슴지 않게 됩니다.

■ 무상증자의 개념과 목적

무상증자는 기업이 보유한 **잉여금**(회계상 자기자본 중 자본금을 초과하고 남는 순익)을 자본금으로 환원시키는 것을 말합니다. 무상으로 주식을 나눠주는 것으로 회사의 자본총계(자기자본) 중에서 이익잉여금이나 자본잉여금 한도 내에서 증자를 실시합니다. 여기서 **이익잉여금**이란 기업의 영업활동에 의해 생긴 순이익을 말하며, 주주에게 배당으로 지급하거나 자본으로 대체되지 않고 남은 순이익을 말합니다. **자본잉여금**은 회사의 자본거래로 인한 순이익을 말하며, 주식발행초과금이나 자기주식처분이익 등이 해당됩니다.

무상증자는 잉여금 한도 내에서 주식을 무상으로 배분하는 만큼 '배당(기업의 이익 중 일부를 주주에게 분배하는 것)'의 성격을 가집니다. 기업 입장에서 주주들에게 보상의 차원에서 현금배당을 실시하게 되면 자기자본은 증가하지 않고 회사의 보유자금이 외부로 유출되지만, 무상증자를 실시하면 현금을 주식으로 배분하기 때문에 자금 유출이 없습니다. 또한 기업 내부에 유보된 잉여금을 자본금으로 전환해 기업에 재투자 할 수 있는 효과가 있습니다.

무상증자는 실질적으로 총자산에는 변화가 없습니다. 다만 회계상 주식수가 증가하는 만큼 자본금이 늘어나는 효과를 얻게 됩니다. 주주에게는 이익배당, 기업은 잉여금 재투자, 유통주식수 증가에 따른 거래량 활성화, 주식 분산 효과, 그리고 경영권 보호 차원의 목적에서 무상증자를 실시하게 됩니다.

무상증자는 주주배정 유상증자와 같이 주주들에 대한 배당의 성격이 있기 때문에 권리락이 발생합니다. 보통 무상증자는 1주당 : 0.5주 이내이지만 때론 1:1의 파격적인 증자도 실시합니다. 이를테면 총주식수 200만주인 기업이 1:1 무상증자를 실시하면 주당 1주의 신주를 배분하기 때문에 총주식수가 400만주로 증가하는 방식입니다. 이때 신주배정 기준일에 무증비율에 맞게 권리락이 발생합니다. 따라서 무상증자를 한다 해도 실질적으로 기업의 총자산 가치는 변하지 않으며, 시가총액 또한 큰 변동은 없고(권리락 이후 시가총액은 감소하지만 신주발행 후 이전 시가총액을 회복), 다만 무증효과와 신주발행 이후 기업가치 변화에 따라 시가총액이 달라집니다.

시장은 대체로 무상증자를 호재로 인식합니다. 무상증자를 할 정도면 기업의 재무가 튼튼하다는 반증이고, 또한 유통주식수 증가에 따라 거래량이 활발해져 투자자 입장에서 투자가치가 충분하다고 생각하기 때문입니다.

대주주 주식담보대출 반대매매

　상장기업이 자본을 조달할 때는 기본적으로 '일반공모', '사채발행', '유상증자' 이렇게 3가지 방식을 취합니다. 그런데 이러한 유가증권 모집에는 일정한 절차가 필요합니다. 상장기업 임의대로 자본조달을 위해 증자를 한다고 공시만 하면 다 되는 것이 아닙니다. 투자자 보호와 건전한 자금조달을 위해서 증권거래법에 의해 유가증권과 회사의 내용을 기재한 서류를 증권관리위원회에 제출하고 그 수리한 날부터 일정기간이 경과해야 증자를 실시할 수 있는데 이를 가리켜 **유가증권신고서**라 부릅니다.

　유가증권신고서에 기재해야 할 사항으로는 회사의 개황, 사업내용, 재무에 관한 사항, 발행 또는 매출요령, 조달자금의 사용목적, 감사인의 감사의견 등이 있습니다.

　상장기업이 유가증권신고서를 제출해도 증권관리위원회에서 반려시키는 경우도 많습니다. 기업이 매우 부실하거나 기업이 제출한 서류가 허위로 기재되거나 객관적 자료가 부족한 경우 투자자 보호 차원에서 증자 승인을 보류하는 것입니다. 기업은 다시 서류를 보완해 제출하고, 증권관리위원회는 다시 검토해 또 오류를 발견하면 다시 반려하기도 합니다. 이것이 바로 유상증자가 연기되는 이유입니다.

　적자가 누적되어 자본잠식에 빠지거나 일시적 유동성 부족에 빠져 긴급 자금이 필요한 상장기업은 유증심사 조건에 부합되지 않거나 유가증권신고서를 제출할 시간이 부족하다고 판단되면 사채업자를 낀 제3자배정 유증이나 은행권 직접대출, 사채시장에서 할인대출로 이어집니다. 이 경우 담보물이 필요하고 기업의 자산이나 대주주 지분을 담보로 제공하게 됩니다. 특히 유형자산을 담보로 할 때는 가치선정에 많은 시간이 소요되기 때문에 보통 대주주 지분을 담보로 잡고 대출을 받아 긴급 자금을 수혈하게 됩니다.

대주주의 주식을 담보로 대출받은 자본을 가지고 기업은 일시적 유동성 부족에서 빠져나오기도 하지만, 반대로 경영악화가 지속되어 대출금을 제때 상환하지 못하는 상황도 연출되곤 합니다.

대출금 상환일이 다가오면 사채업자(금융권)는 대주주에게 연락을 하고, 대주주가 자금마련에 실패하면(또는 주가가 담보비율 밑으로 하락하면) 사채업자는 담보로 잡은 대주주 지분을 시장에 강제로 내다팔게 됩니다. 이것이 개인투자자들이 중소기업에 투자할 때 횡령·배임과 함께 가장 두려워하는 **대주주 주식담보대출 반대매매**입니다.

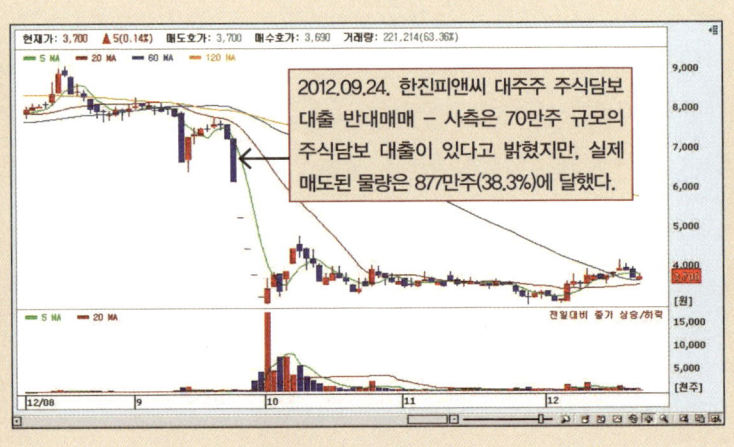

통상 대주주 주식담보대출은 할인율이 매우 높아 암묵적으로 현 시가 대비 50% 그 이하로 형성되는 것이 관례입니다. 예를 들면 현 주가 1만 원에 대주주 지분 100만주를 담보로 대출을 받을 때는 대출업자가 현 주가에서 50% 할인해 주당 5천 원에 100만주 도합 50억을 대출해주는 식입니다. 사채업자 입장에서 만약의 경우 담보 주식을 시장에 매도할 때 단기 급락에 따른 충격을 감안해 자금을 대출해 주기 때문입니다.

대주주 주식담보 할인율도 문제지만 담보비율도 문제입니다. 상장사 대주주가 지분을 담보로 사채업자에게 자금을 대출받을 때는 담보비율을 정하게 됩니다. 이를테면 주가가 현 시세보다 20% 밑으로 하락하면 시장에 매도해도 된다는 식으로 계약을 하는 것입니다. 주가가 담보비율 밑으로 하락하면 이때 사채업자는 가차없이 담보주식을 시장에 매도해 버리게 됩니다. 대출금 상환자금을 마련해도 대주주 지분이 반대매매 되는 상황이 연출되는 것입니다. 때문에 대주주는 주가하락을 방어하고자(담보비율 하락을 막고자) 추가로 담보(어음이나 당좌수표)를 더 충당하는 악순환에 빠지기도 합니다.

문제는 여기서 그치지 않습니다.

사채업자 입장에서는 대주주 지분을 담보로 높은 이자수익을 올릴 수도 있고, 주가가 담보비율 밑으로 하락해도 시장에 지분을 팔아버릴 수 있습니다. 그런데 한 술 더 떠서 사채업자는 대주주 지분을 담보로 자금을 빌려주자마자 담보주식을 시장에 내다팔아 일부러 주가를 떨어뜨립니다. 그리고는 다시 싼값에 주식을 사들입니다. 이른바 대주주 지분을 담보로 시세조정(주가조작)을 하는 것입니다.

문제는 또 있습니다.

대주주 지분을 담보로 잡은 사채업자가 다른 사채업자와 짜고 최대주주(대주주)를 교체해 버리기도 합니다. 사채업자가 담보주식을 시장에 내다팔게 되면 수급이 깨지면서 주가급락을 불러옵니다. 주가급락은 담보비율을 맞추지 못해 반대매매로 이어지고, 반대매매는 대주주 지분율 하락으로 이어져 결국에는 지분 5% 미만의 개인투자자가 최대주주로 변경되는 해프닝을 겪기도 합니다.

악덕 사채업자(기업 사냥꾼)인 경우에는 한발 더 나아가 아예 상장사를 통째로 집어삼키기도 합니다. 속칭 **바지사장**(경영에는 참여하지 않고 명의만 빌려주는 가짜 사장)을 내세워 회사의 자산을 모두 빼돌리고는 횡령이나 자본잠식 등의 이유를 들어 상장폐지를 시킨 다음 자신들의 흔적을 말끔히 지우는 것입니다. 이 과정을 순서대로 나열하면 다음과 같습니다.

① 이자수익에 만족한다(높은 수익률을 보장한다는 이면계약 작성).

② 수익률이 낮으면 담보지분을 시장에 내다팔아 차익을 챙긴다.

③ 담보주식을 가지고 시세조정(주가조작)을 한다.

④ 담보지분 반대매매(또는 제3자배정 유상증자)를 통해 자신의 사람(바지사장)을 대주주로 변경시킨다.

⑤ 바지사장은 그럴듯한 명분으로 증자를 통해 자본금을 확충한다.

⑥ 바지사장은 확충된 자본금을 횡령한다.

↓

⑦ 횡령한 자본은 사채업자의 손에 들어간다.

↓

⑧ 사채업자는 회사의 모든 자산을 다 빼먹고는 더 이상 빨아먹을 것이 없다고 판단되면 상장폐지를 통해 상장사를 공중분해시킨다.

↓

⑨ 횡령이나 가장납입 사건이 터지면 바지사장은 사채업자로부터 사례금을 받고 대신 감옥생활을 한다.

↓

⑩ 사채업자는 그렇게 수많은 개인투자자들의 돈을 자신들의 호주머니에 집어넣고는 감쪽같이 흔적을 지우고 유유히 사라진다.

 …눈뜨고 코 베어가는 세상입니다. 자본을 좇는 그들의 현란한 수법에 혀를 내두를 정도입니다. 그들은 수많은 개인투자자들이 피와 눈물과 땀으로 일구어낸 자본을 합법적으로 갈취하는 강탈자입니다. 법망을 교묘하게 피해가기 때문에 수많은 피해자들은 달리 호소할 방법이 없습니다. 그저 자신은 투자를 잘못했을 뿐이라고 스스로 자위할 뿐입니다. 나의 눈물과 회한과 자본은 그들의 웃음과 쾌락과 욕망의 갈증을 채우는 수단으로 전락한 것입니다.

상장폐지의 전령사, 가장납입

　상장기업의 대주주가 기업을 운영하다보면 사업자금 부족에 늘 시달리곤 합니다. 창업주가 초기 자본금을 가지고 회사를 설립해 소수 투자자로부터 자금을 유치 받고, 꾸준한 실적을 바탕으로 주식회사로 전환시켜 증권거래소에 상장시킵니다. 서비스나 제조업체라면 경기 변동에 민감하게 되고, 바이오업체라면 연구 실적이 가시화될 때까지는 항상 자금부족에 시달리게 됩니다. 거래소에 상장한 이후에도 기업이 지속적으로 성장한다면 좋겠지만 세상사 그리 호락호락 하지 않습니다.

　사업은 자기자본만으로는 운영이 힘듭니다. 소비자에게 상품이나 서비스를 제공하려면 건물이 필요하고 인력이 필요하고 자본이 필요합니다. 그래서 외부로부터 투자를 받고, 대출을 받고, 어음이나 사채를 발행하게 됩니다. 상장기업은 비상장기업에 비해 자금조달이 수월한 편입니다. 대표적으로 일반공모, 유상증자, 사채발행을 통해 사업자금을 마련하게 됩니다. 하지만 사업은 항상 변수가 생기게 마련이고, 그 변수라는 것은 세계경제, 경기변동, 환율, 금리, 유가, 인플레이션, 소비자 패턴 변화까지 매우 다양하고 복합적인 형태로 기업을 압박해 들어옵니다.

　재무구조가 허약하고 제대로 된 실적을 내지 못하는 기업일수록 자금압박은 점점 심해집니다. 공모자금은 이미 사용한지 오래고, 유증자금은 고갈되고, 기업신용도는 하락해 사채발행도 쉽지 않게 됩니다. 상장유지를 위해서는 사업을 계속 진행할 수밖에 없고, 그러다보면 어느새 유동성 부족에 빠지게 됩니다. 대주주는 마지막이라는 심정으로 기업의 자산이나 지분을 담보로 대출을 받아 일단 급한 불을 끄기도 합니다. 매출은 갈수록 줄고, 적자는 누적되고, 자본은 잠식되며, 대출 이자비용조차 감당이 안 되면… 그렇게 버티고 버티다 마침내 기업은 상장폐지를 통해 소멸하게 됩니다.

이때 대주주가 할 수 있는 선택은 그리 많지 않습니다.

① 헐값에 회사를 넘기는 방법
② 감자를 통해 자본을 줄이는 방법
③ 증자를 통해 자본을 늘리는 방법
④ 횡령·배임으로 회사의 자산을 갈취하는 방법
⑤ 사채업자나 조직폭력배 등의 작전세력을 동원해 시세조정이나 가장납입을 하는 방법

비록 현재는 어려워도 사업에 비전이 있고, 대주주가 진정 회사를 위한다면 어떻게든 회사를 살릴 것입니다. 그러나 사업에 비전이 안 보이고, 회사 지분도 거의 없고, 상장유지는 힘들고, 모든 것을 다 포기하기에는 아직 미련이 남고, 더불어 개인적인 욕심도 생길 때….

인간은 극한의 환경에 처할 때면 비이성적인 행동을 하는 경향이 있습니다. 주변의 모든 것이 무너지면 스스로 생을 마감하거나 반대로 자신만 살자고 사기를 치고 도망을 갑니다.

대주주가 자신만의 이익을 위해 투자자들을 배신하고자 마음을 먹으면 ①작전세력과 연계해 주가조작을 하거나, ②횡령하는 것… 둘 중 하나입니다. 헐값 경영권 매각도 최소한 기업에 어떤 가치가 있어야만 합니다. 가치가 없다면 매

각이 어렵고, 작전세력을 동원해 시세조정도 힘들다면… 그나마 회사에 남아 있는 자산을 빼돌리는 것뿐입니다. 그것이 횡령이고, 횡령은 가장납입의 단골 코스이며, 가장납입은 상장폐지 사유에 해당됩니다.

가장납입은 한마디로 증자 대금 빼돌리기입니다. 예를 들어 100억 원 상당의 유상증자를 실시하면서 사채업자로부터 100억 원을 빌려 회사의 주금납입계좌에 입금한 뒤 유상증자 대금으로 입금된 100억 원을 수표로 인출해 다시 사채업자에게 반환하는 것이 바로 가장납입입니다.

가장납입은 상장폐지 사유에 해당되는데, ①자본잠식에서 일단 벗어나고자 하는 경우와 ②실질적 횡령의 목적으로 하는 경우로 나눌 수 있습니다. 횡령도 상장폐지 사유에 해당되지만 단순히 자본잠식 해소를 위한 가장납입도 상장폐지 사유에 해당됩니다. 결과적으로 [**가장납입 = 횡령 = 상장폐지 실질심사 대상**] 과 같은 것입니다.

개인투자자들이 자본금이 적은 중소형주를 매매할 때 가장 주의해야 할 사항이 바로 '횡령'과 '가장납입' 앞서 언급한 '대주주 주식담보대출 반대매매'입니다. 재무상태가 부실하고 기업의 실적이 악화되는 상태라면 일반적으로 주가가 하락추세에서 벗어나기 힘든 상황이기에 개인투자자들은 손절매 등을 통해 대응이 가능합니다. 최악으로 대주주 주식담보대출 반대매매가 진행되더라도 탈출할 시간은 줍니다. 하지만 횡령과 가장납입은 손절매는 물론 탈출시간도 주지 않습니다.

상장폐지 사유이기 때문에 거래소는 횡령이나 가장납입 상황이 포착되면 즉시 거래를 중단시킵니다. 가장납입을 저지른 기업은 거래정지와 함께 상장폐지 실질심사를 받게 되고, 운이 매우 좋은 경우를 제외하고는 대부분 상장폐지로 직행하게 됩니다. 유진데이타, 톰보이, 투미비티, 다산리츠, 알에스넷… 이루 헤아릴 수 없는 많은 종목들이 가장납입을 통한 횡령으로 상장폐지의 비운을 맞았습니다.

> **횡령(가장납입)** → 거래정지 → 상장폐지 실질심사 → **상장폐지**

무엇보다 횡령이나 가장납입, 대주주 주식담보대출 반대매매는 기업 실적과 무관한 경우도 많다는 사실에 개인투자자들은 주의를 기울여야만 합니다. 일반적으로는 부실한 기업에서 횡령이나 가장납입 가능성은 커집니다. 당연하게도 악화되는 기업 환경이 대주주의 마음을 뒤흔들기 때문입니다. 그렇지만 때론 재무구조가 양호한 종목에서도 횡령과 가장납입이 빈번히 출현합니다. 이것은 곧 대주주의 경영능력과 함께 대주주의 도덕성이 얼마나 기업가치를 좌우할 수 있는지를 보여주는 단적인 예라 하겠습니다.

■ 가장납입을 사전에 예방할 수는 없을까?

일반적인 횡령이나 대주주 주식담보대출은 공시 대상에 포함되지 않기 때문에 개인투자자들이 미리 알아낼 방법은 없습니다. 공시를 통해 투자자들에게 알린 상태라면 사건은 이미 터진 것이기 때문에 횡령시 거래정지, 대주주 주식담보물 반대매매 또한 이미 주가 급락이 진행된 상태일 것입니다. 특히 대주주 주식담보대출은 기업의 신용 대출이 제한을 받을 때 대주주 개인적으로 보유주식을 담보로 대출을 받는 것이기 때문에 투자자 그 누구도 알아낼 수가 없습니다.

가장납입도 마찬가지입니다. 가장납입은 회계절차의 복잡성 때문에 증자에 참여한 개인투자자들이 알아내는 일은 거의 불가능합니다. 그러나 몇 가지 의심되는 증후를 통해 주의를 기울일 수는 있습니다.

> ① 증자 직후 차입금 증감 여부
> ② 증자 직후 차입금 상환 여부
> ③ 납입금과 차입금 변화 추이
> ④ 납입금의 의심스런 타법인 출자나 계열사 지원

우선 '납입금'은 증자를 통해 유입된 자본을 말하고, '차입금'은 빌려온 자본 즉, 기업이 갚아야 할 부채를 말합니다. 이를 정리해 보면 증자 직후에 차입금이 증가하거나 감소한 경우, 또는 차기결산연도에 차입금 상환이 이루어졌거나 납입금보다 차입금 액수가 큰 경우 일단 가장납입 가능성을 의심해야 합니다. 또한 유증 납입금이 의심스런 타법인 지분출자나 부실 계열사에 지원되는 경우도 조심해야 합니다. 유령 법인이나 부실 계열사를 통해 납입금을 빼돌리는 사례가 많기 때문입니다.

유상증자의 빛과 그림자

상장기업이 거래소 시장에서 자본을 조달할 때 사용하는 대표적인 방법은 '사채'와 '증자'입니다. 사채는 이자를 물어야 하고, 기업 신용도에 따라 이자비용이 달라지며, 담보가 필요하고, 언젠가는 돈으로 갚든 주식으로 갚든 갚아야만 하는 부채입니다. 반면 증자는 일단 이자비용이 없습니다. 또한 기업 신용도에 크게 영향을 받지 않습니다. 더욱 중요한 것은 증자 납입금에 대한 상환 의무가 없습니다. 다시 말해 남에게 빌린 돈은 갚아야 할 의무가 있지만 증자를 통해 조달한 자본에 대해서는 갚을 의무가 없습니다.

"갚지 않아도 되는 돈…" 이 얼마나 매력적이고 유혹적입니까. 자본주의 사회에서 이런 치명적인 유혹에 안 넘어갈 이가 과연 누가 있겠습니까. 갚을 필요도 없는 돈이라면 어느 누구라도 그 돈을 빌려 쓰고자 할 것입니다. 그 때문에 일반 법인회사는 주식회사가 되려고 하고, 주식회사는 상장회사가 되려고 하며, 상장회사는 갚을 필요도 없는 돈을 빌리기 위해 유상증자를 실시하는 것입니다.

법적으로 유상증자를 통해 납입된 자본금에 대해서 기업은 투자자들에게 갚을 의무는 없습니다. 다만 도덕적으로는 의무를 수행해야만 합니다. 많은 개인 투자자들로부터 거액의 투자금을 빌린 만큼 대주주는 기업가치를 높여 이를 다시 주주들에게 환원시켜야 할 것입니다.

정치권에서 흔히 '동반성장'이라는 단어를 많이 사용합니다. 양극화의 갈등을 넘어 대기업과 중소기업이 함께 성장하자는 구호, 나아가 가계-기업-정부가 함께 성장하자는 뜻입니다. 주식시장에서 동반성장이란 투자자와 기업가 모두 함께 수익을 얻는 것입니다.

비유해서 기업은 자본을 빌렸기에 '채무자'이고 투자자는 자본투자에 대한 권리가 있기에 '채권자'입니다. 채권자인 투자자는 크게 주식투자자(개인)와 채권투자자로 나눌 수 있으며, 여기서 채권투자자는 외국인이나 기관이나 금융 및 사채업자가 됩니다. 그렇다면 기업과 개인투자자와 채권자가 동반성장을 하려면 어떻게 해야 할까요? 바로 기업이 성장하는 길밖에 없습니다. 기업은 개인투자자로부터 받은 유증대금과 채권투자자로부터 받은 사채자금을 잘 활용해 → 매출을 증가시키고 → 이익률을 높이며 → 부채를 낮추고 → 자산을 증가시켜 → 기업가치를 높여서 → 주가상승을 이끌어 내면 됩니다. 이른바 기업과 개인과 채권투자자 모두 상생하는 동반성장이 이루어지는 것입니다.

그런데 만약 기업이 성장이 아닌 퇴보를 한다면? 그 피해는 고스란히 개인투자자들에게만 돌아갑니다. 기업이 망해도 대주주와 채권자는 망하지 않지만 개인투자자들이 보유한 주식은 상장폐지로 휴지조각이 되기 때문입니다.

유상증자는 통상 [단기악재, 중기호재]로 인식됩니다. 이를테면 대표적인 주주배정 유상증자인 경우 단기적으로는 주가하락이 이루어집니다. 왜냐하면 주주들만을 대상으로 하기 때문에 보유주식이 많은 투자자들은 유증비율에 맞게 부담을 느끼게 됩니다. 증자 대금을 마련해야 하는 만큼 주식 보유 비중을 낮추려 할 것입니다. 단기투자나 중기투자자 입장에서도 당장 기업이 돈이 필요할 정도로 재무상태가 부실하다는 인식을 주기 때문에 보유주식을 일부라도 일단 매도하려 할 것입니다. 그밖에 유증 권리락에 대한 가격 부담과 일단 지켜보자는 관망세 분위기로 인해 매도세는 증가하고 매수세는 자취를 감추면서 단기적으로 주가하락을 겪게 됩니다.

  이후 유상증자가 예정대로 성공을 거두고 나면, 이번에는 해당 기업에 대한 장밋빛 전망이 투자자들 사이에 오르내리기 시작합니다. 유증 발표 이전에 주식을 보유한 투자자들은 단기 주가하락과 권리락에 대한 평가손이 큰 만큼 손절매는 자제할 것이고, 유증에 참여한 투자자들도 주가하락에 따른 손해는 원치 않을 것이며, 유증물량이 시장에 출회된 이후라도 기업이 이전과 다른 비전을 보여주고 있다는 생각을 가진 투자자들이 많아져 매도세는 약화되고 매수세는 강화되면서 주가상승을 이끌어냅니다. 바로 이런 반복되는 과정을 통해서 유상증자는 단기악재, 중기호재로 인식된 것입니다.

  때문에 유상증자를 잘 마무리한 기업은 통상 유증가 대비 100% 그 이상의 시세를 안겨주곤 했습니다. 하지만 이러한 유증 프리미엄이 어느새 자취를 감추기 시작합니다. 그 시발점이 된 것이 바로 2008년 글로벌 금융위기입니다. 경기침체가 장기화되면서 → 소비가 활력을 잃고 → 기업들의 자금 압박은 심해지며 → 투자위축으로 인해 유상증자 성공률도 낮아지고 → 조직폭력배를 동원한 작전도 많아지고 → 덩달아 증자를 통한 가장납입도 성행하고 → 개인투자자들의 투자성향도 수급보다는 가치에 좀 더 치중하는 경향을 보이면서 예전과 같은 주주배정 유상증자 프리미엄이 이제는 거의 사라진 상태입니다.

> ▶ 일반배정 유상증자는 가급적 참여하지 않는 것이 좋다.
>
> ▶ 주주배정 유상증자는 단기악재. 중기적으로는 불확실하다.
>
> ▶ 제3자배정 유상증자는 대체로 호재로 인식되지만 개인들의 참여 기회는 거의 없고 주가는 이미 반영된 경우가 많다.
>
> ▶ 무상증자는 기준일 이전까지는 대체로 호재로 인식되지만 무증 발표 이전에 주가상승이 진행된 경우라면 대부분 악재로 작용한다.

'유상증자'… 기업 입장에서 갚을 필요가 없는 돈을 개인투자자로부터 빌리는 것입니다. 그런데 이러한 자본금 유입이 있어도 성장을 하지 못한다면? 나아가 실적이 날로 악화되는 상태에서 더 이상의 신규 자본 유입이 없다면? 사채발행이나 증자를 더는 하지 못하면? 회사의 남아 있는 자본을 거의 다 소진해 버리면? …상장폐지 사유가 되는 '자본잠식'에 빠지게 됩니다.

자본잠식과 감자

　기업은 사업을 일으켜, 고용을 창출하고, 이윤을 남겨야 하는 목적에서 설립된 이익집단입니다. 매출은 늘려야 하고, 이익은 증가시켜야 하며, 부채는 줄여야 합니다. 그것이 성장이고 기업가치를 높이는 일이고 주주가치를 증대시키는 일입니다. 매출은 줄고, 이익은 적자이며, 부채가 증가한다면 기업의 존립 가치는 없어지는 것이고 시장에서 퇴출대상이 되는 것입니다.

　항상 그렇듯이 세상일이란 마음대로 움직여 주지 않습니다. 항상 리스크에 노출되어 있으며, 늘 돌발변수가 존재합니다. 경제가 침체되고, 소비가 위축되고, 투자가 감소하며, 경쟁업체가 출현합니다. 상장기업은 초기자본금, 공모자금, 사채자금, 유증자금, 담보대출금 등의 자본을 바탕으로 사업을 진행합니다. 우수한 기술력과 가격 경쟁력을 갖춘 상태라면 심한 경기변동에 큰 영향을 받지 않고 꾸준히 성장세를 이어나갈 것이지만 경쟁력을 상실한 기업은 극심한 경기변동에 직격탄을 맞게 됩니다.

　이때 보유자산이 많거나 유동성 자본이 풍부한 기업이라면 기존 사양사업을 과감히 정리하고 신규사업에 진출하거나 몸집을 줄이는 구조조정을 통해 혹독한 경기한파를 견뎌내게 됩니다. 자본이 그래서 중요한 것이고, 부채가 그래서 위험한 것입니다.

■ 자본잠식(資本蠶食)

자본잠식은 기업의 적자폭이 커지면서 기업의 자본을 잠식해 들어간 것을 말합니다. 기업의 자본은 크게 납입자본과 잉여금으로 구성됩니다. '납입자본'은 쉽게 말해 주주들이 증자를 통해 납입한 자본금을 말하고, '잉여금(자본잉여금+이익잉여금)'은 누적된 이익금을 뜻합니다.

회사가 영업 부진으로 적자폭이 커지면 먼저 잉여금이 바닥나게 됩니다. 이어서 납입자본까지 잠식해 들어가면 결국 회사의 자본은 모두 바닥나게 되고, 이러한 상황을 '자본잠식'이라고 합니다.

> · 자산 = 부채 + 자본
> · 자본 = 자산 − 부채
> · 자본 = 자본금 + 납입자본 + 잉여금 + 기타자본

※ **자본금과 납입자본의 차이** : 주식회사가 거래소에 상장된 이후 증자를 통해서 자본금을 늘렸다면 이 금액이 납입자본이 된다. 다시 말해 상장 초기 자본금(자본금 = 발행주식수 × 액면가)에서 추가로 증자를 한 경우 증가한 자본금액이 바로 납입자본이다. 따라서 상장된 이후 증자를 한 번도 하지 않았다면 [자본금 = 납입자본]이 된다.

자본잠식은 잠식비율에 따라 부분자본잠식과 완전자본잠식(자본전액잠식)으로 나눕니다. **부분자본잠식**은 자기자본이 자본금 규모보다 조금 적은 상황을 말하고, **완전자본잠식(자본전액잠식)**은 자기자본이 완전히 없어져 빚만 남은 상황을 말합니다. 여기서 자본잠식률이 50% 이상이면 관리종목 사유가 되고, 자본금을 모두 까먹는 완전자본잠식에 빠지면 상장폐지 대상이 됩니다.

재무제표에서 [**자산총계 − 부채총계 = 자본총계**(자기자본)]입니다. 기업이 적자를 지속해 그 적자가 누적되면 자본금보다 자기자본(자본총계)이 더 적어지는 자본잠식에 들어갑니다.

간단히 예를 들어 자본금 50억인 A기업이 수익을 잘 올려 잉여금이 100억이라면 자본총계(자본금 + 잉여금)는 150억이 됩니다. 그런데 1년 뒤 A기업이 −70억의 순손실을 기록합니다. 기업은 자본금(50억)을 건들지 않은 상태에서 잉여금(100억)으로 순손실(−70억)을 메우게 되고, 이때의 자본총계는 [150억 − 70억 = 80억]이 됩니다. 자본금은 기업의 근본적인 밑천이자 주주들의 자본이기 때문에 반드시 지켜내야 하는 최후의 보루입니다. 잉여금은 자본금을 지키는 보호막 역할을 합니다.

그로부터 1년 뒤 A기업은 또다시 −50억의 순손실을 기록합니다. 이제 남은 잉여금 30억으로는 순손실 −50억을 감당할 수 없게 됩니다. 그렇다고 최후의 보루인 자본금을 함부로 건드릴 수도 없습니다. A기업은 할 수 없이 회계장부에 자본금 50억을 그대로 기입하고 대신 결손금 −20억을 표기합니다.

이제 A기업의 자기자본(자본총계)은 [150억 − 70억 − 50억 = 30억]이 됩니다. 자본금(50억)보다 자기자본(30억)이 적은 자본잠식이 시작된 것입니다. 이렇게 해서 A기업은 **부분자본잠식**(40%자본잠식)에 들어간 것이고, 자본잠식비율이 50% 이상이 되면 관리종목 대상이 되며, 남은 자본금을 모두 까먹는 완전자본잠식(자본전액잠식)이 되면 즉시 상장폐지가 되어 정리매매 절차를 밟게 됩니다.

자산총계 − 부채총계 = (−)자본총계 => 상장폐지

기업은 자본잠식에 빠지면 상장폐지 사유에 해당되기에 상장유지를 위해 다음 4가지 중 하나를 선택하게 됩니다. 자본금을 늘리는 ①증자, 자본금을 줄이는 ②감자, ③자산재평가, 그리고 극단의 선택에 해당되는 ④분식회계가 있습니다.

---

① **증자** : 자본금을 늘려 자본잠식 비율을 낮추는 것

② **감자** : 자본금을 줄여 기업의 손실금을 주주에게 전가시키는 것

③ **자산재평가** : 땅이나 건물과 같은 기업 자산을 재평가해 과거의 장부가격을 현재의 가격으로 재조정해 자본잠식 비율을 낮추는 것

④ **분식회계** : 회계장부를 조작해 자산이나 이익을 부풀리는 것

자본잠식에 빠진 기업은 최대한 빠른 시일 안에 자본잠식에서 벗어나야만 합니다. 자본잠식은 상장폐지 사유가 되기 때문에 투자자들은 보유주식을 매도하게 되고, 자금을 빌려줬던 은행이나 사채업자들 또한 자금회수에 들어가기 때문에 주가폭락은 불가피해집니다. 이때 기업이 선택할 수 있는 수단은 많지 않습니다.

분식회계는 상장폐지 사유가 됩니다. 자산재평가는 보유자산이 많고 과거에 비해 가격이 상승한 경우에만 해당되고, 자산재평가 작업시간과 공정성 문제, 무엇보다 회계장부 수치만 변할 뿐 실제로 바뀐 것은 아무것도 없기 때문에 선택이 쉽지 않습니다. 그리고 처음부터 보유자산이 많고 평가가치가 높다면 그렇게 쉽게 자본잠식에 빠지지는 않을 것입니다.

자본금을 늘리는 증자의 경우도 쉽지 않습니다. 무상증자는 잉여금이 있어야 하기 때문에 제외되어 일반배정, 주주배정, 제3자배정을 대상으로 유상증자를

해야 하는데… 이미 자본잠식에 빠진(상장폐지가 임박한) 기업에 그 누가 선뜻 투자하겠습니까. 기업 신용도가 낮은 상태에서 주주배정 가능성은 거의 희박하고, 따라서 증자를 굳이 하겠다고 한다면 불특정다수 대상의 일반배정이나 특정소수 대상의 제3자배정 뿐입니다. 바로 이 과정에서 사채업자와 짜고 '가장납입'을 벌이는 것입니다.

이제 자본잠식에 빠진 기업이 선택할 수 있는 것은 하나밖에 없습니다. 자본잠식에서 탈출하기 위한 가장 손쉬운 방법… 자본금을 줄이는 '감자(무상감자)'를 단행하는 것입니다.

■ 유상감자 무상감자

감자(減資)는 자본금을 줄이는 것입니다. 기업이 감자를 실시하는 이유는 자본금을 줄임으로써 재무개선이 가능하기 때문입니다. 감자는 주주들에게 보상을 하는 '유상감자'와 주주들에게 아무런 보상도 하지 않는 '무상감자'로 나뉩니다.

유상감자(有償減資)는 자본금 감소에 따른 차액(감자차익)을 주주들에게 환급하는 것으로 실질적으로 기업의 자산이 줄어들게 됩니다. 주로 기업 규모에 비해 자본금이 지나치게 많다고 판단될 때 유상감자를 실시하며, 자본감소에 따라 발행주식수가 줄어들게 됩니다.

무상감자(無償減資)는 자본금은 감소하지만 기업의 자산은 변하지 않습니다. 대신 감자비율에 맞게 주주들의 보유주식이 감소하고, 감자차익을 주주가 아닌 기업의 손실금을 메우는 데 사용하기 때문에 주주들의 피해가 상당히 커지게 됩니다. 대부분의 자본잠식에 빠진 기업들이 무상감자를 실시하는 이유가 바로 감자차익으로 손실금을 메워 자본잠식을 해소하기 때문입니다.

앞서 언급했던 예로 다시 돌아가 간단히 설명하겠습니다. 자본금 50억에 자기자본 150억이었던 A기업은 2년 연속 적자(70억 + 50억 = -120억)를 내어 자본금 50억에 자기자본 30억(150억 - 120억)인 '부분자본잠식'에 빠졌습니다. 그로부터 1년 뒤 흑자는 고사하고 또다시 -20억 순손실을 내어 이제는 자기자본이 10억 뿐인 거의 완전자본잠식에 가까워졌습니다. 관리종목은 이미 지정된 상태이며, 여차하면 3개월 이후에는 상장폐지로 직행하게 됩니다. 이때 A기업은 살아남기(상장유지) 위해 주주들의 희생을 요구합니다. 80% 자본잠식(자본금 50억, 자기자본 10억)을 해소해야 하기 때문입니다. 그러면서 10:1의 90% 감자를 강행합니다.

90%(10:1) 감자는 보유주식 10주가 1주로 줄어드는 것으로 발행주식수가 줄어든 만큼 자본금이 감소하게 됩니다. 자본금은 '주주들의 자본(돈)'이기 때문에 50억 자본금을 5억으로 줄인다면 나머지 45억은 주주들에게 돌려주어야 합니다(**유상감자**). 그러나 이 45억을 주주들에게 돌려주지 않고 A기업의 손실을 메우는 데 사용하게 됩니다(**무상감자**). 주주들의 보유주식은 10주에서 1주로 줄어들게 되지만 A기업은 주주들에게 돌려줄 45억을 손실분에 반영시켜 자본잠식에서 벗어나게 됩니다. 즉, [자기자본 = 납입자본 + 잉여금] 여기에서 납입자본을 줄인 감자차익을 자본잉여금으로 돌립니다. 그러면 줄어든 자본금만큼 손실금과 상쇄되는 효과가 나타나 인위적으로 자본잠식에서 벗어날 수가 있습니다.

자기자본(자본금 + 잉여금) 10억 < 자본금 50억 => 80% 자본잠식

여기서 90%(10:1) 감자를 단행하면…

자기자본 10억 > 자본금 5억 => 자본잠식 해결

A기업은 90% 감자를 단행해 자본잠식에 벗어나 잠시 한숨을 돌립니다. 그러나 이미 망신창이가 된 재무제표는 A기업에게 또 다른 선택을 강요하게 만듭니다. 기업 내부에 유보된 현금(잉여금)도 없고 자본금도 없는 상태에서 부채가 조금이라도 증가한다면 바로 '완전자본잠식(자본전액잠식)'에 또 빠지게 됩니다. 당연히 사업자금이 또 필요해진 것입니다.

기업 입장에서 사업자금도 필요하고 자본잠식의 위험에서 벗어나고자 하려면 어떻게 해야 할까요? 당연히 자본금을 늘려야 합니다. 어떻게? 바로 주식시장에서 '갚지 않아도 되는 돈'을 또 빌리면 됩니다. 기업 입장에서 갚을 필요가 없는 돈이라면? 바로 개인투자자들을 대상으로 하는 '유상증자'를 말합니다.

그래서 대부분 부실한 기업은 유상증자 → (무상)감자 → 유상증자… 그리고 또다시 감자를 단행해 순간의 위기를 그때그때 모면하는 것입니다. 이 과정에서 개인투자자들은 부실한 기업에 갚을 필요도 없다며 돈을 빌려주고(유증) → 실적은 나빠지고 → 주가는 급락하며 → 주식수는 감소하고(감자) → 또다시 갚지 않아도 된다면서 돈을 빌려주고(유증)… 그러면서 그동안 피땀 흘려 모은 자산을 모두 잃어버리는 것입니다.

실전투자의 맥(脈)

> **실전투자 1단계**
> **경기흐름과 지수추세를 살펴라!**

경기는 호황기와 불황기 사이에 회복기와 침체기가 공존을 하며 사이클을 형성합니다. 경기를 무시한 투자는 숲이 아닌 나무만을 바라보는 경우입니다. 숲에 불이 나면 나무는 새까만 재로 변할 것입니다. 봄이면 꽃이 필 것이고, 가을이면 열매를 맺을 것입니다. 겨울이면 추울 것이고, 여름이면 더울 것입니다. 경제와 금융의 사계절을 모르면 자본의 큰 흐름을 읽어낼 수가 없습니다. 하지만 주식시장은 경기에 6개월 정도 선행을 하는 특성이 있습니다. 따라서 여러 다양한 경제지표(경제지표의 90%는 후행성)를 분석하거나 언론 뉴스에만 의지한다면 남들보다 한발 느린 투자를 하게 됩니다.

매우 복잡한 현 경제 상황을 간단히 살피려면 일단 지수차트를 참조하면 됩니다. 코스피 지수가 바닥을 확인하고 5일선에 올라타거나 주봉이나 월봉상 상승추세로 진행된다면 경기는 앞으로 호황기를 맞이한다는 것을 암시하는 것입니다.

종목차트에서는 일봉이 가장 중요하지만 지수차트에서는 주봉이 가장 핵심입니다. 지수의 주봉과 일봉, 더불어 월봉을 함께 살핀다면 경기흐름을 한발 앞서 읽어낼 수 있습니다. 주식투자는 지수만 살펴도 절반은 먹고 들어가는 게임입니다.

> **실전투자 2단계**
> **투자스타일에 맞는 종목을 선정하라!**

전업투자자라면 단타와 스윙을 병행할 것이며, 직장인들이라면 스윙이나 중장기투자를 할 것입니다. 투자기간이 짧으면 수급을 중시해야 하며(차트 분석), 자본이 많고 투자기간이 길면 가치를 중시해야 합니다(가치분석).

종목도 마찬가지입니다. 단기성향이 짙은 투자자라면 수급이 받쳐주는 중소형주나 테마주를 집중 공략해야 하며, 중장기성향의 투자자라면 가치분석을 통해 재무가 안정된 우량주 위주로 종목을 선별해야 합니다.

가치분석은 기업분석과 함께 업종분석에 중점을 두도록 합니다. 이를테면 건설업종, 조선업종, 자동차업종, IT업종, 바이오업종, 게임업종, 금융업종 등 업종현황을 제대로 파악해야만 가치분석의 위력을 체험할 수 있기 때문입니다. 업종분석을 소홀히 하고 그저 기업의 재무제표만 따진다면 큰 흐름을 읽지 못해 차트에만 의지하는 경우보다 실패할 확률이 높아집니다.

차트에 중점을 둔다면 예측과 대응과 대비를 잘 조합해야만 합니다. 이론도 중요하지만 실전은 전쟁입니다. 이론과 실전의 갭은 오로지 경험을 통해서만 간격을 줄일 수 있습니다. 우량주든 부실주든 급등주든 소외주든 어떤 종목이든 되도록 많은 실전매매를 통해 스스로 자신에게 맞는 종목을 선별해내는 능력을 기르기 바랍니다.

투자는 안정성·수익성·환금성을 염두에 두는 것처럼 주식투자에서 종목을 선정하고 매매를 할 때에는 투자금을 다 잃어도 생활에 지장을 주지 않는 금액으로 대형주·우량주·테마주로 종목을 분산시켜야 합니다. 이를테면 지수와 연동되는 대형우량주에 25%, 재무가 안정되고 기술이 뛰어난 중소형주에

25%, 비록 리스크는 큰 편이지만 그 반대급부에 해당되는 높은 수익을 얻을 수 있는 급등테마주에 25%, 그리고 남은 투자금의 25%는 항상 현금으로 남겨두어 자칫 잃어버릴 수 있는 기회나 위기에 대비하도록 합니다.

제아무리 저평가 되었다고 생각하거나, 달콤한 내부자 정도를 얻었거나, 높은 승률을 자랑하는 전문가의 강력 추천주라 하더라도 한 종목에 올인한다면 작은 변동성에도 투자심리가 극대로 위축되어 뇌동매매로 이어지게 마련입니다.

실전투자 3단계
최소한의 기업분석은 필수다!

데이트레이더는 가치를 무시하고 오로지 수급 하나만을 보고 매매할 수는 있습니다. 그러나 가치투자자만큼은 아니더라도 최소한의 기업분석은 필수입니다. 투자하고자 하는 기업이 어떤 사업을 하는지, 업종은 어떤지, 시장지배력은 있는지, 기술력은 있는지, 경쟁력은 갖췄는지, 실적은 양호한지, 시가총액이나 PER 기준으로 기업가치가 저평가인지 고평가인지 정도는 기본적으로 파악해야만 합니다. 재무제표에서 매출액, 영업이익, 경상이익, 유보율, 부채비율, 단기차입금은 얼마고 자산은 어느 정도인지를 살피는 것도 투자에 도움이 되지만 최소한 영업이익이 흑자인지 적자인지만 알아도 투자가치가 있는 기업인지 아닌지를 알 수 있습니다.

앞서도 강조했지만 가치분석인 경제분석, 산업분석, 기업분석을 통틀어 가장 핵심적인 것 하나가 바로 **영업이익**입니다. 코스닥 종목에 투자할 때 거래소 종목보다 위험이 큰 이유가 바로 대다수 코스닥 중소형주가 영업적자에 허덕이기 때문입니다. 그래서 감자를 하고 유증을 하고 높은 이자율의 사채를 발행하며, 분식회계나 가장납입을 일삼고, 배임·횡령을 하고, 실체가 없는 장밋빛 뉴스를 남발하며, 특정 세력과 서로 짜고치는 작전으로 경영권을 헐값에 매각하기도 하는 것입니다. 영업적자가 일시적일 수는 있지만 해를 거듭해 매 분기마다 적자폭을 키운다면 투자대상에서 제외하는 것이 주식시장에서 오래도록 살아남는 비결입니다.

기업분석에서 또 하나 중요한 것은 바로 대주주(CEO)입니다. 특히 자본금이 적은 코스닥 중소형주인 경우 대주주의 영향력은 실로 막강해서 그들의 사업운영 능력이 곧 기업가치를 좌우하게 됩니다. 문제는 대주주의 경영 능력과 도덕성을 투자자자들이 제대로 파악할 수 없다는 데에 그 심각성을 안고 있습니다. 이른바 '오너 리스크(Owner risk)'… 경영권 분쟁, 배임·횡령, 과도한 사채 발행, 무리한 신사업 추진, 사채업자와 끼고 벌이는 유증 가장납입, 대주주 주식담보대출에 따른 위험성, 껍데기 유령회사의 타법인 출자 등. 오로지 대주주의 주관적이고 돌발적인 행동으로 개인투자자들이 큰 피해를 보는 경우가 다반사입니다.

제아무리 뛰어난 학식과 재능을 겸비한 대주주라도 그들도 사람이기에 실수를 할 수도 있고 욕심도 부릴 수 있습니다. 문제는 그와 같은 행동이 자본금이 적은 중소형주인 경우에는 주가에 매우 예민하게 반응한다는 점입니다. 거래소의 대형주들은 대주주의 영향력보다 채권단의 영향력이 막강합니다. 횡령금액도 자본금에 비해 그렇게 크지 않습니다. 그러나 코스닥 중소형주는 자본금이 적은 만큼 횡령금액이 자본금에 큰 영향을 미치기 때문에 이러한 대주주의 개인적인 리스크가 그대로 주가에 반영됩니다.

투자자 입장에서는 회사 내부자와 인맥이 닿지 않는 이상 대주주의 자질을 파악하기는 절대 불가능합니다. 그러나 간접적으로 대주주의 사업 능력을 파악할 수는 있습니다. 물론 대주주 인물에 관련된 지난 기사 검색도 도움이 됩니다. 그보다는 대주주의 학력과 경력과 이사진 구성을 살피는 방법입니다.

이를테면 제조업체인 경우 대주주가 대기업에 근무한 경력이 있다면(100% 장담할 수는 없지만) 기업이 일시적 유동성 부족에 빠졌을 때 대주주가 몸담았던 대기업이 도움을 주곤 합니다. 한국 특유의 인맥형성으로 인해 한때 어려움에 빠질 수 있는 사업을 유지시켜 주는 예가 많기 때문입니다. 특히 삼성과 같이 대한민국을 대표하는 초우량 기업에 몸 담았다가 자력으로 회사를 창업한 경우, 여기에 기술력까지 겸비하고 있다면, 비록 코스닥 종목일지라도 중장기적으로 매력적인 경우가 상당히 많습니다. 최소한 배임·횡령 등의 리스크가 상당히 줄어들기 때문입니다.

물론 학력과 경력으로 사람 됨됨이를 판단해서는 안 될 것입니다. 하지만 아무런 정보가 없는 개인투자자 입장에서 그나마 대주주의 학력과 경력이라도 살펴야 투자 리스크가 조금이라도 줄어듭니다. 대주주와 임원들의 대한 간략한 사항은 사업보고서를 참조하면 됩니다.

실전투자 4단계
공시와 뉴스를 분석하라!

기업의 공시나 뉴스는 투자자들이 그나마 해당 기업에 대한 정보를 알 수 있는 유일한 출구입니다. 공시는 다소 객관성을 유지하지만 뉴스는 기자의 입맛과 기업의 입김이 작용해 대체로 주관성을 갖습니다. 따라서 막연한 장밋빛 뉴스는 그리 신뢰할 편이 못 됩니다.

공시 내용에는 사업보고서와 매 분기보고서를 비롯해 예상실적, 수출계약, 증자(감자), 사채발행 및 사채행사, 지분변동, 경영권변동, 계열사변동, 사업목적 변경, 장래사업계획, 감사보고서, 주주총회, 타법인출자, 투자설명서 등의 기업 내부적인 중요 사항들로 가득 채워져 있습니다. 주가에 변동성을 가져오는 중요한 요소들이라 할 수 있습니다. 공시는 차트를 만들기도 하고, 반대로 차트가 공시를 예견하기도 합니다. 주가 급등과 급락 시점에서는 대부분 공시나 뉴스 내용에 따라 투자자들이 한쪽으로 몰리는 이치입니다.

주가의 추세를 살필 때는 최근 공시는 물론 과거 1년 그 이전의 공시도 필히 살펴야만 합니다. 예를 들어 1년 전에 신기술을 개발했다는 공시가 나온 상태라면 현 시점에서는 당시 개발된 신기술이 상용화로 진행되어야만 합니다. 과거에 주주배정이나 일반배정의 유상증자를 했었다면 증자에 관련된 투자보고서가 있었을 것이고, 따라서 회사가 증자 대금을 어떻게 사용했는지를 알아볼 수도 있을 것입니다. 또한 1년 전에 보호예수가 된 제3자배정 증자물량이 시장에 출회되는 시점도 알 수 있으며, 전환사채나 신주인수권부사채를 발행했었다면 사채행사 시점도 파악이 가능할 것입니다. 대주주를 비롯한 주요주주의 지분변동을 통해 기업의 내부 사정을 유추해 볼 수도 있을 것이며, 감사보고서와 결산보고서 제출기간인 2월에서 3월 중에는 코스닥 부실주 매매를 최대한 자제할 수도 있을 것입니다. 기업의 지난 과거 공시를 무시한 매매는 주가 흐름에 역행하기 쉽기 때문에 필히 참고하도록 합니다.

실전투자 5단계
추세와 거래량을 살펴라!

종목선정은 기업분석에 초점을 두고, 매매는 차트분석에 중점을 둡니다. 물론 종목선정도 단순히 차트만 보고 선정할 수는 있지만 최소한의 기업분석 없이는 매매확률이 낮아질 수밖에 없습니다. 처음에 차트분석을 통해 종목을 선정했든 아니면 주위에서 얻어들은 정보로 종목을 선정했든 일단 최소한의 기본분석을 끝냈으면 이제 차트를 통해 매매시점을 포착해야 합니다.

복서는 두 가지 유형이 있습니다. 인파이터는 저돌적으로 파고들고, 아웃파이터는 치고 빠집니다. 투자도 두 가지 매매유형이 있습니다. 우직하게 기다리는 '예측매매'와 발빠르게 치고 빠지는 '대응매매'입니다. 예측매매는 보초매매이며, 대응매매는 추격매매입니다. 향후 주가상승이 예상되는 경우에는 수비를 한다는 각오로 저점에서 물량을 모아가는 중장기전을 치러야 하며, 현재 주가상승이 진행되는 경우에는 공격을 한다는 각오로 추격매수와 추격매도를 통해 빠르게 대응해야 합니다.

차트는 기본적으로 캔들, 이평선, 거래량으로 구성됩니다. 캔들은 **가격**을 말하고, 이평선은 **추세**를 나타내며, 거래량은 **수급**을 의미합니다. 주식에 투자한다는 것은 기회비용을 지불하는 것입니다. 주가상승이 유력한 종목을 찾아내는 것은 희소성, 차별화, 경쟁력 있는 기업을 미리 선점하려는 것입니다. 매수세는 '수요'이며 매도세는 '공급'입니다. 가격은 매수세와 매도세가 서로 충돌해 합의를 보는 것입니다. 주가는 매도세보다는 매수세가 강해야 상승을 합니다. 곧 수요가 많아진다면 가격은 상승하는 이치입니다. 수요는 수급이며, 수급은 거래량입니다. 차트에서 거래량이 증가하는 시점에서 저점과 고점을 높이는 가격

상승을 보인다면 이것이 바로 매수세가 유입되는 신호입니다.

실전투자 6단계
매수급소를 공략하라!

주가는 상승, 하락, 횡보 이렇게 세 방향으로 파동을 치며 움직입니다. 그러나 시세차익은 상승과 하락의 출렁임에서만 얻을 수 있습니다. 주가 변동성이 확대될 때는 그 시기가 따로 있습니다.

❶ 기업 내부적 변화
❷ 업종테마의 영향
❸ 지수와의 연관성

투자하고자 하는 기업이 실적은 크게 좋거나 나쁘지도 않은 그저 현상유지만 하고, 경영권이나 지분변동도 없고, 또한 신기술이나 신제품이나 신사업을 진행하지도 않으며, 테마에도 별 영향을 받지 않는다면 주가는 지루한 횡보세를 중장기적으로 이어갑니다. 다시 말해 재무제표만을 보고 경쟁기업과 비교해 저평가로 판단되거나, 자산가치가 제아무리 많더라도 변화를 추구하지 않거나, 테마나 지수 움직임에 아무런 영향도 받지 않는다면 주가는 별다른 거래량 변화 없이 매우 지루한 흐름을 보이게 됩니다. 이런 종목을 시장에서는 '소외주'라고 부릅니다.

하지만 작전세력이 개입되거나 회사 내부적인 변화가 생기거나 테마에 편승하거나 지수에 영향을 크게 받는 종목이라면 주가 움직임은 상대적으로 커지게 됩니다. 이 타이밍을 노려야만 비로소 시세차익을 얻을 수가 있습니다. 그런데 대다수의 개인투자자들은 단지 재무가 우량해 보인다는 이유만으로 장기 소외주를 붙잡고 시간과 기회비용을 허비하거나, 어느 누군가 작전을 해주리라는 기대감에 부실주에 과감히 투자합니다. 단기투자는 물론이거니와 장기투자를 해도 해당 기업에 긍정적인 변화가 보이는 타이밍을 노려 투자하기 바랍니다.

기업의 호재나 악재에 재빨리 대응하지 못한다면 호재를 예측하는 훈련을 해야 하며, 최악으로 악재에도 대비하는 매매가 되어야 합니다. 테마 열풍에 동참하는 경우라면 선도주와 후발주를 주시해야 하며, 동시에 변동성이 큰 만큼 차트에 보다 집중하는 매매가 되어야 합니다. 지수에 민감하게 반응하는 경우에는 해외지수와 국내지수를 살피며, 시장 전체의 수급 분위기를 파악해야 합니다.

차트를 통해 매수급소를 노릴 때는 일반적으로 추세, 지지와 저항, 거래량, 그리고 일봉 및 분봉 변곡점을 노리면 됩니다. 이를테면 바닥이 확인된 상태에서 거래량 증가추세를 살피며 5일 변곡점(분봉상에서는 10선이나 30선 변곡점)을 공략하는 방법, 그 외에 이평선과 매물대와 추세매매 등이 있습니다.

상승추세 중인 종목을 추격할 때에도 단기 지지선을 설정한 다음 거래량 증가를 살피며 매수 타이밍을 공략합니다. 실전에서는 일시적인 단기 지지선 이탈이 자주 생기는 만큼 이평선이나 이전에 형성된 단기 매물대를 기준으로 2차 지지선을 잡고 대응을 하되, 급격한 추세이탈이나 투심을 위축시키는 대형악재에도 항상 대비하는 자세를 가져야 할 것입니다.

> **실전투자 7단계**
> **나비처럼 날아서 벌처럼 쏴라!**

　1980년대 세계 복싱 마니아들을 열광하게 만든 4대천왕이 있었습니다. 레너드, 헌즈, 듀란, 헤글러가 그들입니다. 이들은 저마다 최고의 실력을 뽐내며 복싱계를 당시 세계 최고의 스포츠로 올려놓은 일등공신이었습니다. 슈가레이 레너드와 토마스 헌즈는 치고 빠지며 한방을 노리는 아웃파이터 스타일이었으며, 마빈 헤글러와 로베르토 듀란은 뛰어난 맷집을 바탕으로 저돌적으로 파고드는 인파이터 스타일이었습니다. 서로 물고물리는 이들의 맞대결은 가히 환상적이었고, 이들의 경기를 보기 위해 비싼 암표도 마다하지 않았으며, 그들의 빅매치가 열릴 때면 세계 모든 사람들이 TV 앞에서 환호성을 질렀습니다.

　처음에는 누가 더 우세한지 쉽게 판가름 나지 않았습니다. 서로 물고물리며 복수와 복수를 거듭했기 때문입니다. 그러다 한 선수가 상대전적에서 다른 세 선수에 조금 더 우위에 서게 됩니다. 그가 바로 '슈가레이 레너드'였습니다. 레너드는 화려한 테크닉을 무기로 스피드, 기술, 파워에서 최고를 자랑하는 천재복서였습니다. 그의 현란함은 다른 라이벌 선수들을 압도했으며, 힘으로만 밀어붙였던 기존 복싱의 주류를 테크닉과 스피드로 승화시킨 장본인이기도 합니다.

　또 다른 천재복서로는 1960년대 말에서 1970년대 초의 '무하마드 알리'가 있습니다. 레너드가 미들급의 왕자였다면 알리는 헤비급의 황제였습니다. 그는 진정한 테크니컬이었으며, 비록 주먹의 강도는 다른 라이벌 선수보다 조금 약했지만 체력과 스피드만큼은 타선수를 압도했습니다. 알리는 1964년 당시 챔피언이었던 상대 선수인 무쇠무적을 자랑하던 소니 리스턴에게 이렇게 말합니다.

"나비처럼 날아서 벌처럼 쏘겠다."

마침내 알리는 리스턴을 이기고 헤비급 세계 챔피언에 등극합니다.

나비처럼 날아서 벌처럼 쏘라는 알리의 유명한 말은 부드러움 속에서 날카롭게 상대를 공격하라는 의미로 이후 명언이 되어 오늘날까지 다양한 분야에 인용되고 있으며, 심지어 글로벌 기업의 행동지침으로도 활용되고 있습니다.

전설의 복서인 레너드와 알리는 단순한 주먹의 힘보다는 스피드와 테크닉과 부드러움이 상대방과의 경쟁에서 우위를 점한다는 것을 증명해 준 셈입니다.

투자도 경쟁입니다. 주식시장에서도 저돌적으로 밀어붙이는 공격형 투자자(한 종목에 모든 투자금을 쏟아붓거나 급등주에 공격적으로 추격매수하거나 부실주에 물타면서 장기투자로 버티는 투자)보다는 치고 빠지는 현란한 테크닉을 구사하는 투자자(초단타매매가 아닌 숨고르기 끝에 타이밍을 노리는 투자)가 비교적 오래 살아남습니다.

변칙적인 복서가 상대방의 페이스를 잃게 만들 듯이 투자도 정석보다는 변칙이 필요합니다. 투자자 모두가 흥분하고 환호성을 지를 때는 멀리 피하고, 투자자 어느 하나 눈길을 주지 않을 때는 관심을 가져야 합니다. 매수는 신중에 신중을 기하도록 하고, 매도는 신속해만 합니다.

나비는 방향성을 점치기 힘듭니다. 벌은 강한 한방이 무기입니다. 상대방이 내 패를 읽지 못하도록 페인팅 모션을 취해야 하며, 상대방이 잠시 빈틈을 보일 때를 노려 카운터펀치를 날려야 합니다.

투자의 세계는 피도 눈물도 없는 냉혹함을 자랑하는 곳입니다. 상대를 죽이지 못하면 내가 살아남지 못합니다. 모두가 좋다고 이구동성 떠드는 곳에 굳이 내가 달려들 필요는 없습니다. 달콤한 루머가 퍼지는 곳에 내 패를 보여준다면 내

패를 받아든 상대방은 나를 죽이려들 것입니다.

그리고 보면 주식시장은 참 변칙적인 것 같습니다. 지지선 이탈에 손절을 감행하니 나 잡아보란 듯이 약을 올리며 급등을 하고, 분봉상 추가 상승이 유력해 매수에 배팅했더니 다음날 갭하락을 맞고, 양봉매수 음봉매도가 최근에는 음봉매수 양봉매도 확률보다 낮아지고, 고점에서 모두가 흥분을 하기 시작하면 그 허영의 풍선은 이내 허무하게 터져버립니다.

투자의 세계에서는 어떤 공식이나 비법은 존재하지 않습니다. 그러나 기본과 방법은 존재합니다. 고수가 하수에게 매매기법을 가르치는 데는 1시간도 채 안 걸립니다. 그러나 매매하는 중간에 일어나는 일을 가르치는 데는 10년도 부족한 법입니다. 왜냐하면 경기 사이클 주기가 대략 대통령 임기인 5년과 일치하기 때문이며(최근에는 과거에 비해 경기순환 주기가 많이 짧아졌지만), 그 경기 사이클을 두 번 정도는 경험해야만 비로소 실전투자에서 남들과 당당히 경쟁할 수 있는 자격을 얻기 때문입니다.

기본기가 튼튼한 이들만이 응용을 잘 하고 변칙적으로 나비처럼 날아 상대를 제압합니다. 기본기가 부실한 이들은 변칙적인 싸움은 할 수 있어도 상대를 제압하지는 못합니다. 변칙도 기본기가 밑바탕에 깔려있어야 응용이 가능한 법입니다.

도전하지 않으면 얻는 것은 아무것도 없으며, 두려워한다면 앞으로 나아갈 수 없습니다. 여러분은 많은 재테크 수단 중 주식투자를 선택한 것입니다. 이어서 거래소에 상장된 수많은 기업 중 기회비용을 통해 투자대상을 선택할 차례입니다. 기본적인 가치분석을 통해서 매출과 영업이익이 증가하는 기업, 기술력이 뛰어난 기업, 시장지배력이 월등하거나 현금성 자산이 많거나 유망한 계열사를 둔 기업, 또한 원천기술이나 특허를 보유한 기업이라면 그만큼 경쟁력을 갖춘 기업이기에 투자대상이 됩니다.

투자대상이 선정되면 이제 수요와 공급을 살펴야 합니다. 차트에서는 거래량을 주시하고, 가격의 변화를 살피며, 추세를 읽어냅니다. 동시에 가치측면에서 모멘텀이 형성되는 시기를 포착합니다. 기업 내부적 변화가 일어나는가, 업종 테마에 영향을 받는가, 지수 연관성이 높은가를 공시와 뉴스를 통해 기업의 가치 변화를 살펴야 합니다. 그리고는 맹수가 먹잇감을 노리듯 기다립니다.

수급이 들어올 때, 수요가 몰리는 타이밍을 노려 매수관점으로 접근을 하고, 수급이 빠지는 시점에서 매도관점으로 대응합니다. 예측을 하고 대응을 하며, 다시 예측을 하고 대응을 하면서 실전경험을 쌓아야 합니다. 기본적 분석(가치분석)과 기술적 분석(차트분석)이라는 기본기를 튼튼히 다져놓은 투자자라면 나름대로 변칙적인 응용을 할 수도 있을 것입니다. 역발상 투자가 실전에서도 널리 활용되는 이유입니다. 남들과 반대로 가는 길… 그곳에 숨겨진 보물이 있습니다.

투자는 재테크에만 해당되는 것은 아닙니다. 나에 대한 투자, 이웃에 대한 투자, 그리고 삶의 투자. 평생 돈만을 보고 시간에 쫓겨 바쁘게 살아갈 것이냐, 아니면 시간의 여유를 즐기며 운동을 통해 건강을 얻고 여행을 통해 풍요한 마음을 얻을 것이냐는 여러분 선택의 몫입니다.